전문 학술서

범죄와 인권

제2판

이동임 | 천정환

박영사

머리말

인간의 가장 대표적인 권리로서 인권은 천부인권으로 법률로써 제한할 수 있는 것이 아니다. 인권은 성별, 종교, 인종, 재산 등에 따라 차별되는 권리가 아니다. 이러한 권리가 침해될 경우에는 먼저 비사법적 방법으로 청원이나 인권위원회의 진정을 통해 해결되고 있다. 다음으로 범죄로 인해 인권침해를 당했을 경우에는 사법적 방법에 의해 해결되고 있다.

인권침해는 언제 어디서든지 누구나 당할 수 있다. 이러한 인권침해를 범죄로 인해 당했을 때 권리구제방법을 통해 권리구제를 받을 수 있어야 한다. 그리고 범죄자라 하더라도 적법절차에 따라 수사나 재판을 받을 권리가 있다. 이러한 권리도 법을 알지 못하면 속절없이 인권침해를 당할 수밖에 없을 것이다. 따라서 완전한 권리를 행사하기 위해서는 반드시 법을 알고 이행해야 한다.

본 범죄와 인권은 인권의 역사, 인권의 필요성, 범죄일반이론, 경찰과 인권, 검찰과 인권, 법원과 인권, 교도소와 인권, 사회이슈와 인권으로 나누어 인권침해를 당하지 않도록 하는 데 주안점을 두었다. 그리고 내용을 이해하기 어려운 부분에 대해서는 사례를 통해 보다 쉽게 이해할 수 있도록 하여 누구나 접근 가능하도록 하였다. 이 책을 전반적으로 이해한다면 학교생활이나 졸업 후 사회생활을 하는 데에도 많은 도움을 줄 수 있을 것이다.

범죄와 인권을 집필하는 데 경상대학교 외래교수인 박숙완 박사와 많은 정보를 공유하면서 도움을 받아 더욱 좋은 내용이 집필되었다. 필자인 이동임 교수는 2008년부터 현재까지 경상대학교에서 범죄와 인권 과목을 계속 강의하였고, 강의 노하우를 바탕으로 교도소와 인권을 제외한 모든 부분을 작성하였다. 천정환 교수는 동서대학교에서 범죄와 인권이라는 과목으로 2017년부터 강의를 개설하여 강의를 하고 있으며, 이를 바탕으로 교도소와 인권부분을 작성하였다.

Contents

차 례

01 인권의 개념
CRIME & HUMAN RIGHTS

제1절 | 인권의 개념 ·· 13
   Ⅰ. 인권의 의미 ··· 13
   Ⅱ. 인권의 특성 ··· 14
   Ⅲ. 인권의 역사 ··· 15
제2절 | 인권보장의 필요성 ······························· 18
   Ⅰ. 사회문화적 측면 ··································· 18
   Ⅱ. 가족관계적 측면 ··································· 19
   Ⅲ. 노동관계적 측면 ··································· 20
   Ⅳ. 범죄적 측면 ··· 22
제3절 | 헌법상 보장된 인권 관련 주요권리 ······ 23
   Ⅰ. 행복추구권 ··· 23
   Ⅱ. 평등권 ·· 23
   Ⅲ. 신체의 자유 ··· 24

02 범죄에 대한 기초이론
CRIME & HUMAN RIGHTS

제1절 | 범죄의 기본개념 ·· 27
    Ⅰ. 범죄의 개념 ··· 27
    Ⅱ. 범죄원인론 ·· 28

제2절 | 범죄에 대한 처벌 규정 ·· 30
    Ⅰ. 형법의 의의 ··· 30
    Ⅱ. 형법의 법체계상의 지위 ·· 30
    Ⅲ. 형벌이론 ·· 30
    Ⅳ. 죄형법정주의의 원칙 ··· 31

제3절 | 형법의 적용범위 ·· 32
    Ⅰ. 시간적 적용범위 ·· 32
    Ⅱ. 장소적 적용범위 ·· 32
    Ⅲ. 인적 적용범위 ·· 35

제4절 | 범죄의 성립요건 ·· 37
    Ⅰ. 범죄의 성립요건 ·· 37
    Ⅱ. 범죄 불성립 사유 ·· 43

제5절 | 형벌의 종류 ·· 51
    Ⅰ. 사 형 ··· 51
    Ⅱ. 징 역 ··· 51
    Ⅲ. 금 고 ··· 52
    Ⅳ. 자격정지와 자격상실 ··· 52
    Ⅴ. 벌금 및 과료 ·· 52
    Ⅵ. 구 류 ··· 53
    Ⅶ. 몰 수 ··· 53

제6절 | 유예제도 ·· 54
    Ⅰ. 선고유예 ·· 54
    Ⅱ. 집행유예 ·· 55

제7절 | 죄수론 ·· 57
  Ⅰ. 단계별 범죄 성립 ·· 57
  Ⅱ. 범죄의 유형 ·· 58

03 경찰과 인권
CRIME & HUMAN RIGHTS

제1절 | 수사의 주체 및 객체 ·· 65
  Ⅰ. 수사의 주체 ·· 65
  Ⅱ. 수사의 객체 ·· 66
제2절 | 변호인의 조력을 받을 권리 ·· 66
  Ⅰ. 변호인의 유형 ·· 66
  Ⅱ. 변호인의 조력을 받을 권리 ································· 68
  Ⅲ. 진술거부권 ·· 69
제3절 | 사건에 대한 수사개시부터 검찰송부까지 절차 ········· 70
  Ⅰ. 수사의 단서 ·· 70
  Ⅱ. 수사의 개시 ·· 76
  Ⅲ. 수사의 방법 ·· 77
  Ⅳ. 체 포 ··· 79
  Ⅴ. 구 속 ··· 84
  Ⅵ. 체포·구속적부심사제도 ··· 86
  Ⅶ. 수사상 증거확보를 위한 적법 절차 ······················ 88

04 검찰과 인권
CRIME & HUMAN RIGHTS

제1절 | 수사의 종결 ··· 101
  Ⅰ. 검사의 수사종결 ·· 101
제2절 | 공소제기의 기본원칙 ·· 106

Ⅰ. 국가소추주의 ·· 106

Ⅱ. 기소독점주의 ·· 106

Ⅲ. 기소편의주의 ·· 110

제3절 | 공소시효 ·· 110

Ⅰ. 공소시효의 의의 ·· 110

Ⅱ. 공소시효의 필요성 ·· 111

Ⅲ. 공소시효기간 ·· 111

05 법원과 인권
CRIME & HUMAN RIGHTS

제1절 | 소송의 주체 ·· 117

Ⅰ. 법 원 ··· 117

Ⅱ. 검 사 ··· 124

Ⅲ. 피고인 ··· 126

제2절 | 피고인의 권리 ·· 127

Ⅰ. 공정한 재판을 받을 권리 ·· 127

Ⅱ. 신속한 재판을 받을 권리 ·· 129

Ⅲ. 공개재판을 받을 권리 ··· 131

Ⅳ. 무죄추정원칙 ·· 131

제3절 | 공판절차 ·· 132

Ⅰ. 모두절차 ··· 132

Ⅱ. 사실심리절차 ·· 132

Ⅲ. 판결선고절차 ·· 132

제4절 | 상소제도 ·· 133

제5절 | 특별형사절차 ·· 134

Ⅰ. 국민참여재판제도 ·· 134

Ⅱ. 형사보상 및 명예회복 ··· 138

Ⅲ. 전과기록 말소 ··· 143

06 교도소와 인권
CRIME & HUMAN RIGHTS

제1절 | 수용자 인권보장 ··· 149

Ⅰ. 수용자의 인권보장을 위한 법적 규정 ················· 149

Ⅱ. 수용자의 실체적 기본권 ······································· 151

Ⅲ. 수용자의 절차적 기본권 ······································· 161

제2절 | 가석방 ··· 167

Ⅰ. 가석방의 요건 ··· 167

Ⅱ. 가석방 기간 ··· 167

Ⅲ. 가석방의 실효 및 취소 ··· 168

07 범죄피해자와 인권
CRIME & HUMAN RIGHTS

제1절 | 범죄피해자 참여 ··· 171

Ⅰ. 배상명령제도 ··· 171

Ⅱ. 검사의 불기소처분에 대한 불복 ·························· 174

Ⅲ. 사인소추제도 ··· 175

Ⅳ. 피해자에 대한 정보권 ·· 175

Ⅴ. 피해자의 안전보장 ··· 176

제2절 | 범죄피해자보호법 ··· 176

Ⅰ. 기본이념 ·· 176

Ⅱ. 범죄 피해에 대한 구조금 지급절차 ······················ 178

제3절 | 범죄피해자 보호 및 지원 ······························ 181

Ⅰ. 범죄피해자 지원센터 ·· 181

Ⅱ. 범죄피해자 통합지원네트워크 구축 ······················ 181

Ⅲ. 범죄피해자 지원 스마일공익신탁 설립 ·················· 182

08 사회이슈와 인권
CRIME & HUMAN RIGHTS

제1절 ┃ 사형제도와 인권 ··· 187

　Ⅰ. 사형제도의 의의 ··· 187

　Ⅱ. 사형집행의 방법 ··· 188

　Ⅲ. 사형제도에 존 · 폐론 ··· 189

　Ⅳ. 사형집행에 대한 판례의 입장 ·· 190

　Ⅴ. 국민여론 ·· 190

제2절 ┃ 낙태죄와 인권 ··· 192

　Ⅰ. 의 의 ·· 192

　Ⅱ. 낙태죄 ·· 192

　Ⅲ. 낙태방지를 통한 태아의 인권보호 ·································· 193

제3절 ┃ 전자감시제도와 인권 ·· 195

　Ⅰ. 전자감시제도 ·· 195

　Ⅱ. 전자발찌 부착절차 ··· 197

　Ⅲ. 전자발찌제도의 실효성 및 문제점 ··································· 198

제4절 ┃ 신상공개제도와 인권 ·· 202

　Ⅰ. 신상공개제도 ·· 202

　Ⅱ. 신상공개 정보관리 ··· 205

　Ⅲ. 신상공개제도의 문제점 ·· 206

제5절 ┃ 성충동약물치료와 인권 ·· 207

　Ⅰ. 성충동약물치료법 ··· 207

　Ⅱ. 성충동약물치료에 대한 외국의 입법례 ·························· 209

　Ⅲ. 성충동약물치료법의 운영상 문제점 ································ 210

제6절 ┃ 성소수자와 인권 ·· 212

　Ⅰ. 성소수자 ·· 212

　Ⅱ. 인권침해 논의 ·· 213

제7절 | 성매매와 인권 ·· 216
    Ⅰ. 의 의 ··· 216
    Ⅱ. 성매매 사례 ·· 216
    Ⅲ. 성매매 처벌규정 ·· 218
    Ⅵ. 성매매 종사자 처벌에 대한 여론 ·· 219
    Ⅴ. 성매매특별법의 부작용 ·· 219
제8절 | 연명의료결정법과 인권 ··· 222
    Ⅰ. 의 의 ··· 222
    Ⅱ. 연명의료중단의 결정방법 ·· 222
    Ⅲ. 연명의료결정의 이행 ·· 224
    Ⅳ. 연명의료 중단에 대한 판례의 입장 ······································ 224
    Ⅴ. 연명의료결정법 시행을 위한 문제점 ···································· 225
    Ⅵ. 연명의료결정법에 대한 국민여론 ·· 226
제9절 | 양심적 병역거부 ·· 228
    Ⅰ. 의 의 ··· 228
    Ⅱ. 양심적 병역거부에 대한 찬·반론 ·· 228
    Ⅲ. 양심적 병역거부자에 대한 처벌규정 ···································· 229
    Ⅳ. 양심적 병역거부에 대한 여론 ·· 230
    Ⅴ. 양심적 병역거부에 대한 판례 ·· 230
    Ⅵ. 양심적 병역거부자 인권침해 방지 ·· 232

참고문헌 ·· 234

인권의 개념

제1장
인권의 개념

제1절 | 인권의 개념

Ⅰ. 인권의 의미

인권(Human Right)이란 성별, 종교, 재산, 인종, 사상 등에 관계없이 어떠한 이유로도 침해되거나 박탈될 수 없는 천부인권을 말한다. 즉 인간이라면 누구나 향유할 수 있는 권리이다. 이러한 권리를 침해당하지 않는 것이 대원칙이지만 침해를 당하는 일이 종종 발생하고 있는 실정이다.

인권침해는 크게 범죄로 인한 경우와 범죄에 이르지 않는 경우로 나누어 볼 수 있다. 전자는 피해자 측면과 가해자 측면을 나누어서 고찰할 필요가 있다. 먼저 피해자 측면에서 인권침해를 당했을 때에는 가해자 처벌을 통해 해결할 수 있다. 하지만 범죄로 인해 침해를 당한 피해자가 어느 정도 피해를 회복하는 경우도 있지만 회복이 되지 않고 장기간 이어지는 경우가 있다. 예컨대 성폭력범죄를 당한 피해자는 범죄의 충격으로 외상 후 스트레스 증후군에 일정기간 혹은 장기간 노출될 수 있다. 범죄로 인한 신체적 피해는 상처가 아물면 어느 정도 피해가 회복되지만 정신적 상처는 적절한 치유를 하지 않고서는 치유가 되지 않고 죽을 때까지 아물지 않을 수 있다. 다음으로 가해자 측면에서 범죄자라 하더라도 유죄가 확정되기 전까지는 무죄로 추정해야 하고, 방어권 보장을 위해 변호인을 선임할 권리, 자기에게 불리한 진술을 거부할 권리, 적법 절차와 방법으로 강압수사 금지 등을 통해 인권침해를 방지해야 한다.

후자는 인권침해를 당했을 때 범죄에 이르지 않은 정도이기 때문에 수사기관에 고소를 통해 처벌할 수 없는 한계로 인권위원회에 진정을 통해 권리구제를 받고 있는 실정이다. 예컨대 남녀 차별적 처우를 받거나 인종차별을 당한 경우 그 시정을 요구하기 위해 인권위원회에 진정을 할 수 있다.

인권이 추구하는 가치는 ① 그 무엇보다 바꿀 수 없는 생명, ② 우리 각자가 자기 삶의 주인이 되어 스스로 선택하는 자유, ③ 인종, 종교, 성별, 나이, 출신지역, 빈부, 피부색 등에 따라 차별받지 않는 평등, ④ 사회구성원이 적절한 생활의 유지를 도모하는 경제적 정의 및 교육이나 의료, 사회적 약자에 대한 보호규정을 마련하는 등의 사회정의, ⑤ 도움이 필요한 사람들에 대한 사회적 책임, ⑥ 전쟁이나 폭력, 억압이나 강요가 없는 평화, ⑦ 자연과 더불어 살아가는 자연과의 조화 등이다.[1]

II. 인권의 특성

1. 보편성

인권은 언제 어디서나 모든 영역에서 인간이라면 누릴 수 있는 보편적 권리이다. 하지만 직장 내 상하관계에서 갑질횡포가 간간히 언론을 통해 보도되고 있다. 예컨대 대표이사가 운전기사를 폭행한 몽고간장 사건, 한화 회장의 주점 직원 폭행사건, 대한항공 조현아의 땅콩회항 사건, 한 연예인이 소속사 대표의 술접대 및 성상납의 강요를 견디지 못하고 자살한 사건 등 다양한 직종에서 우월적

---

1 염규홍, 인권교육 길잡이, 사람생각, 1999, 127~133쪽.

지위를 이용하여 부하직원의 인권을 침해하고 있다.

2. 천부성

인권은 천부인권(天賦人權)이기 때문에 선천적으로 부여받은 권리이다. 따라서 인간의 존엄과 가치를 보장하기 위한 최소한의 권리이다.

3. 항구성

인권은 일정기간 보호되어야 할 권리가 아니라, 태어나면서부터 죽을 때까지 보호받아야할 권리이다. 여기서 문제가 될 수 있는 것은 존엄사로 호스피스·완화의료 및 임종과정에 있는 환자의 연명의료결정에 관한 법률에 따라 연명의료를 중단할 수 있는 법적 권리가 발생하였다고 하더라도 사람의 귀중한 생명을 빼앗을 권리가 본인 외에 가족 등에게 있는가이다. 인권의 항구적 측면에서 접근했을 때 죽을 권리는 당사자에게 있는 것이지 남이 대신 죽여서는 안 되는 성질의 것이다.

4. 불가침성

인권은 누구도 침해할 수 없는 권리를 말한다. 즉 기본권은 법률에 의해 제한이 가능하지만 인권은 그 어떠한 법률로도 제한해서는 안 된다. 즉 국가안전보장이나 질서유지를 위해 기본권은 침해할 수 있어도 인권은 침해할 수 없다.

Ⅲ. 인권의 역사

1. 권리청원과 권리장전

인권의 최초 시발점은 1215년 영국의 대헌장을 통해 인간의 권리를 문서화하였다. 즉 성문법에 의해 왕권을 규제한 최초의 문서이다. 이후 권리청원과 권리장전을 통해 귀족보다는 의회가 중심이 되어 왕권을 제한함으로써 의회민주주의의 기초를 다지게 되었다. 의회가 국왕의 권력과 법률적 권위 사이에 명확한 경

계선을 그었다는 데 의의가 있다.[2]

2. 미국독립선언

미국독립선언은 1776년 7월 4일 당시 영국의 식민지하에 있던 13개 주가 서로 모여 독립을 선언한 사건을 말하며, 완전한 독립은 1783년 9월 3일 영국과 프랑스로부터 파리조약을 거쳐 완전한 독립을 인정받게 되었다.[3] 연속되는 포학과 침탈의 사실이 명확히 일관된 목적 하에 인민을 폭정으로 압도하려고 할 때, 장래의 안전을 보장하는 조직을 창설하는 것은 그들의 권리이고 의무이다.[4]

3. 프랑스 혁명

프랑스 혁명이 발생한 계기는 귀족과 성직자는 막대한 부와 세금혜택은 물론 주요 관직을 독점하였다. 이에 반해 시민과 농민은 많은 세금에 시달려야 했으며, 이로 인해 궁핍한 삶을 살게 되었는데 이를 바로잡기 위해 혁명을 일으켰다. 프랑스 혁명으로 민주주의 발전을 이루는 계기가 되었다. 즉 자유, 평등, 박애정신을 기반으로 민주주의가 발전하였다. 또한 봉건왕조를 무너뜨리는 계기로 작용하였다. 하지만 미국독립선언과 프랑스 혁명의 한계에 대해 전자는 여성의 선거권과 참정권이 제한되었고, 후자는 남성만의 권리로서 여성과 노예는 제외되었다.[5]

4. 세계인권선언

세계인권선언은 2차 세계대전 이후 모든 국가에서 인권의 중요성이 부각되었다. 이를 계기로 1948년 12월 10일 국제연합총회에서 통과된 인권선언이 바로 세계인권선언문이다. 1948년 12월 10일 세계인권선언의 채택은 인권과 관련된 공통기준으로서 1946년 인권장전 초안과 1966년 국제인권규약을 합쳐 국제인권장전이라고도 한다.[6]

---

2 이창호·박상식, 범죄와 인권, 경상대학교 출판부, 2012, 31쪽.
3 이창호·박상식, 위의 책, 33쪽.
4 Michael Freeman/김철효 역, 인권 : 이론과 실천, 2006, 259쪽.
5 이창호·박상식, 위의 책, 38쪽.
6 이창호·박상식, 위의 책, 39쪽.

세계인권선언은 나치의 잔학행위와 같은 일이 반복되는 것을 막고자하는 의도로 만들어진 것이다. 이것은 "인권에 대한 무시와 경멸이 인류의 양심을 격분시키는 만행을 초래하였다"라는 것이다.[7]

폭정이 모든 반란과 일반 국민의 불행의 씨앗이 되었음을 분명이 하면서 인권을 모든 나라가 지켜야 할 선언적 규정으로 각 나라에 대해 준수를 촉구하는 방편으로 삼았다. 이를 통해 인종차별금지, 민족자결과 독립의 원칙, 여성차별금지, 아동의 권리, 갇힌 자의 권리보호, 난민 지위 보호 등 인권 전반에 걸쳐 눈부신 성과를 거두었다.[8]

5. 국제인권규약

세계인권선언은 조약이나 규약과 달리 강제력이 없는 선언에 불과하다. 이러한 한계를 극복하고 실천하기 위해 노동, 사회보장, 교육, 문화생활 등 사회권을 중심으로 하는 사회적·경제적·문화적 권리에 대한 국제규약(A규약, International Covenant on Economic, Social and Cultural Rights)이 만들어졌고, 인종, 성, 언어, 피부색, 종교, 재산, 신분 등에 따라 어떠한 차별도 금지되는 자유권을 중심으로 시민·정치적 권리에 관한 국제규약(B규약, International Covenant on Civil and Political Rights)이 만들어졌다.

6. 국제형사재판소

국제형사재판소는 전쟁범죄, 집단살해죄, 반인도적범죄에 대해 해당 국가가 기소를 꺼려할 경우에 형사재판소의 독립검사가 기소하여 재판하는 것을 말한다. 국제형사재판소는 2002년 4월 11일 66개국이 비준함으로써 2002년 7월 1일 정식 출범하였다. 국제형사재판소는 범죄의 중대성에 따라 무기형을 선고할 수 있고, 유기형을 선고할 경우에는 30년을 초과하지 않는 범위 내에서 선고할 수 있으며, 여기에 벌금이나 범죄로부터 발생한 직·간접적인 수익과 재산을 몰수할 수 있다.[9]

---

7 Michael Freeman/김철효 역, 앞의 책, 57쪽
8 한상범, 헌법이야기, 현암사, 1999, 94~85쪽.
9 이창호·박상식, 앞의 책, 41~42쪽.

7. 유엔 인권고등판무관실

유엔의 사무국은 인권기능을 사무적으로 보조하고, 이 기능을 담당하는 것은 원래 인권센터(Center for Human Rights)였으며, 유엔총회, 경제사회이사회, 인권위원회와 그 소위원회의 인권활동을 지원하고 있다. 나아가 자유규약위원회 등 인권조약에 기초한 감독기구도 지원했다. 인권센터는 1997년 9월 이후 인권고등판무관(High Commissioner for Human Rights)[10]의 관장으로 넘어갔고, 이후 인권고등판무관실(Office of the High Commissioner for Human Rights)로 통합되었다.[11]

제2절 | 인권보장의 필요성

Ⅰ. 사회문화적 측면

1. 상 속

사회문화적으로 남아선호사상이 강한 유교적 사회에서 여성이라는 이유만으로 차별을 경험할 수 있다. 특히 상속에 있어서 법정 상속비율을 배우자 1.5, 아들·딸 구별 없이 1로 일정하게 보장하고 있지만 아직도 아들에게 많이 주고 상대적으로 딸에게는 적게 주는 일이 비일비재하게 발생하고 있다.

2. 소수자 집단

소수자 집단의 대표로서 전통적으로 이어져 오는 집단이 장애인이라고 볼 수 있다. 장애인은 신체적·정신적 장애로 다양한 측면에서 차별을 받고 있다. 그 이유는 정상인에 비해 사고나 활동에 많은 제약이 따르기 때문이다. 하지만 신체적

---

10 1993년 비엔나선언 뒤이어 나온 유엔총회 결의에 의해 창설된 유엔의 인권관련 업무를 총괄하는 최고의 직책이다.
11 박찬운, 인권법, 한울, 2008, 123쪽.

장애에 대해서는 일반인과 사고는 동등한 수준이기 때문에 업무를 함에 있어 차별대우를 받아서는 안 된다고 본다. 반대로 일반인과 장애인 모두가 할 수 있는 일을 장애인에게만 주어진다는 것은 차별이 아니라고 할 수 없다. 예컨대 시각장애인만 안마사가 될 수 있도록 한 보건복지부 시행규칙은 일반인을 차별하는 규칙이라 할 수 있다. 즉 이 규칙을 적용할 경우 일반인에게는 안마사가 될 수 있는 자격을 박탈당하는 것이 된다. 이로 인해 헌법재판소에서 2006년 5월 25일 일반인의 직업선택의 자유를 침해한다고 결정한 바 있다.[12]

II. 가족관계적 측면

1. 부모의 아동학대

2018년 1월 7일 보건복지부가 국민의당(현 바른미래당) 최도자 의원에게 제출한 자료를 보면 2017년 상반기 아동학대는 10,647건으로 2016년 같은 기간 8,972건과 비교해 1,675건(18.7%)이 증가했다. 아동학대 건수는 2013년 6,796건, 2014년 10,027건, 2015년 11,715건, 2016년 18,700건으로 매년 늘고 있다. 가해자가 부모인 경우가 7,634건(71.7%)으로 가장 많았고, 다음으로 어린이집·유치원·학교 교사 등 대리양육자 1,601건(15.0%), 친인척 476건(4.5%) 순으로 나타났다. 예컨대 2017년 4월 말 고준희양 사망추정 사건의 경우에도 친부와 계모의 학대로 인해 사망했고, 이를 은폐하기 위해 야산에 매장하였다.

아동기에 부모로부터 아동학대를 당하게 되면 청소년범죄로 이어지고, 더 나아가 성인범죄로 이어질 수 있다. 아동학대를 당하면 자존감이 낮아지고 충동조절이 잘 되지 않으며, 자기파괴적 성향으로 범죄로 나아가기 쉽다.[13] 또한 부모로부터 아동학대를 경험하면 성인이 되었을 때 또 다시 자식을 학대하는 세대 간 전이가 나타나기 쉽다.[14] 다른 한편으로 피학대 아동은 무력감, 우울감, 적대감

---

12 헌법재판소 2006. 5. 25. 2003헌마715 결정.
13 友田 明美, 児童虐待が脳に及ぼす影響: 脳科学と子どもの発達, 行動, 脳と発達 43(5), 熊本大学 大学院生命科学研究部小児発達学, 2011, 346~350頁.
14 會田 理沙·大河原 美以, 児童虐待の背景にある被害的認知と世代間連鎖：実母からの負情動·身

등 다양한 감정이 나타난다.[15] 아동학대를 당한 피해자가 엽기적인 성폭행이나 살인을 행하는 가해자로 전락하게 되는 이른바 '피해자의 가해자화'가 되는 것이다. 따라서 자녀는 부모로부터 안전한 양육을 보호받을 권리가 있다.

2. 자녀의 부모 학대 및 존속 범죄

부모가 자녀를 학대하는 것과는 대조적으로 자녀가 부모를 학대하거나 방치하고, 더 나아가 부모를 살해하는 상황이 전개되고 있는 실정이다. 이에 대응하기 위해 처벌도 중요하지만 치료를 하는 것이 더 중요하므로 치료감호를 실시하고 있다. 치료감호 등에 관한 법률(이하 치료감호법이라 한다) 제2조 제1항 제1호에 따르면 심신장애로 인해 처벌이 불가능하거나 형이 감경되는 심신장애인으로서 금고 이상의 형에 해당하는 범죄를 행한 자에 대해 치료감호처분을 하고 있다. 또한 판결에 따라 정해진 기간 동안 치료감호를 했음에도 불구하고 치료가 더 필요한 경우 법원은 치료감호시설의 장의 신청에 따른 검사의 청구로 3회까지 매회 2년의 범위에서 기간을 연장하는 결정을 할 수 있다(동법 제16조 제3항). 이러한 규정을 통해 다소나마 피치료감호자의 치료를 더욱 강화하고 있다. 실제 어머니를 살해한 혐의로 재판에 넘겨져 2001년 10월부터 14년 3개월간 치료감호가 집행된 A(44세)씨에 대해 감호기간을 연장하는 결정을 내린바 있다.[16]

Ⅲ. 노동관계적 측면

1. 남녀 차별

남녀고용평등과 일·가정 양립 지원에 관한 법률 제1조에서 "법의 평등 이념

体感覚否定経験が子育て困難に及ぼす影響, Educational sciences 65(1), Bulletin of Tokyo Gakugei University, 2014, 88~90頁; Gauthier, L., Stollak, G., Messe, L., & Arnoff, J., *Recall of childhood neglect and physical abuse as differential predictor of current psychological functioning*, Child Abuse and Neglect, 20-7, 1996, pp. 551-554

15 緒方 康介, 虐待被害児におけるトラウマ症状 : 児童相談所で実施されたTSCC-Aを用いた分析, 犯罪学雑誌 第80巻 第1号, 日本犯罪学会, (February, 2014), pp. 15-20.

16 하창우, 2016년 인권보고서, 인권일지 제31집, 대한변호사협회, 2017, 373쪽.

에 따라 고용에서 남녀의 평등한 기회와 대우를 보장해야 한다."라고 규정하고 있다. 하지만 아직도 국가기관이나 사기업 등은 고용에 있어 남녀 차별을 두고 있다. 먼저 국가기관의 대표적인 사례로 경찰공무원 공채 시 남녀 차별적으로 채용하고 있는 실정이다. 물론 경찰의 특성을 감안하여 어느 정도 합리적인 차별을 두는 것은 바람직하다고 보지만 너무 심한 차별을 두고 있는 것이 문제이다. 여성도 충분히 태권도나 유도 등을 통해 범죄자를 제압할 수 있고, 경찰공무원으로서 역할을 수행함에 있어 자기관리를 잘 한다면 남성 못지않게 건강한 체력으로 충분히 업무를 잘 수행할 수 있을 것이다.

다음으로 사기업에서는 상당수의 기업이 남녀 고용 및 임금이나 근로조건 등에서 차별대우를 하고 있는 실정이다. 2016년 7월 국가인권위원회는 "성별에 따라 수당지급기준을 달리하는 것은 합리적 이유가 없는 차별"이라며 해당 공기업에 대해 수당 규정을 개정하라고 권고한 바 있다.[17]

2. 임신과 출산

일부 사업장에서 여성은 임신도 눈치를 봐야하는 상황이 벌어지고 있다. 임산부 보호를 위해 90일의 산전·산후 휴가(근로기준법 제74조 제1항), 시간 외 근로의 제한이나 해당 근로자가 원할 경우 쉬운 종류의 근로 전환(동조 제5항), 출산 전·후 휴가 종료 후에는 휴가 전과 동일한 업무 또는 동등한 수준의 임금을 지급하는 직무에 복귀(동조 제6항), 임신 후 12주 이내 또는 36주 이후에 있는 여성 근로자가 1일 2시간의 근로시간 단축을 신청하는 경우 이를 허용하여야 하고, 1일 근로시간이 8시간 미만인 근로자에 대하여는 1일 근로시간이 6시간이 되도록 근로시간 단축을 허용할 수 있다(동조 제7항). 이러한 규정이 있음에도 불구하고 먼 나라 이야기라고 생각하고 있는 사업장이 아직도 많은 실정이다.

국가인권위원회는 2015년 6개월 간 전국 12개 병원의 여성 보건인력인 간호사, 간호조무사, 여성 전공의 등 1,130명을 대상으로 인권상황 실태조사 결과 간호직군 39.5%, 여성 전공의는 71.4%가 원하는 시기에 임신을 하지 못하는 것으로 나타났다.[18] 이러한 결과는 실제 법으로 여성근로자를 보호하고 있지만 실상

---

17 하창우, 앞의 책, 402쪽.
18 하창우, 위의 책, 376쪽.

은 법과 현실의 괴리 현상이 나타나고 있음을 알 수 있다. 따라서 이러한 사업장을 위한 다양한 법적·제도적 장치가 마련되어야만 진정한 인권 보호가 될 수 있을 것이다.

3. 직장 내 성희롱

직장 내 성희롱 방지를 위해 연1회 이상 성희롱 교육을 하고 있다. 하지만 실상은 성희롱을 당하더라도 불이익을 당할까봐 잘 들어내지 못하고 있다. 국가인권위원회는 2016년 7월 직장인 450명, 대학·대학원생 350명 등 800명을 대상으로 '성희롱 2차 피해 실태 및 구제 강화를 위한 설문조사'를 한 결과 여성 직장인 상당수가 불이익을 당할까 두려워 문제제기를 꺼려하는 것으로 나타났다.[19]

인권위원회 2017년 11월 14일 보도자료에 따르면 2016년~2017년 10월 31일까지 성희롱 진정사건은 총 348건 중 미인용 건수는 278건(79.8%)으로 나타났고, 인용건수는 70건(20.2%)이며, 이 중 권고가 25건(35.7%)으로 가장 많고, 조사 중 해결이 14건(20%), 조정과 징계권고가 각각 12건(17.1%), 합의종결 8건(11.4%), 수사의뢰 1건(1.4%), 고발 1건(1.4%) 순으로 나타났다.

위의 성희롱 사건의 특징을 살펴보면 "우월적 지위에 있는 상급자가 부하직원을 성희롱하고도 피해자를 협박, 회유, 보복하는 경우가 많았고, 피해자의 행실을 거론하면서 책임을 전가하기도 하며, 회사는 오히려 피해사실을 은폐·왜곡하는 등 심각한 2차 가해를 하고 있다"는 점이다.

Ⅳ. 범죄적 측면

수사를 받던 피의자가 스스로 자살하는 사례가 빈번하게 발생하고 있다. 이는 검찰의 수사형태와 피의자 자신의 문제에서 찾을 수 있다. 먼저 전자는 강압적인 수사형태로 인해 모멸감을 느끼고, 이를 참지 못하고 자살로 이어진다고 본다. 다음으로 후자는 개인 비리 사건이 밝혀지면 개인의 명예에 치명상을 입을 수 있

---

19 하창우, 앞의 책, 376쪽.

다고 판단될 경우 자살로 이어진다고 본다. 국가인권위원회에서 공개한 검찰 관련 인권침해 진정사건 접수 및 처리현황을 보면 검찰수사를 받다가 자살한 피의자는 최근 6년간 79명이며, 2010년 이후 매년 10명 이상이 자살한 것으로 나타났다.[20]

제3절 | 헌법상 보장된 인권 관련 주요권리

Ⅰ. 행복추구권

모든 국민은 인간으로서의 존엄과 가치를 가지며, 행복을 추구할 권리를 가진다. 국가는 개인이 가지는 불가침의 기본적 인권을 확인하고 이를 보장할 의무를 진다(헌법 제10조). 특히 인권의 사각지대라고 할 수 있는 교도소 수형자에 대해서도 행복을 추구할 권리를 보장해야 할 것이다. 이를 위해서는 다양한 외부교통권 행사를 통해 가족관계를 회복하고, 출소 후 사회적응을 잘 할 수 있도록 많은 제도와 정책을 펼칠 필요가 있다.

행복한 삶이야말로 민주주의 사회에서 추구해야할 가치이다. 하지만 일부 국민들은 쪽방촌에서 힘들게 병마와 싸우면서 하루하루를 버티며 살고 있다. 이러한 국민을 위해서는 정부나 지방자치단체에서 많은 관심과 배려를 통해 정신적·물질적 지원을 아끼지 말아야 할 것이다.

Ⅱ. 평등권

모든 국민은 법 앞에 평등하다. 누구든지 성별·종교 또는 사회적 신분에 의

---

20 하창우, 앞의 책, 410쪽.

하여 정치적·경제적·사회적·문화적 생활의 모든 영역에 있어서 차별을 받지
아니한다(헌법 제11조 제1항). 여기서 말하는 차별은 합리적인 차별을 의미한다.
즉 3명이 합동해서 어떤 프로젝트를 행하여 대상으로 상금과 상패를 받게 되었
을 경우 상금을 공평하게 균등 배분하는 것이 아니라 기여도에 따라 차별 분배를
하는 것을 말한다.

Ⅲ. 신체의 자유

모든 국민은 신체의 자유를 가진다. 누구든지 법률에 의하지 아니하고는 체포
·구속·압수·수색 또는 심문을 받지 아니하며, 법률과 적법한 절차에 의하지 아
니하고는 처벌·보안처분 또는 강제노역을 받지 아니한다(헌법 제12조 제1항).

모든 국민은 고문을 받지 아니하며, 형사상 자기에게 불리한 진술을 강요당하
지 아니한다(동조 제2항).

체포·구속·압수 또는 수색을 할 때에는 적법한 절차에 따라 검사의 신청에
의하여 법관이 발부한 영장을 제시하여야 한다. 다만, 현행범인인 경우와 장기 3
년 이상의 형에 해당하는 죄를 범하고 도피 또는 증거인멸의 염려가 있을 때에는
사후에 영장을 청구할 수 있다(동조 제3항).

누구든지 체포 또는 구속을 당한 때에는 즉시 변호인의 조력을 받을 권리를
가진다. 다만, 형사피고인이 스스로 변호인을 구할 수 없을 때에는 법률이 정하는
바에 의하여 국가가 변호인을 붙인다(동조 제4항). 누구든지 체포 또는 구속의 이
유와 변호인의 조력을 받을 권리가 있음을 고지받지 아니하고는 체포 또는 구속을
당하지 아니한다. 체포 또는 구속을 당한 자의 가족 등 법률이 정하는 자에게는
그 이유와 일시·장소가 지체없이 통지되어야 한다(동조 제5항). 누구든지 체포 또
는 구속을 당한 때에는 적부의 심사를 법원에 청구할 권리를 가진다(동조 제6항).

피고인의 자백이 고문·폭행·협박·구속의 부당한 장기화 또는 기망 기타의
방법에 의하여 자의로 진술된 것이 아니라고 인정될 때 또는 정식재판에 있어서
피고인의 자백이 그에게 불리한 유일한 증거일 때에는 이를 유죄의 증거로 삼거
나 이를 이유로 처벌할 수 없다(동조 제7항).

범죄에 대한 기초이론

제2장
범죄에 대한 기초이론

제1절 ㅣ 범죄의 기본개념

Ⅰ. 범죄의 개념

범죄는 금지규범을 위반해서 행위를 하는 작위(作爲)와 행위를 하지 않아도 성립되는 부작위(不作爲)에 의해 성립될 수 있다. 전자는 예컨대 "살인하지 마라"라는 규정을 위반해서 갑이 을을 살해했다면 살인죄가 성립한다. 후자는 예컨대 모가 영아에게 젖을 주지 않아 사망하는 경우 즉, 아무런 행위를 하지 않았음에도 불구하고 부작위에 의한 살인죄가 성립한다.

Ⅱ. 범죄원인론

각 개별범죄에 대한 범죄원인이 다르고 다양하기 때문에 공통된 주요 이론에 대해서만 논하고자 한다.

1. 낙인이론

한 번의 범죄로 인해 범죄자로 낙인이 되면 사회생활을 하는 데 많은 제약이 따르게 된다. 즉 전과자라는 낙인으로 공직이나 취직으로 이어지기 어려운 실정이다. 이렇게 사회생활을 어렵게 만들면 자연스럽게 사회에 대한 불만을 갖게 될 것이고, 이것이 장기화되면 범죄로 이어질 가능성을 높이게 되는 것이다. 하지만 초범에 대해 설명할 수 없는 한계가 있는 이론이다. 또한 범죄자라는 낙인이 있어도 꿋꿋하게 자기 일을 잘 하면서 살아갈 수 있다. 이런 논리로 접근한다면 이 이론은 일반화하는 데는 무리가 있다고 본다. 낙인이론의 적(敵)은 바로 낙인을 당한 자신이라고 할 수 있다.[21]

2. 차별적 접촉이론

인간의 모든 일탈행위가 학습되기 때문에 범죄자와 접촉하게 되면 범죄로 이어질 가능성이 높은 이론이다. 특히 교도소는 범죄자들만 모아둔 장소로써 범죄학습을 하기 쉬운 장소이다. 따라서 중범죄자와 경범죄자가 거실에 혼용되지 않도록 분류처우를 하고 있다.

3. 사회통제이론

사회통제이론은 개인이 사회와의 유대관계가 약화되면 비행이 일어난다는 이론이다. 주요요인은 애착(attachment), 관여(commitment), 참여(involvement), 신념(belief)으로 부모와 자녀와의 애착관계, 배우자와 친구와의 친밀한 관계의 형성, 사회의 참여활동 등이 강하면 통제하기 쉽고, 반대로 이들과의 관계가 약하면 통제가 어려워져 범죄로 나아가기 쉬운 것이다.[22]

4. 아노미 이론

긴장이론으로 대표되는 아노미 이론을 주장한 로버트 머튼(Robert Merton)은 1938년 'Social Structure and Anomie'라는 논문에서 특정사회에서 문화적 목표

---

21 배종대, 형사정책, 홍문사, 2016, 22쪽.
22 George B. Vold, Thomas J. Bernard, Jeffrey B. Snipes, Theoretical Criminology, Chapter Ten, Oxford University Press, 2002, pp. 177-195.

는 지나치게 높은 반면, 이를 실현하기 위한 제도적 수단의 기회가 제한되어 있기 때문에 사회적 긴장이 발생한다고 보았다.

머튼의 아노미이론은 범죄통계에서 왜 하류계층이 가장 많은 범죄를 차지하고 있는지를 설명해 준다는 점에서 이후 많은 조사와 연구의 기초가 되었다. 하지만 문화적 목표와 제도화된 수단 사이의 괴리현상에서 사람들마다 적용방식이 다른 이유에 대해 구체적인 논의를 하지 않았다.[23]

5. 프로이드의 정신분석학

프로이드는 의식과 무의식의 관계를 더욱 발전시켜 한 개인의 인성을 크게 이드(Id), 에고(Ego), 슈퍼에고(Superego)로 세분화 하였다. 여기서 에고란 의식할 수 있는 인성임에 반해 이드와 슈퍼에고는 의식할 수 없는 인성으로 자신의 내면의 모습이다. 이중에서 이드란 생물학적 충동, 심리적 욕구, 본능적 욕망 등을 요소로 하는 개인의 인성부분이다. 이드를 구성하는 핵심적인 요소로 성적 에너지인 리비도(Libido)이다. 리비도란 모든 동물의 생존본능과 같이 한 개인의 생활에 광범위하게 개입되는 본능적 요소이다. 이드는 생물학적 충동이나 욕구에 기초한 것으로 사람들마다 서로 큰 차이가 없는 것으로 판단되고, 에고나 슈퍼에고가 제대로 형성되지 않았거나 적절히 작동되지 않아 범죄가 발생한다고 보고 있다.[24]

---

23 박상기·손동권·이순래, 형사정책, 한국형사정책연구원, 2009, 155~156쪽.
24 박상기·손동권·이순래, 위의 책, 127~130쪽.

제2절 | 범죄에 대한 처벌 규정

Ⅰ. 형법의 의의

형법이란 금지규범에 관한 추상적 내용을 규정하고, 만약 범죄가 발생하면 이 규정을 토대로 형벌이나 보안처분 등의 일정한 제재를 가하는 것을 말한다. 형사 제재수단의 근간을 이루고 있는 형벌에는 사형, 징역, 금고, 자격상실, 자격정지, 벌금, 구류, 과료, 몰수 등 9가지가 있다. 사회방위와 사회복귀에 효과적인 형사 제재로 이용되고 있는 보안처분에는 보호관찰, 사회봉사명령, 수강명령, 치료감호 등이 있다.

Ⅱ. 형법의 법체계상의 지위

사인간의 관계를 규율하는 사법과는 달리 국가와 범죄자 사이의 관계를 규율 하는 공법이고, 범죄와 형벌의 실체를 규정한 실체법이며, 절차를 규정한 형사소 송법과 구별된다. 형법은 재판에 적용되는 법으로 사법법에 해당하며, 형법, 형사 소송법, 형집행법 등은 형사법에 해당한다.

Ⅲ. 형벌이론

형벌이론에는 응보형주의와 목적형주의가 있다. 전자는 범죄에 대한 죄 값을 반드시 치러야 한다는 원칙을 말한다. 즉 '이에는 이 눈에는 눈'의 형태를 말한 다. 후자는 겁을 주어 잠재적 범죄를 예방하는 일반예방과 범죄자를 교정·교화 를 통해 재발방지에 역점을 두는 특별예방이 있다. 두 이론 중 어느 한쪽으로 치 우침이 없이 조화를 잘 이루어야 범죄를 줄일 수 있을 것이다.

IV. 죄형법정주의의 원칙

"법률 없으면 범죄도 없고, 형벌도 없다"는 대원칙을 말하며, 어떤 행위를 범죄로 처벌하려면 범죄와 형벌이 반드시 법률로 정해져 있어야 한다는 것을 말한다.

1. 죄형법정주의(罪刑法定主義)의 파생원칙

죄형법정주의의 파생원칙으로 ① 성문법(成文法)주의,[25] ② 명확성(明確性)의 원칙,[26] ③ 소급효(遡及效) 금지의 원칙,[27] ④ 유추해석(類推解釋)의 금지의 원칙,[28] ⑤ 적정성(適正性)의 원칙[29] 등이 있다.

---

25 범죄와 형벌은 국회에서 정한 형식적 의미의 법률을 의미하고 관습법, 명령, 조례, 규칙의 직접적 법원성은 부정된다. 관습법이라 하더라도 행위자에게 유리하게 적용하는 경우에는 인정된다. 예컨대 관습법을 통해 형법규정을 폐지하거나 구성요건을 축소 또는 감경하는 경우에는 이 원칙이 적용된다.

26 법률이 금지하는 내용을 분명히 알 수 있도록 구성요건을 명확하게 규정해야 한다. 범죄가 발생한 경우에 어떤 형벌 혹은 보안처분을 내려야 할지 그리고 형의 기간을 특정해야 한다. 하지만 14세 이상 19세 미만자에 대해서는 절대적 부정기형(형의 단기, 장기가 없음)을 선고해서는 안 되지만 상대적 부정기형은 선고가 가능하다. 여기서 상대적 부정기형이란 예컨대 법정형이 2년 이상의 유기징역에 해당하는 범죄를 범한 청소년에 대하여 "피고인 ○○○에게 징역 2~3년을 선고한다"라는 형식으로 재판부에서 선고하는 것을 말한다. 여기서 단기는 5년을 초과할 수 없고, 장기는 10년을 초과해서 선고할 수 없다. 만약 명확성이 없고 부정확할 경우에는 "의심스러울 때는 피고인의 이익으로[in dubio pro reo]"라는 원칙에 따라 피고인에게 유리한 해석은 허용된다. 하지만 이러한 상황에서 법관에 의한 자의적인 판단을 해서는 안 된다.

27 형법 제1조 제1항에 의하면 범죄와 형벌은 행위 시의 법률에 의한다. 따라서 형벌법규는 그 시행 이후부터 적용되고, 시행 이전의 행위까지 소급하여 적용할 수 없다는 원칙을 말한다. 행위 시에 처벌되지 않은 행위는 사후입법에 의해 처벌되지 않는다. 형벌에 있어 형벌을 가중하거나, 새로운 형을 병과한 법률은 그 시행 전의 행위에 대해서는 적용되지 않는다. 보안처분의 경우 범죄에 대한 제재로 자유제한 정도에 있어 형벌 못지않게 크므로 소급효 금지 원칙이 적용된다.

28 법률에 규정되지 않은 사항에 대하여 그것과 유사한 성질을 가지는 사항에 관한 법률을 적용하는 것을 금지한다는 원칙을 말한다. 이것은 법관에 의한 법 형성, 법 창조의 금지를 의미하고 법관의 자의적 입법을 불허하여 개인의 자유와 안전을 보장하기 위함이다. 피고인에게 불리한 유추해석은 금지되나 유리한 것은 유추해석 가능하다. 예컨대 형벌의 배제나 감경사유, 위법성조각사유를 유사한 사건으로 확대 적용하는 것 등이다.

29 형법법규는 그 규정이나 내용이 실질적 정의에 부합하여 적정한 것이어야 한다는 원칙이다. 이 원칙으로 입법자의 자의에 의한 형벌권의 남용을 방지할 수 있다. 범죄와 형벌 간에는 적정한 균형이 유지되어야 하는 균형성의 원칙도 충족되어야 한다. 이 뿐만 아니라 도덕적으로 먼저 해결하고 만약 해결되지 않을 경우 최후의 수단으로 형벌이 발동되어야 하는 보충성의 원칙도 만족해야 한다.

제3절 | 형법의 적용범위

Ⅰ. 시간적 적용범위

시간적 적용범위란 가해자가 행한 범죄에 대하여 어느 때의 법률로 적용하는 가이다. 형법은 범죄행위 시부터 그 법이 폐지 또는 실효될 때까지 효력을 갖고 있으므로 이 기간 내에 발생한 범죄에 대하여 적용된다. 여기서 범죄행위 시에 대한 우리 판례는 범죄종료시를 의미한다고 하고 있다.[30] 만약 범죄 후 새로운 법률이 신설되거나 형이 중하게 변경된 경우에는 신설되거나 변경된 법에 소급해서 적용될 수 없다. 여기서 범죄 후란 범죄행위 종료 후를 의미하며, 결과발생까지 의미하는 것은 아니다. 반대로 법률이 폐지되거나 형이 경하게 된 경우에는 행위시법주의와 재판시법주의로 견해가 대립되고 있지만 행위시법주의(구법)를 원칙으로 하고 있으며(형법 제1조 제1항), 예외적으로 재판시법주의(신법)가 인정된다(동법 제1조 제2항~3항). 즉 법의 변경이 범죄 행위자에게 유리한 경우에는 예외적으로 소급효를 인정하여 재판시법(신법)을 적용하는 것이 가능하다.[31] 하지만 구법과 신법 사이에 형의 변경이 없으면 판례는 행위시법을 적용하고 있다.[32]

Ⅱ. 장소적 적용범위

우리 형법의 태도는 속지주의를 원칙으로 하고, 속인주의와 보호주의를 부가적으로 가미하고 있다.

1. 속지주의(屬地主義)

속지주의란 대한민국 영역 내에서 죄를 범한 내국인과 외국인에게 모두에게

---

[30] 대법원 1994. 5. 10 선고 94도563 판결.
[31] 천정환·이동임, 법학개론, 2013, 진영사, 193쪽.
[32] 대법원 1986. 7. 17. 선고 86도1012 판결.

적용되는 것을 말한다(형법 제2조). 즉 자국의 영역 내에서 발생한 모든 범죄에 대하여 범죄인의 국적을 불문하고 자국형법이 적용되는 것을 말한다. 속지주의의 한계는 국외에서 발생한 자국민의 범죄에 대하여 형벌권을 행사할 수 없다. 국외를 운항 중인 자국의 선박이나 항공기 내에서 죄를 범한 외국인에게 적용한다(동법 제4조). 즉 선박이나 항공기는 국외를 운항중이라고 하더라도 우리 영토 내로 보는 것이다.

사 례

저는 중국인 갑으로부터 우리나라에서 성폭행을 당했는데, 저는 갑을 고소해서 우리나라 법으로 처벌할 수 있는지요?

검 토

대한민국 영토 내에서 행한 외국인의 범죄라 하더라도 우리 형법이 적용됩니다. 따라서 갑은 강간죄(형법 제297조)로 처벌될 수 있습니다. 우리나라는 외국인 전담 교도소가 있으므로 만약 처벌된다면 외국인 전담 교도소에 수감될 수 있습니다.

2. 속인주의(屬人主義)

본법은 대한민국 영역 외에서 죄를 범한 내국인에게 적용한다(형법 제3조). 따라서 자국민의 범죄에 대하여 범죄지를 불문하고 자국형법을 적용한다는 원칙을 말한다. 속인주의의 한계는 외국인이 외국에서 자국민을 침해하는 범죄에 대해서는 처벌하지 못하는 것이다.

사 례

대한민국 국민인 갑은 아내인 을과 호주여행을 떠났는데, 여행 중 돈이 부족하여 남의 집에 들어가 귀금속과 현금 3,000달러를 훔쳐 나오는 도중에 그만 주인에게 발각되고 말았습니다. 주인이 경찰에 신고하는 바람에 현행범으로 체포되어 징역 3년을 선고받아 교도소에서 복역하고 출소하였습니다. 이 경우 갑과 을이 우리나라에 오면 또 다시 처벌받을 수 있는지요?

갑과 을은 호주에서 범죄를 행하여 처벌받았다고 하더라도 우리나라에 오면 또 다시 처벌받을 수 있습니다. 만약 우리나라에서 갑과 을에 대하여 주거침입죄와 절도죄로 징역 3년을 선고받았다고 가정하면 호주에서 2년을 선고받아 교도소 수감생활을 하였기 때문에 이 기간을 뺀 나머지 1년만 우리나라 교도소에서 수감생활을 하면 되겠습니다.

3. 보호주의(保護主義)

자국 또는 자국민의 법익을 침해하는 범죄에 대하여는 범죄인의 국적과 범죄지를 불문하고 자국의 형법을 적용한다(형법 제5조, 6조). 예컨대 필리핀 마닐라 총기 사건으로 대한민국 국민 1명이 살해된 사건에서 우리 형법을 적용하여 그 범죄자를 처벌할 수 있다. 형법 제6조의 단서 조항에 의하면 "행위지의 법률에 의하여 범죄를 구성하지 아니하거나 소추 또는 형의 집행을 면제할 경우에는 예외로 한다"라고 규정하고 있어 일정한 요건이 충족되면 처벌되지 않을 수도 있음을 알 수 있다. 즉 우리나라는 처벌규정이 있지만 행위지의 법률에 따라 처벌되지 않는 경우에는 우리나라도 처벌할 수 없는 것이다.

사 례

갑은 멕시코에 여행을 가서 호기심으로 성매매 여성과 성관계를 하고 그 여성에게 성매매 대급을 지급하였습니다. 들리는 소문에 의하면 우리나라에서 성매매 사실이 밝혀질 경우 성매매방지 및 피해자보호 등에 관한 법률(이하 성매매특별법이라 한다)로 처벌될 수 있다고 하는데 그 말이 사실인가요?

검 토

원칙적으로 처벌되는 것이 맞지만 형법 제6조의 단서 조항에 따라 행위지의 법률에 의하여 범죄를 구성하지 않는 경우에는 소추나 형의 집행을 면제해 줍니다. 따라서 갑의 성매매 사실이 우리나라에서 밝혀진다고 하더라도 성매매특별법으로 처벌되지 않습니다.

4. 세계주의(世界主義)

세계주의란 대한민국 영역 밖에서 죄를 범한 외국인에게도 적용되는 것을 말한다. 즉 문명국가에서 인정되는 공통된 법익을 침해하는 범죄에 대하여 자국형법을 적용하는 원칙을 말한다. 내란죄, 외환죄, 국기에 관한 죄, 통화에 관한 죄, 유가증권, 우표와 인지에 관한 죄, 문서에 관한 죄 중 공문서 등의 위조·변조(형법 제225조), 자격모용에 의한 공문서등의 작성(동법 제226조), 허위공문서작성(동법 제227조), 공전자기록위작·변작(동법 제227조의2), 공정증서원본등의 부실기재(동법 제228조), 위조등 공문서의 행사(동법 제229조), 공문서등의 부정행사(동법 제230조), 인장에 관한 죄 중 공인 등의 위조, 부정사용(동법 제238조) 등에 적용된다.

III. 인적 적용범위

형법의 인적 적용범위란 형법이 어떤 사람에게 적용되는가에 대한 문제를 말한다. 형법은 시간적·장소적 효력이 미치는 범위에서 모든 사람에게 적용되는 것이 원칙이다. 인적 적용범위의 예외로 국내법상 예외와 국제법상 예외가 있다.

1. 국내법상 예외

1) 대통령

대통령은 내란 또는 외환의 죄를 범한 경우를 제외하고는 재직 중 형사상의 소추를 받지 아니한다(헌법 제84조). 따라서 퇴직 후에는 형사소추가 가능하고, 재직 중에 공소시효가 경과되어 처벌되지 않는 것을 방지하기 위해 공소시효도 정지된다.

2) 국회의원

국회에서 직무상 행한 발언과 표결에 관하여 국회 외에서 책임을 지지 아니한다(헌법 제45조). 여기서 문제가 될 수 있는 것은 과연 국회의원의 임기만료 혹은 기타 사유로 국회의원 신분을 상실한 후에도 면책특권이 인정되는가를 살펴

볼 필요가 있다. 국회 내 발언에 대한 면책특권은 국민의 대표자로서 의원의 독립과 자율을 보장하는 데 그 취지가 있다. 여기서 발언은 국회의원의 직무상 행하는 토론, 연설, 질문, 사실의 진술 등의 의사표시를 하는 것을 말한다.

2. 국제법상 예외

국제법상 예외로 치외법권자(治外法權者)와 외국의 군대가 있다. 전자는 외국의 원수와 외교관, 그 가족을 말하는데, 만약 우리나라에서 범죄를 행하더라도 우리 법이 적용되지 않는다. 후자는 한미 간 군대지위협정(Status of Forces Agreement: SOFA)에 의하여 공무집행 중의 미군범죄에 대하여는 우리나라 법률이 적용되지 않는다. 하지만 미군이 공무집행 중이 아닌 상황에서 위법한 행위를 하면 우리 법이 적용된다.

사 례

사건은 2002년 6월 13일 오전 10시 45분경 양주군 광적면 효촌리에서 편도 1차선인 지방도 56호선을 걷고 있던 조양중학교 2학년 신효순과 심미선 두 여학생을 미군의 장갑차가 치고 압사시키는 사례가 발생하였습니다. 이 경우 두 여학생을 죽인 가해자를 우리나라 법으로 처벌할 수 있는지요?

검 토

2002년 6월 28일 미2사단 공보실장은 이 사건과 관련해 우발적인 것으로 누구도 책임질 만한 과실이 없다는 입장을 견지하였습니다. 또한 한국 검찰 역시 기본적으로 이와 같은 입장을 취하였습니다.

기본적으로 미군은 "사고가 공무 중에 일어난 사고이고, 이제껏 미국이 제1차적 재판권을 포기한 전례가 없다"는 입장을 고수하고 있으며, 장갑차 운전병과 관제병, 미2사단장 등에 대한 재판권을 한국 법무부 등으로 이속하지 않았습니다. 즉, 단지 공무 중 일어난 사고이기에 재판권이 미국에 있음을 강조하였습니다.

제4절 | 범죄의 성립요건

Ⅰ. 범죄의 성립요건

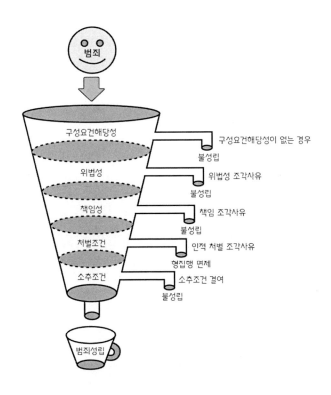

〈그림 1〉 범죄성립요건 정수기

형법상 범죄가 성립하기 위해서는 구성요건해당성, 위법성, 책임성, 처벌조건, 소송조건을 모두 충족해야 한다. 어느 하나라도 결여되면 범죄가 성립되지 않거나 처벌되지 않는다.

1. 구성요건해당성(構成要件該當性)

구성요건해당성에는 객관적 구성요건과 주관적 구성요건이 있다. 전자는 행위의 주체와 객체를 말하고, 후자는 고의 또는 과실을 말한다. 범죄를 행함에 있어 고의를 갖고 범죄행위로 나아가 기수에 이르렀다면 범죄성립에는 아무런 문제가 없다. 하지만 과실로 인해 범죄가 발생할 경우에는 과실범 처벌규정이 있는 범죄에 한해 처벌된다.

[사 례]

저는 아파트 경비원으로 근무를 하다가 실수로 마이크 전원을 켜고 아파트 주민의 대머리 사실이나 코 수술한 사실 등의 명예훼손적인 발언을 하였습니다. 이 말을 들은 당사자가 경비실에 찾아와 명예훼손죄로 고소한다고 합니다. 저는 실수로 했음에도 불구하고 명예훼손죄로 처벌받을 수 있는지요?

[검 토]

명예훼손죄는 과실범 처벌규정이 없는 범죄이므로 고의가 아닌 과실로 명예훼손을 했다면 처벌되지 않습니다. 참고로 과실범 처벌규정이 있는 범죄로 ① 실화죄(형법 제170조), ② 과실일수죄(형법 제173조의 2), ③ 과실교통방해죄(형법 제189조 제1항), ④ 과실치상죄(형법 제266조), ⑤ 과실치사죄(형법 제267조), ⑥ 과실 가스·전기 등 방류죄(형법 제173조의 2), ⑦ 과실 가스·전기 등 공급방해죄(형법 제173조의 2) 등이다.

2. 위법성(違法性)

위법성은 금지규범을 위반해서 행위를 하면 위법한 행위가 되는 것을 말한다. 여기서 위법과 불법을 구별한다면 위법이란 법질서 전체에 대한 모순이나 충돌을 의미하고, 불법은 구성요건에 해당하고 위법하다고 평가된 행위자체를 말하며, 그 질과 양에 따라 차이가 있다. 예컨대 상해와 살인은 위법하다는 점에는 동일하지만 불법에 있어서 양적·질적 차이가 있으므로 처벌형량을 달리하고 있는 것이다.

3. 책임성(責任性)

책임성이란 행위자가 자기의 행위가 법에 의해 허용 또는 금지되었는가를 알고(사물변별능력), 이에 따라 자기의 의사를 자유로이 결정할 수 있는 능력(의사결정능력)을 말한다. 이 중 어느 하나라도 결여되면 범죄는 성립하지 않는다. 범죄가 성립되지 않는다는 의미로 조각사유(阻却事由)라고도 한다.

4. 범죄의 처벌조건

1) 처벌조건의 유형

범죄가 성립하면 국가형벌권의 발동을 통해 처벌하는 것을 말한다. 대부분의 범죄는 범죄자에 대해 범죄의 성립요건이 충족되면 처벌할 수 있다. 하지만 특정한 범죄에 대해서는 그 특별한 요건이 충족되어야만 처벌이 가능하다.

(1) 객관적 처벌조건

객관적 처벌조건이란 범죄에 대한 형벌권의 발생을 좌우하는 객관적 사유를 말한다. 예컨대 사전수뢰죄[33]에 있어 '공무원 또는 중재인이 된 사실'이 있어야 범죄가 성립되고 처벌할 수 있는 근거가 될 수 있다.

> **사 례**
>
> 저는 5급 행정고시를 준비하고 있는데 하루는 건설업을 하는 사장이 나타나 한 가지 제안을 했습니다. 그 제안의 내용은 "저에게 현금 1억 원을 주겠다고 하면서 공무원이 되면 인·허가를 잘 봐 달라"라는 것이었습니다. 저는 받기가 두려웠지만 쪼들린 생활이 힘들어 결국 받고 말았습니다. 하지만 저는 공무원 시험에 낙방하였고, 건설사 사장은 저에게 1억 원을 돌려달라고 하고 있습니다. 하지만 저는 그동안 시험 준비를 하면서 1억 원을 다 사용해버렸습니다. 건설사 사장은 저를 고소한다고 하는데 저는 처벌받는지요?

> **검 토**
>
> 귀하는 사전수뢰죄로 처벌받지 않습니다. 그 이유는 객관적 처벌조건인 공무원이 되지 않았기 때문입니다. 그렇다면 건설사 사장은 민사적으로 저에게 1억 원을 돌려달라고 요구할 수 있는지에 대해 "선량한 풍속이나 사회질서에 반하여 이루어진 급부행위는 무효이므로 반환받지 못한다(민법 제746조)"는 규정으로 반환받지 못합니다.

---

33 공무원 또는 중재인이 될 자가 그 담당할 직무에 관하여 청탁을 받고 뇌물을 수수, 요구 또는 약속한 후 공무원 또는 중재인이 된 때에는 3년 이하의 징역 또는 7년 이하의 자격정지에 처한다(형법 제129조 제2항).

(2) 주관적 처벌조건

주관적 처벌조건으로 인적 처벌조각사유(人的 處罰阻却事由)가 해당된다. 즉 성립한 범죄에 대하여 범죄는 성립하지만 일정한 신분관계로 형의 집행을 면제해 주는 경우를 말한다. 예컨대 친족상도례에 있어서 일정한 신분관계, 국회의원의 면책특권, 외교사절의 외교특권 등이다.

사 례

저의 가족은 저, 아버지, 형, 형수로 하루는 아버지 집에 거액의 현금을 들고 찾아가 아버지께 드리며, 거액에 대한 돈의 출처를 밝히므로 아버지로부터 장하다는 이야기를 듣게 되었고, 형에게는 외제차를 사주기 위해 영업소를 방문하여 저의 카드로 대금결재를 하려고 하였으나 카드의 마그네틱이 손상되어 결재를 할 수 없게 되는 바람에 형의 카드로 대신 대금결재를 하였습니다. 다음 날 저는 사채를 갚기 위해 아버지께 드린 돈과 아버지의 현금 그리고 형의 차를 갖고 도망을 쳤으나 얼마 되지 않아 형에게 잡히고 말았습니다. 형은 저를 절도죄로 고소한다고 하는데, 가족을 대상으로 한 범죄도 처벌될 수 있는지요?

검 토

원칙적으로 가족의 돈을 훔쳤다면 범죄는 성립하지만 친족상도례가 적용되어 형의 집행을 면제해 주고 있습니다. 즉 직계혈족, 배우자, 동거친족, 동거가족 또는 그 배우자간의 죄는 그 형을 면제한다(형법 제328조 1항)는 규정이 있습니다. 이 외의 친족간에 죄를 범한 때에는 고소가 있어야 공소를 제기할 수 있습니다(형법 제328조 2항). 여기서 친족의 범위에 대하여 다른 법률에 특별한 규정이 없는 한 ① 8촌 이내의 친족, ② 4촌 이내의 인척, ③ 배우자 등을 말하고(민법 제777조), 가족의 범위는 ① 배우자, 직계혈족 및 형제자매, ② 직계혈족의 배우자, 배우자의 직계혈족 및 배우자의 형제자매를 말하며, 여기서 직계혈족의 배우자, 배우자의 직계혈족 및 배우자의 형제자매 등은 생계를 같이 하는 경우에 한한다(민법 제779조 제1~2항).

5. 범죄의 소추조건

범죄가 성립하고 형벌권이 발생한 경우라도 범죄자를 형사소송법상 소추하기 위해서는 일정한 요건을 갖추어야 한다. 여기에는 친고죄와 반의사불벌죄가 있다.

1) 친고죄

고소권자의 고소가 있어야 공소제기가 가능한 범죄를 말한다. 여기에 해당되는 범죄로 사자의 명예훼손죄(형법 제260조), 비밀침해죄(동법 제316조), 모욕죄(동법 제311조), 업무상 비밀누설죄(동법 제317조) 등이 있다.

2) 반의사불벌죄

피해자의 의사에 관계없이 공소제기를 할 수 있으나 제1심판결선고 전까지 가해자를 처벌하지 말아달라는 의사표시를 하면 처벌되지 않는 범죄를 말한다. 가해자에 대한 불처벌의 의사표시는 공소제기 전에는 수사기관에 하고, 공소제기 후에는 법원에 하면 된다. 반의사불벌죄에는 폭행·존속폭행(형법 제260조), 협박·존속협박죄(동법 제283조), 명예훼손죄(동법 제307조), 출판물 등에 의한 명예훼손죄(동법 제309조), 외국원수·외교사절에 대한 폭행·협박·모욕죄(동법 제108조), 외국국기·국장 모독죄(동법 제109조) 등이다.

[사 례]

필리핀 국적을 가진 갑은 취업비자를 통해 대한민국에 들어와 A기업에 취직을 하였습니다. 하루는 A기업의 사원과 사소한 시비로 말다툼을 하다가 결국 싸움으로 번져 쌍방 폭행하는 사태까지 벌어졌습니다. 이로 인해 갑은 전치 4주, 을은 전치 6주의 상해가 발생하였습니다. 주변의 신고로 경찰이 출동하여 갑과 을을 현행범으로 체포하여 가까운 지구대로 데려가 피의자신문조서를 작성하면서 서로 합의를 하면 처벌되지 않는다고 합니다. 이 경우 서로 합의하면 처벌되지 않는지요?

[검 토]

쌍방 폭행은 어떠한 정당방위도 인정되지 않기 때문에 갑과 을은 폭행죄로 처벌됩니다. 하지만 폭행죄는 반의사불벌죄로 서로 합의를 하면 처벌되지 않습니다. 즉 갑은 을에게 전치 6주에 해당하는 합의금을 주고, 을은 갑에게 전치 4주에 해당하는 합의금을 서로 주고 합의를 할 경우 그 합의서를 공소제기 전에는 수사기관에 제출하고, 공소제기 후에는 수소법원(受訴法院)에 제출하면 됩니다. 이렇게 제출하면 공소제기 전에는 검사가 공소권 없음 처분을 하고, 공소제기 후에는 공소기각판결을 선고하고 사건을 종결합니다. 하지만 폭행이 아니라 상해일 경우에는 상해죄가 되어 서로 합의를 한다고 하더라도 다소 가볍게 처벌될 수 있을지언정 처벌됩니다. 상해와 폭행의 구별기준에 대해 판례는 치료가 필요 없는 가벼운 상처이거나,[34] 의사가 진찰하는 과정에서 우연히 발견할 정도로 경미하고, 1주 정도 지나면 자연치유가 되는 경우[35] 등은 폭행에 해당한다.

3) 비친고죄

피해자의 고소가 없어도 수사기관이 범죄사실을 인지했다면 피해자의 의사와 관계없이 기소할 수 있고, 검사의 공소제기를 통해 재판에 회부하여 처벌할 수 있다. 비록 범죄사실에 대한 가해자가 피해자에게 용서를 구하고 합의금 등을 통해 합의를 하여 합의서를 수사기관 혹은 재판부에 제출했다고 하더라도 가해자에 대하여 검찰에서는 기소 또는 불기소처분 중 기소유예처분을 할 수 있고, 재판부에서는 감경하여 처벌할 수 있다.

> ┌─────┐
> │ 사 례 │
> └─────┘
>
> 갑, 을, 병은 강도를 모의한 후 부자 집만 골라서 대낮에는 보안시스템이 작동되지 않는다는 사실을 알고 강도행위를 상습적으로 했지만 피해자들은 수사기관에 신고를 하지 않아 범죄행각이 발각되지 않으므로 인해 지속적으로 범행을 할 수 있었습니다. 하루는 부자 집에 침입하여 갑은 망을 보고, 을과 병은 귀금속과 도자기를 훔쳐 나와 장물업자에게 제공하고 거액의 돈을 챙겼습니다. 하지만 을과 병은 돈의 일부를 빼돌린 후 나머지 금액으로 갑, 을, 병이 함께 나누자 갑은 훔친 물건에 비해 돈이 너무 적다고 하면서 두목인 을에게 항변하자 "을은 병에게 갑을 쥐도 새도 모르게 없애버려라"는 사실을 우연히 듣게 되었고 갑은 죽을지도 모른다는 두려움에 경찰서에 찾아가 범죄사실을 자수하였습니다. 경찰관은 피해자의 집에 찾아가 피해사실이 있냐고 물어 보았지만 없다고 하므로 경찰관은 갑을 더 이상 조사하지 않으려고 하였습니다. 이렇게 되면 갑은 병으로부터 죽을 수도 있다는 생각에 갑은 을과 병이 도자기를 장물업자에게 넘겼기 때문에 도자기를 증거물로 찾으면 된다고 경찰관에게 이야기를 하였습니다. 이 이야기를 들은 경찰관은 범죄사실을 파악할 수 있다고 판단하고 경찰관과 갑은 장물업자를 찾아 헤매다가 우연히 장물업자인 A를 찾아가 도자기를 구입하고 싶다고 하였습니다. 장물업자 A는 좋은 물건이 있

---

34 대법원 1996. 12. 23. 선고 96도2673 판결
35 대법원 1986. 7. 8. 선고 85도2042 판결

다면서 보여주자 갑은 "훔친 도자기가 맞다"라고 하였습니다. 이로 인해 경찰관은 장물업자 A와 을, 병을 긴급체포할 수 있었습니다. 이 경우 피해자가 피해사실을 숨기고 고소를 하지 않아도 갑, 을, 병은 처벌될 수 있는지요?

[검 토]

2인 이상이 합동하여 절도행위를 했다면 특수절도죄에 해당하며, 이 죄는 비친고죄로 피해자의 고소가 없어도 공범자 중 일부가 자수에 의해 수사기관이 범죄사실을 인지했다면 공범자 모두를 기소하여 처벌할 수 있습니다.

Ⅱ. 범죄 불성립 사유

1. 위법성 조각사유(違法性阻却事由)

위법성 조각사유에는 정당방위, 긴급피난, 자구행위, 정당행위, 피해자의 승낙 등이 있다.

1) 정당방위

정당방위란 자기 또는 타인의 법익에 대한 현재의 부당한 침해를 방위하기 위한 행위가 상당한 이유가 있는 때에는 벌하지 아니한다(형법 제21조).

[사 례]

저는 쇠파이프를 들고 들어오는 강도를 베란다 창문에서 강도가 소지하고 있던 쇠파이프를 빼앗아 머리를 가격하여 상처를 입혔습니다. 강도는 저를 고소하여 처벌하려고 합니다. 저는 정당방위라고 생각하는데 처벌받을 수 있는지요?

[검 토]

이 경우 강도는 주거침입죄로 처벌을 받았고, 저는 정당방위가 아닌 과잉방위로 보고 상해죄로 처벌받았습니다. 이렇게 과잉방위로 본 이유는 상당성이 결여되었다고 보았기 때문이다. 즉 그 방법이 가장 합리적인 방법이 아니라고 보았기 때문입니다.

따라서 정당방위가 성립하기 위해서는 총은 총으로, 칼은 칼로, 몽둥이는 몽둥이로 대항해야만 합니다. 본 사례에서 쇠파이프를 빼앗은 후 주먹으로 강도를 때렸다면 정당방위가 성립할 가능성이 높습니다.

2) 긴급피난

긴급피난이란 자기 또는 타인의 법익에 대한 현재의 위난을 피하기 위한 행위는 상당한 이유가 있는 때에는 벌하지 아니하는 것을 말한다(동법 제22조 제1항). 여기서 상당한 이유가 있어야 한다는 것은 ① 보충성의 원칙, ② 상대적 최소피난의 원칙, ③ 균형성의 원칙, ④ 적합성의 원칙 등을 만족해야 한다.

보충성의 원칙이란 최후의 수단과 방법을 사용하는 것을 말한다. 예컨대 무면허 의사가 응급환자에게 가기 위해 택시를 탈 수 있었음에도 불구하고 스스로 자동차를 운전한 경우는 긴급피난이 성립하지 않는다.

상대적 최소피난의 원칙은 긴급피난을 하기 위해 부득이 침해를 할 수밖에 없다면 필요최소한에 그쳐야 한다. 예컨대 환자의 생명을 구조할 의사를 부르기 위해 담을 넘어 들어갈 수 있었음에도 불구하고 대문을 부순 경우에는 최소피난의 원칙을 위반한 경우로 긴급피난이 성립될 수 없다.

균형성의 원칙이란 보호받는 이익이 침해되는 이익보다 우월해야 한다. 예컨대 막다른 골목에서 맹견이 생명을 위협하므로 이를 피하기 위해 남의 집에 유리창을 깨고 들어갔다면 유리창을 깬 행위보다는 자신의 생명을 보호한 가치가 더 우월해야 한다는 것을 말한다.

적합성의 원칙은 피난행위가 사회 윤리적으로 적합한 수단이어야 한다. 예컨대 임부의 생명을 구하기 위해 낙태를 하거나 환자의 생명을 구하기 위해 도로교통법을 위반하더라도 상당성을 인정할 수 있다. 하지만 혈액이 부족한 응급환자를 위해 병원 앞을 지나가는 행인을 강제로 붙들어 채혈할 경우 적합성의 원칙을 만족하지 못한다.

> [사 례]
>
> 저는 물에 빠진 갑을 구한 후 인공호흡과 동시에 심장을 뛰게 하는 응급처치를 하였습니다. 하지만 너무 급하게 정신없이 하는 바람에 갑의 갈비뼈가 부러졌습니다.

갑이 정신을 차린 후 저에게 치료비배상을 청구한다고 합니다. 저는 배상을 해주어야 하는지요?

검 토

이 경우 정당한 방법으로 심장이 뛰게 하였다면 긴급피난행위로 치료비배상을 하지 않아도 됩니다.

3) 자구행위

자구행위란 법정절차에 의하여 청구권을 보전하기 불가능한 경우에 그 청구권의 실행불능 또는 현저한 실행곤란을 피하기 위한 행위가 상당한 이유가 있는 때에는 벌하지 아니한다(동법 제23조). 여기서 청구권의 객체는 재산권에 한한다.

사 례

저는 갑이 수일 전에 로렉스 시계를 훔쳐가는 것을 보면서도 워낙 빨리 도망치는 바람에 검거하지 못했지만 어느 날 지하철 안에서 갑을 발견하여 완력으로 로렉스 시계를 탈환하였습니다. 탈환하는 과정에서 저는 갑에게 약간의 폭행을 행하였는데, 갑은 저를 폭행죄로 고소한다고 합니다. 저는 폭행죄로 처벌받을 수 있는지요?

검 토

법정절차에 의해 청구권을 보전할 수 없는 상황에서 완력으로 카메라를 탈환했다면 자구행위에 해당합니다. 물론 자구행위를 하는 과정에서 약간의 완력을 행사할 수 있으므로 귀하는 폭행죄로 처벌되지 않습니다.

4) 정당행위

정당행위란 법령에 의한 행위 또는 업무로 인한 행위 기타 사회상규에 위배되지 않는 행위는 벌하지 않는다(동법 제20조).

(1) 법령에 의한 행위

법령에 의한 행위에는 검사 또는 사법경찰관의 긴급체포행위(형소법 제536조), 교도관의 사형집행행위(형집행법 제70조), 친권자가 후견인에 대한 징계행위(민법

제915조), 사인의 현행범 체포행위 등에 대해서는 위법성이 조각된다. 위법성이 조각되는 사인의 직접 체포행위는 폭행, 협박, 체포, 감금 수준에 그쳐야 하고, 현행범을 상해하거나 살인하거나, 타인의 주거에 침입하면서까지 현행범을 체포 해서는 안 된다.

사 례

저는 소매치기 현장을 발견하고 소매치기 범인을 뒤쫓아 폭행을 가하면서 상대방을 현행범으로 체포하였습니다. 그런데 제가 소매치기범을 체포하는 과정에서 상대에 게 치아가 부러지게 하였습니다. 소매치기범은 저를 상해죄로 고소한다고 합니다. 저는 처벌받는지요?

검 토

귀하는 사인의 현행범 체포행위에 해당합니다. 하지만 사인이 현행범을 체포하기 위해서는 일정한 요건을 갖추어야 합니다. 그 요건은 상대방을 현행범으로 체포하 는 과정에서 폭행, 협박, 체포, 감금 수준에 그쳐야 합니다. 따라서 귀하는 체포과 정에서 상해를 발생시켰기 때문에 위법한 현행범 체포에 해당하여 상해죄로 처벌받 을 수 있습니다. 하지만 충분한 정상참작으로 비교적 경미한 처벌을 받을 거 같습 니다.

(2) 업무에 의한 행위

의사의 치료행위, 소극적 안락사, 변호사 또는 성직자의 행위 등은 업무에 의 한 행위로 처벌되지 않는다. 즉 ① 의사가 수술을 위해 환자의 신체에 상해를 가 하더라도 상해죄로 처벌되지 않는다. ② 인공호흡기에 의존하며 생명을 연명해 가는 환자의 가족이 호스피스·완화의료 및 임종과정에 있는 환자의 연명의료결 정에 관한 법률에 따라 일정한 요건충족 하에 의사에게 인공호흡기 제거를 요청 하여 이를 제거하더라도 의사는 살인죄로 처벌되지 않는다. ③ 변호사가 의뢰인 의 유죄확신이 들어도 무죄변론을 할 수 있으며, 설령 의뢰인이 유죄판결을 받더 라도 형사처벌을 받지 아니한다. ④ 한 성도가 목사나 신부에게 고해성사를 통해 범죄사실을 털어놓았음에도 불구하고 목사가 범죄사실을 수사기관에 신고하지 않았다고 하더라도 불고지죄로 처벌되지 않는다. 만약 비밀을 누설하면 형법 제 317조에 따란 업무상 비밀누설죄가 성립한다.

(3) 사회상규에 반하지 않는 행위

사회상규에 반하지 않는 행위란 그 행위가 일반인의 건전한 도덕감정, 사회윤리 내지 사회통념에 비추어 용인되는 행위는 벌하지 않는 것을 말한다. 예컨대 교사가 학생에 대한 용인된 가벼운 체벌행위는 사회상규에 반하지 않는 행위로 처벌되지 않는다.

4) 피해자의 승낙

(1) 승낙의 대상이 되는 법익

피해자의 승낙은 처분할 수 있는 자의 승낙에 의하여 그 법익을 훼손한 때에는 특별한 규정이 없는 한 벌하지 않는다(동법 제24조). 승낙의 대상이 될 수 있는 법익은 개인적 법익에 한한다. 하지만 개인적 법익이라고 해서 모두가 승낙의 대상이 되는 것은 아니다. 따라서 생명이나 신체에 대한 처분가능성은 사회상규나 윤리에 의해 제한된다. 예컨대 병역을 회피하기 위해서나 보험사기를 위해 자기 몸에 상해를 하는 경우에는 위법성이 조각되지 않고, 병역법 위반 또는 보험사기로 처벌된다.

(2) 유효한 승낙이 되기 위한 요건

유효한 승낙이 되기 위해서는 ① 승낙의 의미와 내용을 이해할 수 있어야 한다. 따라서 만취자(漫醉者)나 아동, 정신병자의 승낙은 유효한 승낙이 될 수 없다. ② 자유로운 의사에 의한 진지한 것이어야 한다. 즉 사기, 강박, 협박, 농담 등에 의한 승낙은 유효한 승낙이 될 수 없다. ③ 승낙은 행위 전이나 행위 시에 해야 한다.

[사 례]

저는 ○○의료원의 시설과장으로서 2017년 10월 12일 의료원 내에 일정한 장소에 모아둔 고철이 없어진 사실을 알고 인근 경찰서에 신고하였습니다. 수사를 통해 범인 을을 검거하여 조사한 결과 하루 벌어서 하루를 먹고사는 75세 노인으로 밝혀 졌습니다. ○○의료원의 시설과장은 이 사실을 병원장에게 통보하고 을을 처벌하지 말아달라고 수사기관에 통보하였습니다. 저는 노인을 처벌하고 싶지 않은데, 혹 을이 처벌되는지요?

┌ 검 토 ┐

이 경우 비친고죄에 대한 피해자의 승낙은 행위 전이나 행위 시에 해야 하는데 행위 후에 한 승낙은 유효한 승낙이 될 수 없고, 이로 인해 범죄자 을은 처벌될 수밖에 없습니다. 단 처벌함에 있어 사후에 승낙을 하였기 때문에 양형에 있어서 참조할 수 있으므로 형을 감경할 수 있을 것으로 보입니다.

(3) 상대의 동의가 있어도 처벌되는 범죄

상대의 유효한 승낙으로 행위를 하더라도 성립되는 범죄가 있다. 그 범죄로는 ① 13세 미만자에 대한 간음·추행죄(형법 제305조),[36] ② 피구금부녀(被拘禁婦女)에 대한 간음죄(동법 제303조 제2항),[37] ③ 아동혹사죄(동법 제274조)[38] 등이다.

┌ 사례1 ┐

갑남(25세)은 을여(12세)의 동의를 얻어 성관계를 하였는데 그만 임신이 되었습니다. 이 사실을 안 을여의 부모인 병은 누가 그랬냐고 다그치자 을여는 갑남이 그랬다고 하였습니다. 화가 난 병은 어린 딸의 신세를 망쳤다고 하면서 갑남을 고소한다고 합니다. 이 경우 서로 합의하에 성관계를 하였음에도 불구하고 처벌이 되는지요?

┌ 검토1 ┐

13세 미만자를 대상으로 합의하에 성관계를 하더라도 우리 법은 처벌이 됩니다. 그 이유는 13세 미만자는 승낙의 의미와 내용을 제대로 이해하지 못한다고 보고 있기 때문입니다. 따라서 갑남은 을여의 동의를 얻어 성관계를 하였다고 하더라도 13세 미만자에 대한 간음·추행죄(형법 제305조)로 처벌될 수 있습니다.

---

36 13세 미만의 사람에 대하여 간음 또는 추행을 한 자는 강간, 유사강간, 강제추행, 강간 등 상해치상, 강간 등 상해치사의 예에 의한다.
37 법률에 의하여 구금된 사람을 감호하는 자가 그 사람을 간음한 때에는 7년 이하의 징역에 처한다.
38 자기의 보호 또는 감독을 받는 16세 미만의 자를 그 생명 또는 신체에 위험한 업무에 사용할 영업자 또는 그 종업자에게 인도한 자는 5년 이하의 징역에 처한다. 그 인도를 받은 자도 같다.

사례2

갑은 A교도소에 근무하는 교도소 소장입니다. 갑은 수감 중인 을을 좋아하는데 을은 갑을 별로 좋아하지 않습니다. 하루는 갑이 을을 불러내 조용한 장소에서 동의하에 성관계를 가졌습니다. 을은 남편인 병에게 이 사실을 편지로 알렸고, 병은 갑을 피구금부녀간음죄로 고소한다고 합니다. 갑은 합의하에 관계를 가졌기 때문에 피구금부녀간음죄가 성립되지 않는다고 병에게 항변하면서 고소하고 싶으면 하라고 합니다. 이 경우 합의하에 성관계를 했기 때문에 갑은 정말 처벌되지 않는 것인가요?

검토2

교도소에 수감된 을은 갑의 지휘아래 있고, 만약 갑의 요구에 응하지 않으면 불이익을 당할까 두려워 마지못해 성관계에 응할 가능성이 높습니다. 따라서 갑은 을의 동의를 받아 성관계를 하였다고 주장하지만 을의 입장에서는 완전한 동의로 보기 어렵습니다. 그러므로 우리 법은 교도소 직원이 구금된 수용자의 동의를 받고 성관계를 하더라도 피구금부녀간음죄로 처벌될 가능성이 높습니다.

2. 책임조각사유(責任性阻却事由)

책임조각사유에는 심신상실자, 14세 미만의 형사책임무능력자, 강요된 행위 등이 있다.

1) 심신상실자

심신상실자(心神喪失者)란 심신장애(생물학적 요소)로 인하여 사물을 변별할 능력 또는 의사를 결정할 능력이 없는 자(심리학적 요소)를 말한다. 심신미약자(心神微弱者)는 한정책임능력자로 심신상실정도에 이르지 않은 자를 말하며, 처벌에 있어서 형을 반드시 감경해야 하는 필요적 감경사유(必要的 減輕事由)에 해당한다.

2) 14세 미만자

14세 미만자는 순수한 생물학적 방법에 의한 규정으로 개인의 지적·도덕적·성격적인 발육상태를 불문하고 모두 책임무능력자로 취급한다. 10세 미만자는 일체의 형사제재(형벌, 보안처분)로부터 면제된다. 10세 이상 14세 미만은 형벌과 보안처분은 과할 수 없으나 보호처분은 가능하다(소년법 제14조 제1항). 14세 이상

19세 미만의 소년을 소년법상 소년이라고 말한다(소년법 제2조). 소년법상 소년의 범죄에 대해서는 법정형이 장기 2년 이상의 유기징역에 해당하는 범죄에 대해서는 상대적 부정기형을 선고할 수 있다. 여기서 상대적 부정기형이란 "피고인 김○○에게 징역 2~5년을 선고한다"라는 형태의 선고를 말한다. 재판부에서 상대적 부정기형을 선고할 때에는 하한은 5년을, 상한은 10년을 초과하지 못한다. 하지만 집행유예나 선고유예를 할 경우에는 정기형(定期刑)을 선고한다. 18세 미만의 소년에 대해서는 사형, 무기형을 선고할 수 없고, 대신 15년의 유기징역을 선고할 수 있다(소년법 제59조), 18세 미만의 소년에 대해서는 환형처분(換刑處分)이 금지된다(동법 제62조). 여기서 환형처분이란 18세 미만의 소년에게 벌금형을 선고했는데 벌금을 납부하지 않을 경우 벌금액만큼 노역장에 유치시켜 일을 시키는 것을 말한다.

3) 강요된 행위

강요된 행위란 저항할 수 없는 폭력이나 자기 또는 친족의 생명·신체에 대한 위해를 방어할 방법이 없는 협박에 의한 강요된 행위는 벌하지 아니한다(형법 제12조). 여기서 저항할 수 없는 폭력은 심리적 의미에 있어서 육체적으로 어떤 행위를 하지 아니할 수 없게 하는 경우와 윤리적 의미에서 강압된 경우를 말하고, 협박이란 자기 또는 친족의 생명, 신체에 대한 위해를 달리 막을 방법이 없는 협박을 말한다. 강요라 함은 피강요자의 자유스런 의사결정을 하지 못하게 하면서 특정한 행위를 하게 하는 것이다.[39]

[사 례]

저는 삼성중공업 설계과에 근무하고 있는데, 어느 날 갑이 저에게 전화가 걸려왔습니다. 갑은 저에게 A선박 도면을 우리에게 넘기지 않으면 당신 아내를 땅에 묻어버리겠다고 협박하면서 실제 아내 목소리를 저에게 들여 주었습니다. 저는 소중한 아내의 생명을 잃을까봐 두려워 A선박 도면을 갑에게 넘겨주고 말았습니다. 이 사실을 회사에서 알렸는데 회사는 저는 처벌하려고 합니다. 저는 처벌받는지요?

---

39 대법원 2007. 6. 29. 선고 2007도3306 판결.

> 검 토

귀하는 산업기술유출방지 및 보호에 관한 법률 제14조나 부정경쟁방지 및 영업비밀보호에 관한 법률 제9조의7 등의 위반으로 처벌되지 않습니다. 그 이유는 강요에 의한 행위로 상대의 협박을 이기지 못해 어쩔 수 없이 행하였기 때문입니다.

제5절 | 형벌의 종류

Ⅰ. 사 형

범죄인의 생명을 박탈하여 그 사람을 사회적 존재를 영구히 말살하는 형벌이다. 사형은 가장 중한 형벌로 한 번 실행되면 무죄의 증거가 나타나더라도 회복하기 어려운 단점이 있다. 이로 인해 찬·반 양론이 평평하게 맞서고 있는 실정이다. 사형은 명확한 증거에 따라 판사가 유죄확신의 경우에만 선고되어야 할 것이다.

Ⅱ. 징 역

징역에는 형기가 없는 무기징역과 형기가 있는 유기징역으로 구분할 수 있다. 여기서 유기징역은 1개월 이상 30년 이하로 한다. 단, 유기징역 또는 유기금고에 대하여 형을 가중하는 때에는 50년까지로 한다(형법 제42조). 가중하는 사유로 가장 일반적인 것이 상습범과 누범 등이 있다. 여기서 상습범이란 동종 혹은 다른 범죄를 상습적으로 행하는 것을 말한다. 누범(累犯)은 금고 이상에 형을 받은 자가 그 집행이 종료되거나, 집행이 면제된 날로부터 3년 이내에 다시 금고 이상의 형에 해당하는 죄를 범하는 것을 말한다(형법 제35조). 상습범은 동종 범죄를 상습적으로 행하는 경우로 그 형의 장기 또는 다액에 1/2 가중처벌 한다.

Ⅲ. 금 고

금고에는 무기금고와 유기금고가 있다. 금고는 징역과 같지만 노역장에 유치할 수 없는 점이 다르다. 하지만 수형자가 노역을 원할 경우에는 노역을 시킬 수 있다.

사형, 무기징역 또는 무기금고의 판결을 받은 자는 공무원이 되는 자격, 공법상 선거권과 피선거권, 법률로 요건을 정한 공법상의 업무에 관한 자격, 법인의 이사, 감사 또는 지배인 기타 법인의 업무에 관한 검사역이나 재산관리인이 되는 자격 등이 상실한다(동법 제43조 제1항). 유기징역 또는 유기금고의 판결을 받은 자는 그 형의 집행이 종료하거나 면제될 때까지 자격이 정지된다(동법 제43조 제2항).

Ⅳ. 자격정지와 자격상실

자격정지는 일정기간 변호사 자격, 의사 자격, 공무원 자격 등을 정지시키는 것이고, 자격상실이란 자격을 아예 박탈시키는 것을 말한다. 여기서 자격의 전부 또는 일부에 대한 정지는 1년 이상 15년 이하로 한다(동법 제44조 제1항). 유기징역 또는 유기금고에 자격정지를 병과한 때에는 징역 또는 금고의 집행을 종료하거나 면제된 날로부터 정지기간을 시작한다(동조 제2항).

Ⅴ. 벌금 및 과료

벌금은 5만 원 이상으로 하고, 상한에는 제한이 없으며, 과료는 2천 원 이상 5만 원 미만으로 한다(동법 제47조). 다만, 벌금을 감경하는 경우에는 5만 원 미만으로 할 수 있다(동법 제45조). 벌금과 과료는 판결확정일로부터 30일내에 해당기관에 납부하여야 한다. 단, 벌금을 선고할 때에는 동시에 그 금액을 완납할 때까지 노역장에 유치할 것을 명할 수 있다(동법 제69조 제1항). 벌금을 납입하지 아니한 자는 1일 이상 3년 이하, 과료를 납입하지 아니한 자는 1일 이상 30일 미만의 기간 노역장에 유치하여 작업에 복무하게 한다(동조 제2항). 문제는 벌금액이 많을 경우 1일 노역으로 차감되는 벌금액이 많아질 수 있다는 점이다. 예컨대 벌금과 세금, 채무 등 634억 원을 내지 않고 도피 중인 대주그룹 허재호 전 회장을 교도소 노역장에 유치하면서 일일 노역으로 벌금 5억 원을 탕감하는 일이 발생한바 있다. 이렇게 할 경우 평범한 국민들은 쉽게 납득하기 어려울 것이다.

Ⅵ. 구 류

구류는 1일 이상 30일 미만으로 한다(동법 제46조). 따라서 29일까지 과할 수 있다. 구류는 교도소에 유치하는 것이 원칙이나(형법 제68조) 예외적으로 경찰서 유치장에 유치할 수 있다. 구류는 비교적 가벼운 경범죄처벌법에서 적용하고 있다.

Ⅶ. 몰 수

몰수에는 임의적 몰수와 필요적 몰수가 있다. 전자는 범인 이외의 자의 소유에 속하지 아니하거나 범죄 후 범인 이외의 자가 정을 알면서 취득한 물건의 전부 또는 일부를 몰수할 수 있다(동법 제48조 제1항). 여기서 취득한 물건이란 ① 범죄행위에 제공하였거나 제공하려고 한 물건, ② 범죄행위로 인하여 생하였거나 이로 인하여 취득한 물건, ③ 범죄의 대가로 취득한 물건 등이다. 후자는 범죄에 사용한 흉기, 도박에 사용한 도박자금, 뇌물죄에서 받은 물건이나 금전 등으로 반드시 몰수해야 한다. 물건을 몰수하기 불능한 때에는 그 가액을 추징한다(동조 제2항). 문서, 도화, 전자기록 등 특수매체기록 또는 유가증권의 일부가 몰수에 해당하는 때에는 그 부분을 폐기한다(동조 제3항). 몰수는 타형에 부가하여 과한다. 단, 행위자에게 유죄의 재판을 받지 아니 할 때에도 몰수의 요건이 있는 때에는 몰수만을 선고할 수 있다(동법 제49조).

제6절 | 유예제도

Ⅰ. 선고유예

1. 선고유예의 요건

선고유예의 요건은 첫째, 1년 이하의 징역이나 금고, 자격정지 또는 벌금의 형을 선고할 경우에 ① 범인의 연령, 성행, 지능과 환경, ② 피해자에 대한 관계, ③ 범행의 동기, 수단과 결과, 범행후의 정황 등을 참작하여 개전의 정이 현저한 때에는 그 선고를 유예할 수 있다. 단, 자격정지 이상의 형을 받은 전과가 있는 자에 대하여는 예외로 한다. 따라서 자격정지 이상의 형을 받은 전과가 있는 경우 선고유예를 할 수 없다. 둘째, 형을 병과할 경우에도 형의 전부 또는 일부에 대하여 그 선고를 유예할 수 있다. 형의 선고를 유예하는 경우에 재범방지를 위하여 지도 및 원호가 필요한 때에는 1년의 범위에서 보호관찰을 받을 것을 명할 수 있다(형법 제59조의 2 제1~2항).

2. 선고유예의 효과

선고유예의 효과는 형의 선고유예를 받은 날로부터 2년을 경과한 때에는 면소된 것으로 간주한다(동법 제60조). 여기서 2년은 절대적 기간으로 다른 유예기간을 둘 수 없다. 형의 선고유예를 받은 자가 유예기간 중 자격정지 이상의 형에 처한 판결이 확정되거나 자격정지 이상의 형에 처한 전과가 발견된 때에는 선고유예가 실효되어 유예한 형을 선고한다(동법 제61조 제1항).

선고유예는 형법이 규정하는 고유한 종류의 제재로서 그 유예기간이 경과하면 면소되는 것으로 간주되고, 자격정지 이상의 형을 받은 전과가 없는 초범자에 대해서만 인정되며, 검사의 청구와 법원의 결정이 있어야만 실효되는 등 집행유예와 그 법적 성격 및 요건·효과에 있어서 근본적으로 차이가 있다. 이와 같이 입법자가 선고유예의 입법취지, 실효의 효력발생 시기, 효과 등을 감안하여 입법 정책적인 차원에서 선고유예의 실효사유를 집행유예와 서로 다르게 규정하였고 하더라도 이를 반드시 불합리한 차별이라고 보기는 어렵다.[40] 보호관찰 조건부 선고유예를 받은 자가 보호관찰기간 중에 준수사항을 위반하고 그 정도가 무거운 때에는 선고유예를 취소할 수 있고, 유예한 형을 선고할 수 있다(동법 제61조 제2항).

사 례

저는 처음으로 신호등 없는 횡단보도를 건너던 갑을 치어 상해를 입혀 업무상 과실치상죄로 기소가 되어 피해자와 합의금 800만원에 합의를 하고, 합의서를 작성하여 검찰에 제출한 상태입니다. 공판날짜가 2018년 1월 18일인데 이 경우 징역형보다는 벌금형이나 벌금에 대한 선고유예가 가능한지요?

검 토

귀하는 12대 중과실에 해당하는 사고로 상대방이 다쳤기 때문에 징역형 또는 벌금형을 선고받을 가능성이 높습니다. 피해자와 원만하게 합의를 했고, 합의서를 검찰에 제출했다면 초범이므로 징역형보다는 벌금형 또는 벌금에 대한 선고유예를 받을 가능이 높습니다. 벌금형이 선고되면 검사는 납부의무자에게 '벌과금납부명령서'를 발부하여 벌금을 납부할 것을 명하게 됩니다. 만약 벌금을 납부하지 않으면 벌금에 대한 납부독촉을 받을 수 있으며, 그래도 납부하지 않으면 검사의 명에 따라 집행명령을 받아 강제집행을 당할 수 있고 노역장에 유치집행을 받을 수도 있습니다.
선고유예는 경미한 범죄에 대하여 정상을 참작할만한 사유가 있는 경우에 일정기간 형의 선고를 유예하고, 동 기간을 자격정지 이상의 형을 선고받고 확정됨이 없이 경과한 때에는 형의 선고를 면하게 해 주는 제도입니다.

II. 집행유예

1. 집행유예의 요건

집행유예의 요건은 첫째, 3년 이하의 징역 또는 금고의 형을 선고할 경우에 정상을 참작하여 그 정상에 참작할 만한 사유가 있는 때에는 1년 이상 5년 이하

---

40 헌법재판소 2009. 3. 26, 2007헌가19 결정.

의 기간 범위 내에서 형의 집행을 유예할 수 있다. 다만, 금고 이상의 형을 선고한 판결이 확정된 때부터 그 집행을 종료하거나 면제된 후 3년까지의 기간에 범한 죄에 대하여 형을 선고하는 경우에는 그러하지 아니하다(형법 제62조 제1항). 형을 병과할 경우에는 그 형의 일부에 대하여 집행을 유예할 수 있다(동조 제2항). 형의 집행을 유예하는 경우에는 보호관찰 처분을 명하거나 사회봉사 또는 수강을 명할 수 있다(동법 제62조 2의 제1항). 보호관찰의 기간은 집행을 유예한 기간으로 한다. 다만, 법원은 유예기간의 범위 내에서 보호관찰기간을 정할 수 있다(동조 제2항). 사회봉사명령 또는 수강명령은 집행유예기간 내에 이를 집행한다(동조 제3항). 집행유예의 선고를 받은 자가 유예기간 중 고의로 범한 죄로 금고 이상의 실형을 선고받아 그 판결이 확정된 때에는 집행유예가 실효되어 집행유예의 선고는 효력을 잃는다(동법 제63조). 따라서 과실로 범죄를 행하여 금고 이상의 형을 선고받아 그 형이 확정된다고 하더라도 집행유예는 실효되지 않는다.

2. 집행유예의 효과

헌재는 범행의 시기는 불문하고 집행유예기간 중 금고 이상의 형을 선고받아 그 판결이 확정되면 집행유예가 실효되는 것으로 규정하고 있는 것에 대하여 헌법에 위반되지 않는다고 보고 있다.[41] 집행유예의 선고를 받은 후 제62조 단행의 사유가 발각된 때에는 집행유예의 선고를 취소한다(동법 제64조 제1항). 보호관찰이나 사회봉사 또는 수강을 명한 집행유예를 받은 자가 준수사항이나 명령을 위반하고 그 정도가 무거운 때에는 집행유예의 선고를 취소할 수 있다(동조 제2항). 집행유예의 선고를 받은 후 그 선고의 실효 또는 취소됨이 없이 유예기간을 경과한 때에는 형의 선고는 효력을 잃는다(동법 제65조).

> **사 례**
>
> 저는 절도죄로 징역 6월에 집행유예 2년을 선고받고 생활하다가 유예기간 중에 생계형 절도죄를 범하여 경찰에 붙잡혔습니다. 경찰에서 범죄를 조사한 후 관계서류를 검찰에 송부하였습니다. 검찰에서 검토결과 범죄혐의가 인정되어 검찰은 공소제기를 하였고, 재판도중 전에 범한 집행유예기간 2년이 경과하였습니다. 이 경우 저

---

41 헌법재판소 2007. 8. 30, 2006헌바33 결정.

는 후에 범한 절도죄에 대해서도 집행유예를 선고받을 수 있는지요?

검 토

판례는 금고 이상의 형의 선고를 받은 전력이 있더라도 그 전력이 형의 집행유예를 선고받은 것으로서 그 집행유예가 실효 또는 취소됨이 없이 그 유예기간을 이미 경과하였거나, 그 전력이 실형을 선고받은 것으로서 그 형의 집행을 종료한 후 또는 집행이 면제된 후로부터 3년이 경과한 경우에는 다시 집행유예를 선고할 수 있는 것으로 해석함이 상당하다고 판시한 바 있습니다.[42]

귀하는 재판도중 전(前) 범죄에 대하여 집행유예기간이 종료되었다고 하더라도 집행유예 요건 중 "금고 이상의 형을 선고한 판결이 확정된 때부터 그 집행을 종료하거나 면제된 후 3년의 기간이 경과"규정의 요건을 충족할 수 없기 때문에 다시 집행유예선고를 받을 수 없을 것입니다. 헌법재판소도 마찬가지로 금고 이상의 형을 선고한 판결이 확정된 때부터 그 집행을 종료하거나 면제된 후 3년이 지나지 아니한 자에 대해서는 집행유예를 하지 못하도록 규정한 부분에 대하여 헌법을 위반하거나 기본권을 침해하지 않는다고 판시하고 있습니다.[43]

제7절 | 죄수론

Ⅰ. 단계별 범죄 성립

1. 예비 · 음모죄

예비 · 음모란 범죄를 행하기 전에 서로 모여 범죄를 어떻게 행할 것인가에 대해 의견을 조율하면서 모의하는 단계를 말한다. 우리 형법상 예비 · 음모죄는 중범죄에 대해 처벌규정을 두고 있다. 예비 · 음모죄 처벌규정이 있는 대표적인 범죄는 살인죄와 강도죄이다.

---

42 대법원 2007. 7. 27 선고 2007도768 판결.
43 헌법재판소 2005. 6. 30, 2003헌바49 결정.

2. 미 수

미수에는 장애미수와 중지미수가 있다. 전자는 실행착수 후 타의에 의해 범죄를 그만둔 경우를 말한다. 예컨대 갑이 물건을 훔치려고 을의 집에 들어가 훔칠 물건을 물색하던 중 을이 방에서 나오는 바람에 황급히 나온 경우이다. 후자는 실행착수 후 자기 스스로 후회와 반성을 통해 범죄행위를 그만둔 경우를 말한다. 예컨대 갑이 을을 죽이려고 을의 집에 갔지만 을을 죽이면 처벌받을 수 있고, 그렇게 되면 처자식이 힘들 것 같아 그만둔 경우이다. 장애미수는 임의적 감경 사유이고, 중지미수는 필요적 감면사유이다.

일반적인 미수는 범죄 고의를 갖고 실행착수 후 범죄가 기수에 이르지 못한 경우를 말한다. 예컨대 갑이 을을 살해하기 위해 칼로 찔렀는데 사망하지 않고 상해에 그친 경우이다. 이 경우 갑의 범죄는 살인미수죄에 해당한다.

3. 기 수

결심한 범죄에 대해 실행에 착수하여 행위를 한 결과 범죄가 완성된 경우를 말한다. 예컨대 갑이 폭행·협박을 통해 을을 강간한 경우를 말한다. 즉 갑이 을의 성적자기결정권을 침해하여 강제로 남자의 성기가 여자의 성기에 삽입되었다면 강간죄의 기수가 되는 것이다.

Ⅱ. 범죄의 유형

1. 단독범

범죄의 구성요건에 해당하는 행위를 혼자 실행하는 경우를 말한다. 예컨대 야간에 남의 주거에 침입해서 물건을 절취하는 경우를 말한다. 이 경우 주거침입죄와 절도죄의 실체적 경합이 된다.

2. 공동정범

2인 이상이 공동해서 죄를 범한 경우에는 그 죄의 정범으로 처벌한다(형법 제

30조). 공동정범이 성립하기 위해서는 객관적 요건과 주관적 요건을 충족해야 한다. 전자는 공동실행사실로 일부실행 전부책임을 진다. 공동실행행위는 실행착수부터 범행의 종료까지 존재해야 한다. 역할분담을 통한 실행은 반드시 범죄현장에서 행할 필요가 없고, 전화로도 가능하다. 후자는 공동실행의사로 의사의 연락방법은 명시적·묵시적으로 가능하며, 일정한 장소에서 모의하지 않아도 된다.

[사 례]

갑, 을, 병은 정을 살해하기로 모의한 후 갑, 을, 병은 정을 저수지로 데려가 밧줄로 묶은 다음 저수지로 던지려고 하였는데 병이 너무 살려달라고 애원하는 바람에 갑은 을과 병에게 "우리 정을 죽이지 말자"라고 하였지만 을과 병은 "이런 나쁜 놈은 죽여야 된다"라고 하기 때문에 갑은 "그럼 나는 더 이상 못하겠다"라고 하면서 범죄현장에서 을과 병에게 이야기하고 이탈하였습니다. 하지만 을과 병은 범죄를 멈추지 않고 정을 저수지로 던져 사망케 하였습니다. 이 경우 갑은 어떻게 처벌되는지요?

[검 토]

갑은 살인죄의 죄책을 피할 수 없습니다. 그 이유는 실행착수 후 처벌되지 않기 위해서는 반드시 범죄실행을 통한 기수나 미수에 이르지 않도록 막아야 합니다. 위 사례에서 갑은 실행착수 후 범죄현장을 이탈하였지만 을과 병이 정을 저수지로 던져 사망케 하였기 때문에 범죄에 대한 공동책임을 져야 합니다. 따라서 갑, 을, 병 모두 살인죄의 공동정범으로 처벌될 수 있습니다. 물론 갑은 형량을 을과 병에 비해 조금 가볍게 받을 가능성은 있습니다. 만약 갑, 을, 병이 범죄 실행착수 전에 갑이 이탈했다면 살인죄의 예비음모죄로 처벌될 수 있습니다.

3. 합동범

합동범이란 2인 이상이 합동해서 범죄를 실행한 경우를 말한다. 즉 2인 이상이 합동해서 범죄를 행할 경우 가중처벌되는 범죄이다. 합동이란 시간적·장소적 협동을 의미한다고 보는 견해로 현장설이 판례 및 다수설이다. 판례는 망을 보거나,[44] 범죄현장 부근에 대기하면서 지켜보거나,[45] 가까운 곳에 대기하고 있다가 절취품을 같이 갖고 나온 경우[46] 등은 시간적·장소적으로 협동관계에 있다고 보아 합동범인 특수절도죄가 성립한다. 형법상 합동범으로 특수도주죄(제146조), 특수절도(제331조 제2항), 특수강도죄(제334조 제2항)가 있고, 성폭력특별법상 특수강간(제4조 제1항), 특수강제추행(제4조 제2항), 특수준강간·준강제추행죄(제4조 제3항) 등이 있다.

현장 이외의 장소에서 합동범의 가공한 행위는 합동범의 공동정범이 성립할수 없고,[47] 기본범죄의 공동정범 또는 합동범의 공범(교사범, 방조범)만이 가능하다.

> **사 례**
>
> 갑, 을, 병은 정의 집에 들어가 강도할 것을 모의하였습니다. 갑은 범죄실행을 용이하게 하는 방법만 제시하였고, 을과 병은 정의 집에 들어가 정을 협박하여 재물을 강취하였습니다. 이 경우 갑, 을, 병은 어떻게 처벌되는지요?

> **검 토**
>
> 갑은 범죄현장에 있지 않고 방법만 가르쳐 주었기 때문에 기본범죄에 대한 방조범으로 처벌될 수 있고, 을과 병은 범죄현장에서 시간적·장소적 접착관계에서 강도행위가 이루어졌기 때문에 합동범으로 처벌될 수 있습니다. 따라서 갑은 강도죄의 방조범으로 처벌되고, 을과 병은 특수강도죄로 처벌될 수 있습니다.

4. 교사범

교사범이란 범죄실행을 직접 하지 않고 다른 사람에게 부탁하고, 이를 승낙한자가 범죄를 행하는 것을 말한다. 타인을 교사하여 죄를 범하게 한 자는 죄를 실행한 자와 동일한 형으로 처벌한다(형법 제31조 제1항). 교사를 받은 자가 범죄의 실행을 승낙하고 실행의 착수에 이르지 아니한 때에는 교사자와 피교사자를 음모 또는 예비에 준하여 처벌한다(동조 제2항). 교사를 받은 자가 범죄의 실행을 승낙하지아니한 때에도 교사자에 대하여는 음모 또는 예비에 준해서 처벌한다(동조 제3항).

---

44 대법원 1986. 07. 08. 선고 86도843 판결.
45 대법원 1996. 03. 22. 선고 96도313 판결.
46 대법원 1996. 03. 22. 선고 96도313 판결.
47 대법원 1976. 07. 27. 선고 75도2720 판결.

사 례

갑(28세, 남)은 을에게 병을 죽일 것을 교사하였는데 을은 승낙하였지만 실행에 옮기지 않았습니다. 하지만 수사기관에서 이 사실을 알고 갑과 을을 살인죄의 예비음모죄로 처벌한다고 합니다. 범죄를 행하지 않았는데도 불구하고 처벌될 수 있는지요?

검 토

범죄의 음모 또는 예비행위가 실행의 착수에 이르지 아니한 때에는 법률에 특별한 규정이 없는 한 벌하지 아니한다(형법 제28조). 하지만 살인죄는 예비음모죄 처벌 규정이 있으므로 갑과 을이 병을 살해하기 위한 예비행위가 있었기 때문에 처벌될 수 있습니다.

5. 간접정범

간접정범은 어느 행위로 인하여 처벌되지 아니하는 자 또는 과실범으로 처벌되는 자를 교사 또는 방조하여 범죄행위의 결과를 발생하게 한 자는 교사 또는 방조의 예에 의하여 처벌한다(형법 제34조 제1항). 자기의 지휘, 감독을 받는 자를 교사 또는 방조하여 간접정범의 결과를 발생하게 한 자는 교사인 때에는 정범에 정한 형의 장기 또는 다액에 그 2분의 1까지 가중하고 방조인 때에는 정범의 형으로 처벌한다(동조 제2항).

사 례

갑(24세, 의사)은 을(23세, 간호사)에게 독약이 든 주사를 주면서 병(30세, 여)환자에게 주사할 것을 교사하였습니다. 을은 주사기에 독약이 들어 있다는 사실을 모른 채 병에게 주사하여 사망케 하였습니다. 이 경우 갑과 을은 어떻게 처벌받는지요?

검 토

갑은 과실범으로 처벌될 자를 이용하여 교사를 통해 범죄로 나아갔기 때문에 살인죄의 간접정범으로 처벌되고, 을은 독약이 든 사실을 모르고 병에게 주사를 하였기 때문에 을은 처벌되지 않습니다. 하지만 을이 주사를 놓은 과정에서 과실이 있는 경우 과실과 사망사이에 인과관계가 있는 경우에는 과실범인 과실치사죄로 처벌될 수 있습니다.

6. 방조범

방조범이란 정범의 범죄실행을 용이하게 하는 범죄자를 말한다. 방조범에는 정신적 방조와 물질적 방조가 있다. 전자는 정신적으로 범죄실행을 도와주는 것으로 근무자의 감시계획, 조언 등을 행하는 것을 말한다. 후자는 범행도구 대여, 범행자금 제공, 범행장소 제공 등을 말한다. 방조범은 직접 범죄를 행하는 것이 아니라 정범을 도와주는 형태이기 때문에 불법의 정도가 낮다고 보고 우리 법은 형을 감경하고 있다. 유기형을 감경할 경우 2분의 1로 감경하고 있다.

> ### 사 례
>
> 갑은 A회사의 인턴으로 근무하고 있는데 부서의 상사 을이 갑의 업무진행에 많은 도움을 주었습니다. 이로 인해 갑과 을은 연인사이로 발전하면서 깊은 관계에 이르게 되었습니다. 하루는 을이 을의 친구 병과 술을 한잔 하면서 담화를 나누다가 병이 을에게 "너 여자친구 너무 예쁘던데"라고 하니까 을이 병에게 그럼 "갑을 불러낼 테니까 둘이 잘 해봐라"라고 하면서 갑을 불러냈습니다. 을과 병은 고의적으로 갑에게 많은 술을 먹이고 난 후 갑이 몸을 가누지도 못할 정도가 되니까 을과 병은 갑을 부축하면서 가까운 모텔로 데려가 방에 눕힌 후 을이 병에게 "잘 해봐라"라는 말을 남기고 을은 호텔방을 나왔습니다. 병은 갑의 항거불능상태를 이용하여 강간을 하였고, 갑이 아침이 되어서야 옷이 벗겨져 있다는 사실을 알았습니다. 문제는 갑의 옆에 누워 있는 자가 을이 아니라 병이라는 사실이었습니다. 갑이 병에게 "왜 병이 누워있냐"고 이유를 묻자 병은 도망쳐 버렸습니다. 갑은 을에게 수차례 전화를 했지만 전화를 받지 않자 갑은 을과 병을 처벌해 달라고 수사기관에 고소를 하였습니다. 이 경우 을과 병은 무슨 죄로 처벌받나요?

> ### 검 토
>
> 병은 갑의 항거불능상태를 이용하여 강간했기 때문에 준강간죄(형법 제299조)로 처벌되고, 을은 병의 범죄실행을 용이하도록 호텔방까지 같이 데려갔기 때문에 준강간죄의 방조범으로 처벌됩니다. 따라서 병은 준강간죄로 3년 이상의 유기징역에 처할 수 있고, 병은 준강간죄의 방조범으로 형이 감경되어 1년 6개월 이상의 유기징역에 처해질 수 있습니다.

경찰과 인권

제3장
경찰과 인권

제1절 | 수사의 주체 및 객체

Ⅰ. 수사의 주체

수사의 주체는 검사와 사법경찰관이다. 전자는 수사의 주체로서 역할을 수행하지만 사법경찰리에 대한 수사의 지휘를 통하여 행하는 경우가 더 많다. 후자는 경찰의 계급 중 경위 이상으로 검사의 지휘를 받아 수사하는 수사기관이다. 사법경찰리는 검사와 사법경찰관의 지휘를 받아 수사하는 보조기관이다(형소법 제196조).

피의자는 범죄혐의가 있는 자로 지목되어 수사의 대상이 되는 자를 말하고, 공소제기 이전의 단계에 있는 자를 말하며, 공소제기 이후인 피고인과 구별된다.

Ⅱ. 수사의 객체

피의자는 수사의 주체와 객체로서의 지위를 동시에 갖고 있다. 전자는 수사절
차에서 방어권의 주체로서의 권리를 갖고 있음과 동시에 자신의 범죄혐의에 대
하여 적극적으로 항변할 권리 및 무죄추정을 할 권리가 있다. 후자는 수사의 객
체로서의 지위를 갖고 있다. 그 예로는 피의자 출석요구 및 피의자신문의 대상
(형소법 제200조), 체포·구속의 대상(동법 제200조의2, 제200조의3, 제201조, 제212
조), 압수·수색의 대상(동법 제219조, 제106조, 109조) 등이 있다.

제2절 | 변호인의 조력을 받을 권리

Ⅰ. 변호인의 유형

1. 사선변호인

변호인은 피의자 혹은 피고인의 방어권 보장을 위해 필요한 보조자를 말한다.
변호인의 자격은 변호사 중에서 선임하여야 한다. 단, 대법원 이외의 법원은 특
별한 사정이 있으면 변호사 아닌 자를 변호인으로 선임함을 허가할 수 있다(동법
제31조). 대법원은 법률심으로 사실상 공판을 열지 않고 서류에 의해 판단하므로
법률적 지식을 필요로 하고 있다는 취지에서 변호인의 자격을 변호사로 제한하
고 있다. 변호인의 선임은 심급마다 변호인과 연명날인한 서면으로 제출하여야
한다(동법 제32조 제1항). 공소제기전의 변호인 선임은 제1심에도 그 효력이 있다
(동조 제2항). 변호인 선임서는 해당기관에 제출하여야 효력이 있으며, 비로소 변
호인의 지위가 발생한다. 변호인의 선임은 각 심급마다 선임해야 한다. 항소심
또는 상고심에서 원심에서 선임한 변호인일지라도 또다시 선임행위를 거쳐야 변
호인 선임의 효력이 있으며, 이것을 심급대리의 원칙이라고도 한다. 변호인은 언

제든지 사임할 수 있고, 피의자 및 피고인은 언제든지 변호인을 해임할 수 있다.

2. 국선변호인

변호인을 선임할 수 있는 경제적 능력이 없는 상대적 약자에 대해 충분한 방어권 보장을 위해 법원에 의해 국선변호인을 선정해 주어야 한다. 국선변호인은 과거와 달리 맡은 사건에 대해 수임료가 적다는 이유로 대충하는 것이 아니라 충실하게 피고인을 위해 헌신하고 있다. 국선변호인 선정사유는 다음과 같다.

1) 형소법 제33조

국선변호인 선정사유는 ① 피고인이 구속된 때, ② 피고인이 미성년자인 때, ③ 피고인이 70세 이상인 때, ④ 피고인이 농아자인 때, ⑤ 피고인이 심신장애의 의심이 있는 때, ⑥ 피고인이 사형, 무기 또는 단기 3년 이상의 징역이나 금고에 해당하는 사건으로 기소된 때 등이다(형소법 제33조 제1항). 법원은 피고인이 빈곤 그 밖의 사유로 변호인을 선임할 수 없는 경우에 피고인의 청구가 있는 때에는 변호인을 선정하여야 한다(동법 제33조 제2항). 법원은 피고인의 연령·지능 및 교육 정도 등을 참작하여 권리보호를 위하여 필요하다고 인정하는 때에는 피고인의 명시적 의사에 반하지 아니하는 범위 안에서 변호인을 선정하여야 한다(동법 제33조 제3항).

2) 그 외 국선변호인 선정사유

구속 전 피의자심문(형소법 제201조 2의 제8항), 체포·구속적부심사(동법 제214조 2의 제10항), 공판준비절차(동법 제266조의8 제4항), 재심사건,[48] 국민참여재판사건(국민의 형사참여에 관한 법률 제7조), 군사법원(동법 제62조 제1항) 및 치료감호법(동법 제15조 제2항)은 필요적 변호사건으로 사선변호인이 없는 경우 국선변호인 선정을 규정하고 있다.

변호인의 지위는 피의자·피고인의 이익을 보호할 보호자적 지위와 국가형벌권의 공정한 실현에 협력할 공익적 지위가 있다.

---

48 사망자 또는 회복할 수 없는 심신장애자를 위하여 재심의 청구가 있는 때(형소법 제438조 제2항 제1호). 유죄의 선고를 받은 자가 재심의 판결 전에 사망하거나 회복할 수 없는 심신장애자로 된 때(동법 제438조 제2항 제2호).

II. 변호인의 조력을 받을 권리

1. 헌법적 근거

헌법 제12조 제4항에 따르면 "누구든지 체포 또는 구속을 당한 때에는 즉시 변호인의 조력을 받을 권리를 가진다. 다만, 형사피고인이 스스로 변호인을 구할 수 없을 때에는 법률이 정하는 바에 의하여 국가가 변호인을 붙인다"라고 규정하여 헌법상 보장된 권리이다.

2. 형사소송법상 근거

변호인의 선임에는 피의자·피고인이 선임하는 사선변호인과 법원에 의하여 선임되는 국선변호인이 있다. 전자는 피의자 또는 피고인이 고유의 선임권자이며, 피의자 또는 법정대리인, 배우자, 직계친족과 형제자매는 독립하여 변호인을 선임할 수 있다(형소법 제30조 제2항). 여기서 배우자는 법률상 배우자를 말하고 사실혼 배우자는 효력이 없다.

3. 제 한

변호인과의 자유로운 접견은 법률적 지식이 적은 피의자에게 위법한 공권력의 침해로부터 보호받거나 방어권 보장을 위해 필수적인 조치로 국가안전보장, 질서유지, 공공복리 등을 위해서도 제한할 수 없는 권리이다. 특히 구속된 피의자 혹은 피고인에 대해 교정시설의 안전과 질서유지를 한답시고 변호인과 접견 교통권을 제한해서는 안 된다.

III. 진술거부권

1. 헌법상 권리

헌법 제12조 제2항에 따르면 "모든 국민은 고문을 받지 아니하며, 형사상 자기에게 불리한 진술을 강요당하지 아니한다"라고 규정하여 국민의 기본권으로 보장하고 있다. 이는 자기부죄거부특권에서 유래된 것으로 자기에게 불리한 내용의 진술을 강요당하지 아니하는 것이므로 고문이나 폭행 등에 의한 강요는 물론 법률로서도 진술을 강제할 수 없음을 의미한다.[49]

2. 형사소송법상 권리

검사 또는 사법경찰관은 피의자를 신문하기 전에 ① 일체의 진술을 하지 아니하거나 개개의 질문에 대하여 진술을 하지 아니할 수 있다는 것, ② 진술을 하지 아니하더라도 불이익을 받지 아니한다는 것, ③ 진술을 거부할 권리를 포기하고 행한 진술은 법정에서 유죄의 증거로 사용될 수 있다는 사항을 알려주어야 한다(형사소송법 제244조의3). 따라서 진술거부권을 행사하지 않은 상태에서 피의자 혹은 피고인에 대한 신문은 증거능력이 부정된다는 것이 판례의 입장이다.[50] 진술거부권을 행사했다고 해서 가중적 양형의 조건으로 참작해서는 안 된다. 그 이유는 법률상 보장된 권리를 행사했을 뿐이기 때문이다. 다만 객관적이고 명백한 증거가 발견되었음에도 불구하고 피의자 혹은 피고인이 묵비권을 행사한다면 이는 범죄사실을 숨기려는 의도로 볼 수밖에 없으므로 양형에 대한 참작사유로 봐야 할 것이다.[51]

---

49 최우정, 인권과 형사사법 절차, 준커뮤니케이션즈, 2004, 109쪽.
50 대법원 2010. 5. 27. 선고 2010도1755 판결
51 대법원 2001. 3. 9. 선고 2001도192 판결

제3절 | 사건에 대한 수사개시부터 검찰송부까지 절차

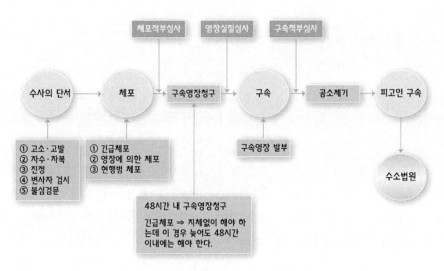

〈그림 2〉 수사개시부터 검찰송부까지 절차

Ⅰ. 수사의 단서

1. 고 소

1) 고소의 개념

고소는 범죄 피해자 혹은 고소권자가 수사기관에 범죄사실을 신고하여 처벌을 구하는 의사표시를 말한다. 고소 시 범죄자를 적시할 필요가 없고, 범죄사실을 특정해야 하며, 고소능력이 있어야 한다. 판례는 13세 여중생에게 고소능력을 인정한바 있다.[52] 2011년 판례는 초등학교 6학년에게도 고소능력을 인정한 바 있다.[53] 고소는 반드시 수사기관에 해야 한다.

---

[52] 대법원 1987. 9. 22 선고 87도1707 판결.
[53] 대법원 2011. 6. 24. 선고 2011도4451 판결.

2) 고소의 방식

고소·고발의 방식은 서면 또는 구술로써 검사 또는 사법경찰관에게 하여야 한다(동법 제237조 제1항). 검사 또는 사법경찰관이 구술에 의한 고소 또는 고발을 받은 때에는 조서를 작성하여야 한다(동법 제237조 제2항). 고소는 대리인으로 하여금 하게 할 수 있다(동법 제236조). 이에 반해 고발은 대리할 수 없고 본인이 직접 해야 한다.

3) 고소의 기간

고소기간에 대하여 일반적인 범죄에 대해서는 고소기간의 제한이 없다. 하지만 친고죄에 있어서는 범인을 알게 된 날로부터 6월이 경과하면 고소하지 못한다(동법 제230조 제1항).

4) 고소의 제한

고소의 제한에 있어 자기 또는 배우자의 직계존속은 고소할 수 없다(동법 제224조). 다만 성폭력특별법, 가정폭력특별법에 의해 가능하다. 예컨대 의붓아버지가 상습적으로 딸을 성폭행할 경우 딸은 의붓아버지를 고소하여 처벌할 수 있다. 또한 장인이 사위에게 와서 1,000만 원을 달라고 요구했는데, 사위가 돈은 없다고 하니까 장인이 사위를 폭행한 사안에서 가정폭력특별법에 의거 사위는 장인을 고소해서 처벌할 수 있다.

5) 고소의 취소

고소의 취소는 서면 또는 구술로 할 수 있다(동법 제239조). 고유의 고소권자인 피해자가 한 고소의 취소는 대리인이 할 수 없고 피해자만 할 수 있다. 검사 또는 사법경찰관이 구술에 의한 고소취소를 받은 때에는 고소취소조서를 작성하여야만 적법한 고소취소가 된다. "가해자와 피해자가 원만하게 합의하여 민·형사상 어떠한 책임도 묻지 않기로 한다"라는 합의서가 수사기관이나 법원에 제출되었다면 고소취소가 있는 것으로 본다.[54] 고소를 취소한 자는 동일한 사건으로 고소하지 못한다. 이것은 사인에 의한 국가형벌권 발동의 자의적 행사를 막기 위한 것이다(동법 제232조 제2항). 고소의 취소는 제1심 판결 선고 전까지 해야 한다

[54] 대법원 1981. 11. 10. 선고 81도1171 판결; 대법원 2002. 7. 12. 선고 2001도6777 판결.

(동법 제232조 제1항). 고소를 취소한 자는 다시 고소하지 못한다(동조 제2항).

6) 고소의 포기

고소의 포기란 친고죄의 고소권자가 고소기간 내에 고소권을 행사하지 않겠다는 의사표시를 말한다. 고소의 포기에 대해 우리 판례는 고소권은 공적인 권리로서 사인이 포기할 수 권리가 아니라고 하고 있다.[55]

7) 고소의 불가분의 원칙

고소의 불가분의 원칙은 객관적 불가분의 원칙과 주관적 불가분의 원칙이 있다. 전자는 친고죄의 경우 범죄의 일부에 대한 고소의 효력은 전부에 미치는 것을 말한다. 예컨대 1개의 문서로 갑, 을, 병을 모욕한 경우 갑의 고소는 을, 병에 대한 범죄사실에는 효력이 없다. 후자는 친고죄의 경우 수인의 공범 중 1인에 대한 고소 또는 고소 취소의 효력은 다른 공범자에게도 미친다. 여기서 친고죄는 절대적 친고죄와 상대적 친고죄로 나눌 수 있다. 전자는 고소의 불가분의 원칙이 그대로 적용된다. 후자는 공범자 전원이 피해자와 신분관계가 있는 경우 1인의 친족에 대한 고소의 효력은 다른 친족에게도 미친다. 예컨대 조카 2명이 삼촌 집에 가서 절도를 한 경우 삼촌이 조카 1명을 고소해도 다른 조카에게도 고소의 효력이 미친다. 공범자 중 일부가 비신분자인 경우 비신분자에 대한 고소의 효력은 신분자에게 미치지 않으며, 신분자에 대한 고소취소는 비신분자에게 효력이 없다.

사 례

저의 집에 조카인 갑과 조카의 친구인 을이 현금 100만 원을 훔쳐 달아나는 것을 보고 저는 갑과 을을 붙잡아 절도는 나쁜 행위라고 하면서 반성문을 작성하라고 하였습니다. 하지만 반성문을 작성하지 않고 뉘우침이 없어 보여 갑과 을을 처벌하려고 합니다. 하지만 조카는 차마 처벌할 수 없고 조카의 친구만 처벌하고 싶은데 가능한지요?

검 토

결론적으로 가능합니다. 즉 삼촌인 저는 갑과 을 공범자 중 조카의 친구만을 절도죄로 고소해서 처벌을 구하면 조카에게는 고소의 효력이 미치지 않아 처벌되지 않

---

55 대법원 1967. 5. 23. 선고, 67도471판결.

습니다. 설령 갑과 을을 고소해 처벌하려고 했다가 조카를 처벌할 수 없다고 판단하여 조카에 대한 고소를 취소한 경우 고소취소의 효력은 조카친구에게는 미치지 아니합니다. 즉 조카는 처벌되지 않고 조카의 친구만 처벌되는 셈이 됩니다.

2. 고 발

1) 고발의 개념

고발은 고소권자 및 범인 이외의 제3자가 수사기관에 범죄사실을 신고하여 범죄의 소추 및 처벌을 구하는 의사표시를 말한다.

2) 고발의 취소와 방식

고발의 취소의 방식은 고소와 동일하다. 다만 고발은 기간규정이 없으므로 언제든지 할 수 있다. 하지만 제1심 판결 선고 후에 고발을 취소하는 것은 그다지 실익이 없다고 볼 수 있다. 따라서 고발도 사실상 제1심 판결 선고 전까지 취소하는 것이 타당하다고 본다. 고발은 취소 후 다시 재고발 할 수 있고, 그 방식에 있어서 대리가 허용되지 않는다.

3. 자수 · 자복

자수(自首)는 범인 스스로 수사기관에 가서 자신의 범죄사실을 자백하는 것을 말한다. 자수는 성질상 대리가 허용되지 않는다. 하지만 범인이 질병으로 자수할 수 없는 경우에는 타인에게 부탁하여 신고하게 할 수 있다. 자수는 형법상 임의적 감면사유[56]이지만 형사소송법적으로 수사의 단서에 해당한다. 자복(自服)은 범인이 범죄사실을 피해자에게 자백하는 것을 말하며, 형법상 임의적 감면사유에 해당한다.

4. 변사자 검시

변사자(變死者) 또는 변사의 의심있는 사체가 있는 때에는 그 소재지를 관할하는 지방검찰청검사가 검시(檢屍)하여야 한다(형소법 제222조 제1항). 변사자의 검

---

[56] 형을 감경해 주거나 형을 면제할 수 있는 것을 말한다.

시로 범죄의 혐의를 인정하고 긴급을 요할 때에는 영장 없이 검증할 수 있다(동조 제2항).

5. 불심검문

1) 의 의

경찰관이 ① 수상한 행동이나 그 밖의 주위 사정을 합리적으로 판단하여 볼 때 어떠한 죄를 범하였거나 범하려 하고 있다고 의심할 만한 상당한 이유가 있는 사람, ② 죄를 범하려고 하고 있다고 명백히 판단되는 자, ③ 행해지려고 하고 있는 범죄에 대해 그 사실을 안다고 인정되는 자 등이다(경찰관직무집행법 제3조). 이들을 상대로 불심검문을 행한 후 범죄혐의가 있다고 판단되는 경우 수사를 개시할 수 있다.

2) 동행요구

경찰관은 사람을 정지시킨 장소에서 질문을 하는 것이 그 사람에게 불리하거나 교통에 방해가 된다고 인정될 때에는 질문을 하기 위하여 가까운 경찰서·지구대·파출소 또는 출장소로 동행할 것을 요구할 수 있다. 이 경우 동행을 요구받은 사람은 그 요구를 거절할 수 있다(경찰관직무집행법 제3조 제2항).

동행요구에 의하여 연행된 상대방은 변호인과 접견교통권을 행사할 수 있으며, 동행을 할 경우에 경찰관은 상대방을 6시간 초과해서 머무르게 할 수 없다. 여기서 6시간 동안 구금을 허용하는 것은 아니다.[57]

3) 소지품 검사

불심검문 시 소지품 검사를 할 수 있다. 여기서 소지품 검사는 불심검문을 하는 과정에서 흉기 기타 물건의 소지여부를 밝히기 위하여 하는 것을 말한다. 그 범위는 의복 또는 휴대품의 외부를 손으로 만지는 정도는 허용되지만 내부를 뒤지거나 강압적인 방법으로 소지품을 내보이도록 요구하는 것은 허용되지 않는다.

4) 불심검문을 통한 음주측정

경찰공무원은 교통의 안전과 위험방지를 위하여 필요하다고 인정하거나 제1

---

57 대법원 1997. 8. 22. 선고 97도1240 판결.

항[58]을 위반하여 술에 취한 상태에서 자동차 등을 운전하였다고 인정할 만한 상당한 이유가 있는 경우에는 운전자가 술에 취하였는지를 호흡조사로 측정할 수 있다. 이 경우 운전자는 경찰공무원의 측정에 응하여야 한다(도로교통법 제44조 제2항). 만약 거부할 경우에는 음주측정거부죄(도로교통법 제148조의2 제1항 2호)[59]로 처벌된다. 그러나 운전자가 자발적으로 협력하지 않는 한 경찰관은 강제할 권한이 없으므로 임의수사로 볼 수 있다. 다만 경찰공무원의 음주측정에 불응할 경우 음주측정불응죄로 처벌할 수 있으므로 심리적 강제에 해당한다고 볼 수 있다.

음주측정을 위하여 당해 운전자를 강제로 연행하기 위해서는 수사상 강제처분에 관한 형사소송법상의 절차를 따라야 하고, 이러한 절차를 무시한 채 이루어진 강제연행은 위법한 체포에 해당한다. 하지만 음주측정을 거부할 경우에는 긴급체포요건에 해당되는 범죄이므로 경찰관은 긴급체포할 수 있다.

사 례

갑(경찰관)은 을(운전자)에게 소속과 계급을 밝히고 음주측정을 요구하였습니다. 음주측정을 1차에는 불응하였지만 2차 측정에는 응한 경우 음주측정불응죄로 처벌될 수 있는지요?

검 토

음주측정요구에 1차에는 불응하였지만 2차 음주측정요구에 응한 경우에는 음주측정불응죄가 성립하지 않는다고 판시하고 있습니다.[60] 그 근거는 경찰청의 교통단속처리지침 제38조 제11항은 처벌조항의 입법 취지 등을 참작하여 "음주측정 요구에 불응하는 운전자에 대하여는 음주측정 불응에 따른 불이익을 10분 간격으로 3회 이상 명확히 고지하고, 고지에도 불구하고 측정을 거부한 때(최초 측정 요구 시로부터 30분 경과)에는 측정결과란에 음주측정거부로 기재하여 주취운전자 적발보고서를 작성한다."고 규정하고 있습니다.

---

58 누구든지 술에 취한 상태에서 자동차 등을 운전해서는 안 된다(도로교통법 제44조 제1항).
59 음주측정거부죄의 형량은 1년 이상 3년 이하의 징역 또는 500~1,000만 원 이하의 벌금으로 규정하고 있다.
60 대법원 2015. 12. 24. 선고 2013도8481 판결.

6. 진 정

진정(陳情)이란 국가 또는 지방자치단체에 사정을 이야기 하고 시정을 요구하는 행위를 말한다. 침해를 당한 개인이나 단체가 서면 또는 구술로서 조치를 취해줄 것을 희망하는 의사표시를 말한다. 예컨대 교도소에서 부당한 인권침해를 당한 수용자가 인권위원회에 시정요구를 해줄 것을 인권위원회에 진정하는 것을 말한다. 인권위원회에서 조사결과 위법한 사항이 발견될 경우 수사기관에 고발하거나 부당한 내용이 발각되면 해당 기관에 시정요구를 할 수 있다. 하지만 인권위원회의 시정요구는 권고적 효력만 있을 뿐이다. 따라서 해당 기관에서는 시정을 해도 되고 하지 않아도 특별히 강제할 방법은 없는 실정이다.

Ⅱ. 수사의 개시

수사의 개시는 주관적 범죄혐의가 있는 경우에 할 수 있다. 따라서 단지 추측에 의한 자의적 개시는 안 된다. 수사는 목적 달성을 위해 필요최소한에 그쳐야 한다. 범죄혐의를 밝히기 위해 사술을 사용해서는 안 된다. 이러한 수사조건을 위반하여 수사를 한 경우에는 위법하게 수집된 증거로서 증거능력이 인정되지 않는다.

> **사 례**
>
> 경기도 광명시에서 빈집털이 사건이 발생하였는데, 약 1년간 44곳에서 9,023만 6천 원에 달하는 피해액이 발생하였습니다. 탐문수사를 통해 용의자로 지목된 A군과 B군은 체포되었습니다. 총 44건의 범죄 중 25건에 대해서는 A군과 B군의 알리바이가 성립되자 제1심 판결 도중 19건 3,370만 원으로 공소사실을 변경하였습니다. 뚜렷한 증거도 없이 구속영장청구가 가능했던 이유는 바로 A군과 B군의 범죄사실에 대한 자백이 있었기 때문입니다. A군과 B군은 하지도 않은 범행을 자백한 이유는 경찰의 수사과정에서 폭행이 있었기 때문입니다. 현장검증에서도 A군과 B군은 경찰이 시키는 대로 범행을 재현하였습니다. 이쯤 되면 경찰은 A군과 B군이 범인이 아니라는 사실을 충분히 인지했을 것임에도 불구하고 범인으로 취급하여 A군과

B군은 억울한 옥살이를 할 수밖에 없었습니다. 그렇다면 검찰에서는 왜 진실이 밝혀지지 않았을까 그 이유는 간단합니다. 즉 A군과 B군의 말보다는 경찰의 말을 더 신뢰할 것이라고 판단하고 스스로 자백한 것입니다. 이 사례에서 경찰의 수사 과연 합당한 수사인가요?

[검 토]

위 사례는 강압수사에 의한 전형적인 위법수사의 한 형태입니다. 수사는 실제 범죄를 행한 자를 검거하기 위한 수사가 이루어져야 합니다. 그럼에도 불구하고 실적 쌓기 위한 무리한 강압적 수사를 통해 범죄자가 아닌 사람을 범죄자를 만들어서는 안 되는 것입니다.

실제 경찰에서는 범죄자가 자백을 하면 사건이 다 끝났다고 판단하는 경향이 강합니다. 비록 강압수사를 하지 않았더라도 여러 건의 범죄사실에 대해 허위자백을 하는 경우가 많기 때문에 그 범죄사실에 대한 확인절차를 반드시 거쳐야 합니다. 즉 위의 사례에서 44건 범죄사실에 대해 정말 44건을 다 했는지 꼼꼼히 따져봐야 하는 것입니다.

Ⅲ. 수사의 방법

1. 임의수사

피의자나 참고인의 동의하에 자발적인 협조에 의한 수사의 방법을 말한다. 여기에는 피의자신문(형소법 제200조), 참고인 조사(동법 제221조) 등이 있다. 현행 수사기관의 수사원칙은 임의수사를 원칙으로 하고 있으며, 필요에 따라 강제수사를 하고 있다.

[사 례]

경찰관이 저에게 전화상으로 피의자신분으로 조사할 것이 있다고 출석요구를 하고 별도로 서면 통지를 하지 않았습니다. 이 경우 저가 출석하지 않으면 어떻게 되는지요?

┌─────┐
│ 검 토 │
└─────┘

수사기관은 출석요구를 전화로도 할 수 있습니다. 만약 출석요구를 한 날짜에 출석하지 아니하면 체포영장이 발부되어 체포될 수 있습니다. 따라서 그 날짜에 부득이한 사유로 출석할 수 없다면 서면으로 그 사유와 관련 자료를 첨부하여 해당 수사기관에 제출하거나 아니면 구두로 날짜 변경요청을 하면 됩니다.

2. 강제수사

1) 강제수사 법정주의

강제수사란 수사기관의 강제력에 의해 수사하는 것을 말한다. 강제수사는 곧 피의자 혹은 피고인에게 인권침해 가능성이 있기 때문에 반드시 강제수사법정주의를 채택하고 있다. 즉 강제수사를 하기 위해서는 반드시 영장에 의해 수사를 하도록 하고 있다. 범죄혐의가 있는 자를 체포하기 위해서는 체포영장이 필요하고, 구속하기 위해서는 구속영장이 필요하다. 압수·수색을 하기 위해서는 압수·수색영장이 필요하고, 검증을 하기 위해서는 검증영장을 법원으로부터 발부받아 수사기관이 집행하여야 한다.

2) 영장의 유형

영장에는 사전영장과 사후영장이 있다. 전자의 경우 일반범죄에 있어서는 범죄를 범하였다고 의심할만한 사유가 있고, 출석요구에 정당한 이유 없이 출석에 불응하거나, 50만 원 이하의 벌금, 구류, 과료에 처하는 경미사건의 경우에는 일정한 주거가 없거나 출석요구에 정당한 이유 없이 출석에 불응하는 경우에 사전영장을 발부받아 해당 범죄자를 체포할 수 있다. 후자는 긴급체포와 구속영장의 청구(형소법 제200조의4 제1항), 현행범인의 체포와 구속영장의 청구(동법 제213조)에 의해 구속하고자 할 경우에는 사후영장을 청구하도록 하고 있다.

긴급체포와 현행범인의 체포는 영장주의 예외이다. 이 경우 체포한 자를 구속시키기 위해서는 48시간 이내에 구속영장을 청구해야 하고, 만약 청구하지 않으면 체포된 자를 석방해야 한다. 이를 통해 부당한 구속을 방지하고 있다.

3. 함정수사

1) 기회제공형 함정수사

범죄자에게 범행기회를 주고 잠복하고 있다가 만약 범죄를 행하면 현행범으로 체포하는 것을 말한다. 예컨대 만취된 상태에서 인도에 누워 자고 있는 행인을 보고도 보호조치를 취하지 않고 근처에 숨어 있다가 범인이 지갑을 훔치는 것을 보고 현행범으로 검거하는 경우이다.

2) 범의유발형 함정수사

범죄를 행할 의사가 없는 사람을 사술이나 계략을 통해 범죄를 유발하는 것을 말한다. 우리 법은 이러한 함정수사를 인정하지 않고 있다. 판례는 수사기관과 직접 관련이 있는 유인자가 피유인자와의 개인적인 친밀관계를 이용하여 피유인자의 동정심이나 감정에 호소하거나, 금전적·심리적 압박이나 위협 등을 가하거나, 거절하기 힘든 유혹을 하거나, 또는 범행방법을 구체적으로 제시하고 범행에 사용될 금전까지 제공하는 등으로 과도하게 개입함으로써 피유인자로 하여금 범의를 일으키게 하는 것은 위법한 함정수사에 해당하여 허용되지 않지만, 유인자가 수사기관과 직접적인 관련을 맺지 않은 상태에서 피유인자를 상대로 단순히 수차례 반복적으로 범행을 부탁하였을 뿐 수사기관이 사술이나 계략 등을 사용하였다고 볼 수 없는 경우는 설령 그로 인하여 피유인자의 범의가 유발되었다 하더라도 위법한 함정수사에 해당하지 않는다고 판시하고 있다.[61]

Ⅳ. 체 포

1. 체포의 의의

죄를 범하였다고 의심할 만한 상당한 이유가 있는 피의자를 일정한 장소에 인치하는 강제처분을 말한다.

---

61 대법원 2007. 7. 12. 선고 2006도2339 판결.

2. 체포의 요건

체포의 요건은 일반사건과 경미사건으로 나누어 고찰하고자 한다. 전자는 죄를 범하였다고 의심할만한 상당한 사유가 있어야 하고(범죄혐의의 상당성), 정당한 이유 없이 피의자에 대한 출석요구에 응하지 아니하거나 응하지 않을 우려(출석불응 또는 불응우려)가 있는 때 할 수 있다. 여기서 출석요구를 할 때에는 사법경찰관 명의로 출석요구서를 발부하여야 한다. 이 경우 출석요구서에는 출석요구의 취지를 명백하게 기재하여야 한다(범죄수사규칙 제54조 제1항). 경찰관은 신속한 출석요구를 위하여 필요한 경우에는 전화·팩스·전자우편·문자메시지(SMS)전송 그 밖에 적당한 방법으로 출석요구를 할 수 있다(동조 제2항).

후자는 다액 50만 원 이하의 벌금, 구류 또는 과료에 해당하는 사건에 관하여는 피의자가 일정한 주거가 없는 경우, 정당한 이유 없이 출석에 응하지 아니한 때 할 수 있다(형소법 제200조의2 제1항).

3. 체포의 종류

1) 체포영장에 의한 체포

검사는 관할 지방법원판사에게 청구하여 체포영장을 발부받아 피의자를 체포할 수 있고, 사법경찰관은 검사에게 신청하여 검사의 청구로 관할지방법원판사의 체포영장을 발부받아 피의자를 체포할 수 있다. 청구를 받은 지방법원판사는 상당하다고 인정할 때에는 체포영장을 발부한다(동법 제200조의2 제2항).

> **사 례**
>
> 저는 직장 내에 있는 엘리베이터를 타고 올라가다가 갑이 을을 성추행하였는데, 을은 저를 성추행범으로 오인하여 수사기관에 고소하였습니다. 수사기관에서 저에게 전화로 출석요구를 하였고, 저는 사실상 성추행범이 아니므로 대수롭지 않게 생각하고 출장을 떠났습니다. 출장 후 돌아오니 경찰관이 체포영장을 통해 저를 체포하였습니다. 체포 후 성추행사실을 털어놓으라고 하면서 수사관이 저를 상대로 피의자신문조서를 작성하였고, 이 조서를 확인 후 서명날인을 하라고 하는데 저는 정말 억울합니다. 이렇게 억울한 피해를 당하지 않기 위해서는 어떻게 해야 하는지요?

검 토

이러한 억울한 피해를 당하지 않도록 하기 위해서는 첫째, 출석요구를 받았을 때 반드시 피의자 신분인지 참고인 신분인지를 확인해야 합니다. 이것을 알아야만 법률적 조언을 듣고 경찰에 갈지 여부를 판단할 수 있습니다. 만약 피의자 신분이라면 변호사의 법률적 조언을 충분히 들은 후 진술해야만 불이익을 당하지 않습니다. 둘째, 피의자신문조서에 함부로 사인을 해서는 안 됩니다. 즉 피의자신문조서를 충분히 읽은 후 진술한 내용과 일치하는지 여부를 반드시 확인한 후 서명날인을 해야 합니다. 피의자신문조서의 내용을 꼼꼼히 읽어보지 않고 사인을 했다가 나중에 잘못된 사실을 알고 그 사실을 시정하기에는 너무나 어렵습니다. 셋째, 일반적으로 법률적 지식이 없는 상태에서 사선변호인을 선임할 수 없다면 각 법원 내의 대한변호사회 당직 변호사제도를 통해 예약 후 정해진 날짜에 충분한 상담과 법률적 조언을 들은 후 경찰서에 출석해야만 불이익을 당하지 않습니다. 넷째, 출석요구 날짜에 출석할 수 없다면 그 사유를 서면이나 구두로 소명하고 출석연기신청을 하면 됩니다. 출석요구 날짜에 나가지 않으면 불이익을 당할까봐 연기신청을 하지 않고 그 날짜에 나가지 않으면 체포영장을 통해 강제구인이 될 수 있습니다.

2) 긴급체포

검사 또는 사법경찰관은 피의자가 사형·무기 또는 장기 3년 이상의 징역이나 금고에 해당하는 죄를 범하였다고 의심할 만한 상당한 이유가 있고, 피의자가 증거를 인멸할 염려가 있는 때, 피의자가 도망하거나 도망할 우려가 있는 때, 긴급을 요하여 지방법원판사의 체포영장을 받을 수 없는 때에는 그 사유를 알리고 영장 없이 피의자를 체포할 수 있다. 이 경우 긴급을 요한다 함은 피의자를 우연히 발견한 경우 등과 같이 체포영장을 받을 시간적 여유가 없는 때를 말한다(형소법 제200조의3 제1항). 긴급체포의 절차는 검사 또는 사법경찰관이 긴급체포의 사유를 알리고 영장 없이 피의자를 체포할 수 있다. 긴급체포 후 긴급체포서를 작성하고 변호인 등에게 범죄사실을 알리며 구속영장을 지체 없이 48시간 이내에 청구하여야 한다.

3) 현행범체포

현행범인은 범죄를 실행하고 있거나 막 종료한 때까지의 시간대에 있는 범인을 말한다. 여기에는 준현행범인도 포함하고 있다.[62] 현행범 체포 관련 적법 판례와 부적법 판례를 살펴보면 다음과 같다.

(1) 인정 판례

① 순찰 중이던 경찰관이 교통사고를 낸 차량이 도주하였다는 무전연락을 받고 주변을 수색하다가 범퍼 등의 파손상태로 보아 사고차량으로 인정되는 차량에서 내리는 사람을 발견한 경우 "장물이나 범죄에 사용되었다고 인정함에 충분한 흉기 기타의 물건을 소지하고 있는 때"에 해당하므로 준현행범으로 영장 없이 체포할 수 있다.[63]

② 목욕탕 탈의실에서 구타하고 약 1여분 동안 피해자의 목을 잡고 있다가 그곳에 있던 다른 사람들이 말리자 잡고 있던 목을 놓은 후 위 목욕탕 탈의실 의자에 앉아 있었는데 그 무렵 위 목욕탕에서 이발소를 운영하고 있는 자가 피고인에게 옷을 입고 가라고 하여 피고인이 옷을 입고 있던 중 경찰관이 현장에 출동하여 현행범으로 체포함은 적법하다.[64]

(2) 미인정 판례

① 교장실에 들어가 약 5분 동안 식칼을 휘두르며 소란을 피우다 부모의 만류로 그만 둔 후 40분 정도 지나서 교장실이 아닌 서무실에서 체포하는 것은 현행범 체포에 해당하지 아니한다.[65]

② 주민의 신고를 받고 현장에 도착했을 때에는 이미 싸움이 끝난 지 1시간이 지난 상태였다면 현행범 내지 준현행범이 아니므로 이를 체포하였다면 적법한 공무집행이라고 볼 수 없다.[66]

③ 피고인이 음주운전을 종료한 후 40분 이상이 경과한 시점에서 길가에 앉아 있던 피고인에게 술냄새가 난다는 점을 근거로 피고인을 음주운전의 현행범으로 체포한 것은 피고인이 방금 음주운전을 실행한 범인이라는 점

---

62 준현행범인이란 ①범인으로 호창되어 추적되고 있는 때, ②장물이나 범죄에 사용되었다고 인정함에 충분한 흉기 기타의 물건을 소지하고 있는 때, ③신체 또는 의복류에 현저한 증적이 있는 때, ④누구임을 물음에 대하여 도망하려 하는 자 등이다(형소법 제211조 제2항).
63 대법원 2007. 4. 13. 선고 2007도1249 판결.
64 대법원 2006. 2. 10. 선고 2005도7158 판결.
65 대법원 1991. 9. 24. 선고 91도1314 판결.
66 대법원 1989. 12. 12. 선고 89도1934 판결.

에 관한 죄증이 명백하다고 할 수 없는 상태에서 이루어진 것으로서 적법한 공무집행이라고 볼 수 없다.[67]

(3) 검 토

판례를 종합적으로 검토해보면 현행범 체포요건을 충족하기 위해서는 범죄 종료시점에서 적어도 5분~10분 이내에 경찰이 출동하여 범죄자를 체포해야 함을 알 수 있다.

(4) 사인의 현행범 체포

현행범인은 누구든지 영장 없이 체포할 수 있으므로(형소법 제212조) 수사관뿐만 아니라 사인도 체포할 수 있다. 검사 또는 사법경찰관리가 아닌 자가 현행범인을 체포한 때에는 즉시 검사 또는 사법경찰관리에게 인도하여야 한다(동법 제213조 제1항).

사인의 현행범 체포사례를 살펴보면 소말리아 해적인 피고인들이 아라비아 인근 공해상에서 대한민국 해운회사가 운항 중인 선박을 납치하여 대한민국 국민인 선원 등에게 해상강도 등 범행을 저질렀다는 내용으로 국군 청해부대에 의해 체포·이송되어 국내 수사기관에 인도된 후 구속·기소된 사안에서 청해부대 소속 군인들이 피고인들을 현행범으로 체포한 것은 검사 등이 아닌 사인에 의한 현행범 체포행위로 피고인을 체포 후 국내로 이송하는 데 약 9일이 소요된 것은 공간적·물리적 제약상 불가피한 것으로 정당한 이유 없이 인도를 지연하거나 체포를 계속한 경우로 볼 수 없으며, 경찰관들이 피고인의 신병을 인수한 때로부터 48시간 이내에 청구하여 발부된 구속영장에 의하여 피고인들이 구속되었으므로 적법한 체포에 해당한다.[68]

4. 체포 시 미란다 원칙 고지

검사 또는 사법경찰관은 피의자를 체포하는 경우에는 피의사실의 요지, 체포의 이유와 변호인을 선임할 수 있음을 말하고 변명할 기회를 주어야 한다(형소법 제200조의5).[69] 이를 하지 않고 검사 또는 사법경찰관이 피의자를 체포를 했다면

---

67 대법원 2007. 4. 13. 선고 2007도1249 판결.
68 대법원 2011. 11. 22. 선고 211도12927 판결.
69 미란다 원칙 원문 : You have the right to remain silent. If you do say anything, what you say can

위법한 체포에 해당한다.

5. 체포 후 체포사실 통지

변호인, 변호인이 없는 경우에는 법정대리인, 배우자, 직계친족, 형제자매 중 피의자가 지정한 자에게 지체 없이 서면으로 해야 한다. 급속을 요하는 경우 전화 또는 팩스 기타 방법으로 할 수 있으나 이 경우 다시 서면으로 통지해야 한다. 구속의 경우에는 구속된 날로부터 24시간 이내에 통지해야 한다.

[사 례]

저는 강도죄를 범하여 경찰관으로부터 긴급체포 되었습니다. 긴급 체포된 사실을 부모님께 알리면 걱정하실 것 같아 체포사실을 알리고 싶지 않은데, 체포사실을 알리지 않아도 되는지요?

[검 토]

형사소송법은 체포한 때에는 즉시 체포사실을 변호인, 변호인이 없는 경우에는 법정대리인, 배우자, 직계친족 등 피의자가 지정한 자에게 알려야 합니다. 이것은 의무사항이기 때문에 생략할 수 없습니다.

V. 구 속

1. 구속의 개념

피의자나 피고인을 일정한 장소에 인치하는 강제처분을 말한다. 구금은 교도소 또는 구치소에 가두는 처분을 말한다. 구속은 자유를 제한하는 처분이므로 반드시 영장에 의해서만 할 수 있도록 하고 있다. 현행법상 피의자 구속의 방법으

---

be used against you in a court of law. You have the right to consult with a lawyer and have that lawyer present during any questioning. If you cannot afford a lawyer, one will be appointed for you if you so desire. If you choose to talk to the police officer, you have the right to stop the interview at any time.

로는 체포절차를 거쳐서 구속하는 경우와 체포절차 없이 구속영장에 의하여 구속하는 경우가 있다. 따라서 체포전치주의를 채택하고 있지 않다.

2. 구속의 요건

피의자가 죄를 범하였다고 의심할 만한 상당한 이유가 있고, ① 피고인이 일정한 주거가 없는 때, ② 피고인이 증거를 인멸할 염려가 있는 때, ③ 피고인이 도망하거나 도망할 염려가 있는 때(형소법 제70조 제1항)에는 검사는 관할지방법원판사에게 청구하여 구속영장을 발부받아 피의자를 구속할 수 있고, 사법경찰관은 검사에게 신청하여 검사의 청구로 관할지방법원판사로부터 구속영장을 받아 피의자를 구속할 수 있다. 다만, 다액 50만 원 이하의 벌금, 구류 또는 과료에 해당하는 범죄에 대하여는 피의자가 일정한 주거가 없는 경우에 한한다(동법 제201조 제1항).

3. 구속의 절차

구속영장은 검사가 관할지방법원판사에게 청구하여 발부받은 후 피의자를 구속한다. 청구를 받은 지방법원판사는 신속히 구속영장의 발부여부를 결정하여야 하며(형소법 제201조 제3항), 청구를 받은 지방법원판사는 상당하다고 인정할 때에는 구속영장을 발부한다. 이를 발부하지 아니할 때에는 청구서에 그 취지 및 이유를 기재하고 서명·날인하여 청구한 검사에게 교부한다(동법 제201조 제4항).

체포된 피의자에 대하여 구속영장을 청구받은 판사는 지체 없이 구속 전 피의자를 심문하여야 하며, 이것이 영장실질심사제도이다. 이 경우 특별한 사정이 없는 한 구속영장이 청구된 날의 다음날까지 심문하여야 한다(동법 제201조의2 제1항).

4. 구속기간

사법경찰관이 피의자를 구속한 때에는 10일 이내에 피의자를 검사에게 인치하지 아니하면 석방하여야 한다(형소법 제202조). 검사가 피의자를 구속한 때 또는 사법경찰관으로부터 피의자의 인치를 받은 때에는 10일 이내에 공소를 제기하지 아니하면 석방하여야 한다(동법 제203조). 다만 지방법원판사는 검사의 신청에 의하여 수사를 계속함에 상당한 이유가 있다고 인정한 때에는 10일을 초과하지 아니하는 한도에서 구속기간의 연장을 1차에 한하여 허가할 수 있다(동법 제205조 제1항). 따라서 수사기관에서 구속할 수 있는 기간은 최대 30일로 한정된다. 판례는 구속기간의 경과에 따른 구속영장의 효력에 대하여 당연히 상실되는 것은 아니라고 하고 있다.[70]

피의자에 대해 공소가 제기되면 피고인 신분으로 바뀌는데, 이 때 구속기간은 원칙은 2개월이고 2차에 한하여 연장결정을 할 수 있다. 따라서 1심에서 6개월 구속할 수 있고, 상소심에서는 3차에 한하여 연장결정을 할 수 있다. 따라서 2심에서 6개월, 3심에서 6개월, 총 18개월을 구속한 상태에서 재판할 수 있다는 의미이기 때문에 만약 구속기간 내 재판이 끝나지 않고 심리를 계속할 필요성이 있는 경우에는 피고인에 대한 구속을 해제한 후 재판을 계속하면 된다.[71]

5. 재구속의 제한

검사 또는 사법경찰관에 의하여 구속되었다가 석방된 자는 다른 중요한 증거를 발견한 경우를 제외하고는 동일한 범죄사실에 관하여 재차 구속하지 못한다(형소법 제208조 제1항). 이것은 피의자의 인권을 보장하기 위한 제도라고 할 수 있다.

Ⅵ. 체포 · 구속적부심사제도

1. 의 의

체포 · 구속적부심사제도란 수사기관에 의하여 불법 · 부당하게 체포 또는 구속된 피의자가 법원에 적법하게 체포 또는 구속되었는지 여부를 심사하여 줄 것을 청구하고, 법원은 위법여부를 심사하여 석방여부를 판단하는 것을 말한다.

---

70 대법원 1964. 11. 17. 선고 64도428 판결.
71 대법원 2001. 06. 28. 선고 99헌가14 판결.

2. 심사의 청구

체포 또는 구속된 피의자는 체포·구속적부심사를 청구할 수 있다. 청구권자는 피의자에 한정하므로 피고인은 체포·구속적부심사를 청구할 수 없다. 또한 피의자의 변호인·법정대리인·배우자·직계친족·형제자매·가족 및 동거인·고용주도 체포·구속적부심사를 청구할 수 있다(형소법 제214조의2 제1항).

3. 청구사유

1) 불법한 체포·구속

불법한 체포·구속사유로는 ① 피의자가 적법한 체포영장 또는 구속영장에 의하지 않고 체포·구속된 경우, ② 구속사유가 없음에도 불구하고 구속영장이 발부된 경우, ③ 경미한 사건으로 주거가 일정한 피의자에게 구속영장이 발부된 경우, ④ 긴급체포나 현행범으로 체포된 자에 대하여 구속영장 청구기간이 경과한 후 구속영장이 발부된 경우, ⑤ 재구속 제한 규정에 위반하여 구속영장이 발부된 경우, ⑥ 체포 또는 구속기간이 경과하였음에도 체포 또는 구속이 계속되는 경우 등이다.[72]

2) 부당한 구속

부당한 구속사유로 구속영장의 발부가 위법하지 않더라도 계속 구금의 필요성이 없는 경우이다. 예컨대 피해변상, 합의, 고소취소 등이다. 구속을 계속할 필요가 있는가의 판단기준은 심사 시를 기준으로 판단한다.

4. 청구의 방법

체포·구속적부심사청구서를 피의사건의 관할법원에 청구하여야 한다. 체포·구속적부심사청구서에는 ① 체포 또는 구속된 피의자의 성명·주민등록번호·주소, ② 체포·구속된 일자, ③ 청구의 취지와 청구이유, ④ 청구인의 성명과 체포 또는 구속된 피의자와의 관계를 기재하여야 한다.

---

72 임동규, 형사소송법, 법문사, 2015, 215쪽.

5. 관할법원의 심사 및 결정

심사법원은 지방법원 합의부 또는 단독판사가 한다. 이때 체포·구속영장을 발부한 법관은 심사에 관여하지 못한다. 법원은 청구서가 접수된 때로부터 48시간 이내에 심문하고 수사관계서류를 조사한다.

법원은 체포 또는 구속된 피의자의 심문이 종료된 때로부터 24시간 이내에 체포·구속적부심사 청구에 대한 결정을 하여야 한다. 결정은 기각결정, 석방결정을 하여야 하고, 이 결정에 대해 항고할 수 없다.

Ⅶ. 수사상 증거확보를 위한 적법 절차

1. 수사상 압수·수색

1) 의 의

수사상 압수(押收)란 증거로 사용하기 위해 의미 있는 물건이나 몰수가 예상되는 물건의 점유를 취득하는 강체처분을 말한다. 따라서 피압수자의 임의제출물이 아닌 이상 수사기관은 압수를 위해서는 압수·수색영장을 통해 압수·수색이 이루어져야 한다. 수사기관의 압수는 법원의 압수에 관한 규정이 준용된다(형소법 제219조).

수사상 수색(搜索)이란 압수할 물건이나 피의자를 발견하기 위해 행해지는 강제처분을 말한다. 수색은 주로 압수와 함께 이루어지고 있으므로 실무상 압수·수색영장이라는 단일영장이 발부되고 있는 실정이다.

2) 압수·수색의 필요성

압수·수색을 하기 위해서는 먼저 피의자가 범죄를 행하였다고 의심할만한 정황이 있고, 범죄와 관련성이 있어야 한다. 다음으로 압수·수색은 범죄수사를 위하여 필요한 때에만 인정되고, 필요최소한에 그쳐야 한다.

3) 압수·수색의 대상

압수·수색의 대상은 증거물이나 몰수물이다. 증거물은 반드시 가동물건에 한하지 않고 부동산도 포함된다. 예컨대 성매매에 사용된 건물도 몰수할 수 있다.

4) 압수물의 제한

첫째, 군사상 비밀은 그 책임자의 승낙이 없이는 압수·수색을 할 수 없다. 다만 그 책임자는 국가의 중대한 이익을 해하는 경우를 제외하고는 승낙을 거부하지 못한다(형소법 제110조).

둘째, 공무상 비밀은 그 소속 공무소 또는 해당 감독관서의 승낙이 없이는 압수하지 못한다. 다만 국가의 중대한 이익을 해하는 경우를 제외하고는 거부하지 못한다(동법 제111조).

셋째, 업무상 비밀로 변호사·변리사·공인회계사·세무사·법무사·행정사·의사·한의사·치과의사·약종상·조산원·간호사·종교의 직에 있는 자 또는 이러한 직에 있었던 자가 그 업무상 위탁을 받아 소지 또는 보관하고 있는 물건으로 타인의 비밀에 속하는 것은 압수를 거부할 수 있다. 다만 그 타인의 승낙이 있거나 중대한 공익상 필요가 있는 때에는 예외로 한다(동법 제112조).

[사 례]

전직 대통령의 비리혐의로 증거물을 압수하기 위해 압수·수색영장을 발부받아 청와대를 압수·수색하려고 합니다. 이 경우 압수·수색영장만으로 압수·수색을 할 수 있는지요?

[검 토]

형사소송법 제111조에 따라 청와대 관계자의 승낙이 없이는 불가능합니다. 하지만 단서조항에 따라 국가의 중대한 이익을 해하는 경우를 제외하고는 승낙을 거부하지 못한다고 되어 있으므로 가능합니다. 그러나 청와대는 많은 중요 문서를 다루고 있기 때문에 검사나 사법경찰관이 압수·수색을 할 경우 국가의 중대한 이익을 해할 가능성도 배제할 수 없습니다. 따라서 청와대에 대한 압수·수색은 어려울 것으로 판단됩니다.

5) 압수 · 수색의 절차

사법경찰관이 범죄수사에 필요한 때에는 검사에게 신청하여 검사의 청구로 지방법원 판사가 발부한 영장에 의하여 압수·수색을 할 수 있다(형소법 제215조). 압수·수색영장의 집행은 검사의 지휘아래 사법경찰관리가 집행한다(동법 제115조 제1항).

압수·수색영장은 한 번 집행하면 효력이 상실되기 때문에 영장의 유효기간이 남아 있다고 해서 동일한 장소에 또다시 동일한 압수·수색영장으로 압수·수색을 해서는 안 된다.[73] 따라서 동일한 장소에 또 다시 압수할 필요성이 있는 경우에는 새로운 압수·수색영장을 발부받아 집행하여야 한다.

압수·수색영장에서 압수할 물건을 압수·수색 장소에 '보관 중인 물건'이라고 기재하고 있는 것을 압수장소에 '현존하는 물건'으로 해석할 수는 없다.[74] 예컨대 A사무실에 보관 중인 물건에 한해서 압수를 할 수 있는데, A사무실 직원이 외부로부터 들고 들어오는 서류까지 압수를 해서는 안 된다는 것이다.

여자의 신체에 대하여 수색을 할 때에는 성년여자를 참여하게 하여야 한다(동법 제124조). 일출 전 일몰 후에는 압수·수색영장에 야간집행을 할 수 있다는 기재가 없으면 영장집행을 위해 타인의 주거, 간수자 있는 가옥·건조물·항공기·선박 내에 들어가지 못한다(동법 제125조). 하지만 도박 기타 풍속을 해하는 행위에 사용된다고 인정하는 장소나 여관, 음식점 기타 야간에 공중이 출입할 수 있는 장소 등에 대해서는 공개한 시간 내에는 가능하다(동법 제126조 제1호−2호).

(1) 현행범 체포 시 압수·수색

현행범 체포 시 압수·수색이 영장 없이 가능한지에 대해 영장 없이 가능하다. 하지만 압수물에 대해 계속 압수의 필요성이 있는 경우에는 사후영장을 지체 없이 발부받아야 한다. 급속을 요하는 경우 야간집행의 제한을 받지 않고 주거자나 간수자의 참여 없이 압수수색 가능하다.

사 례

사법경찰관 A는 지하철 내에서 소매치기를 하고 있던 갑을 발견하고 현장에서 체포하여 그곳에서 1킬로미터 정도 떨어진 경찰서로 연행하였습니다. A는 경찰서에서 영장 없이 갑의 가방을 수색하여 가방 안에 들어 있던 소매치기용 칼과 메스암

---

[73] 대법원 1999. 12. 01. 선고 99모161 판결.
[74] 대법원 2009. 3. 12. 선고 2008도763 판결.

페타민(히로뽕)을 압수하였습니다. A의 수사는 적법한가요?

검 토

A가 갑을 체포한 장소에서 압수수색을 하기에는 부적당하여 갑을 경찰서로 연행하여 압수수색을 한 것은 적법합니다. 그런데 영장 없이 압수수색을 할 수 있는 것은 흉기 또는 체포의 원인이 되는 범죄사실에 대한 증거에 제한됩니다. 따라서 소매치기용 칼에 대해서는 영장 없이 압수를 할 수 있으나, 메스암페타민에 대해서는 원칙적으로 갑의 임의제출을 거부하는 경우 영장에 의하여 압수해야 합니다. 하지만 마약범죄는 소지만으로도 처벌되는 범죄이기 때문에 현행범으로 체포하면서 메스암페타민을 압수하면 될 것입니다.

(2) 긴급체포 시 압수·수색

피의자가 긴급체포에 해당되는 범죄를 범하여 경찰관이 긴급체포 할 경우 압수·수색여부에 대해 체포한 때로부터 24시간 내에는 압수·수색영장 없이 할 수 있다. 이 경우 압수물에 대해 계속 압수할 필요성이 있는 경우에는 48시간 이내에 압수·수색영장을 발부받아야 한다.

(3) 체포현장에서 압수·수색

체포영장을 통해 피의자를 체포하는 현장에서 압수·수색할 수 있는지에 대해 영장 없이 압수·수색할 수 있다. 이 경우 압수물을 계속 압수할 필요성이 있는 경우 48시간 이내에 사후영장을 발부받아야 한다.

(4) 피고인 구속현장에서의 압수·수색

검사 또는 사법경찰관이 피고인에 대한 구속영장을 집행하는 경우에 영장 없이 압수·수색이 가능하다. 이 경우 압수·수색은 부수처분에 해당하기 때문에 압수물에 대해 압수를 계속할 필요성이 있다고 하더라도 사후 압수·수색영장을 발부받을 필요는 없다. 급속을 요하는 경우 야간집행의 제한을 받지 않고 주거자나 간수자의 참여 없이 압수수색 가능하다.

6) 압수·수색 후 조치

수색한 결과 압수물이 없는 경우에는 그 취지의 증명서를 교부하여야 한다(형소법 제219조, 제128조). 압수한 경우에는 목록을 작성하여 소유자, 소지자, 보관자

기타 이에 준할 자에게 교부하여야 한다(동법 제129조). 이렇게 압수목록을 작성하는 이유는 나중에 압수물의 소유자, 소지자, 보관자 등이 종국적으로 압수물을 돌려받는 환부나 압수의 효력은 그대로 두면서 돌려받는 가환부 신청 시 기초자료로 활용할 수 있기 때문이다.

2. 수사상 검증(檢證)

1) 의 의

사람이나 물건 또는 장소의 성질과 형상을 시각(視覺), 청각(聽覺), 미각(味覺), 후각(嗅覺), 촉각(觸覺) 등 오관의 작용에 의해 인식하는 강제처분을 말한다.

2) 검증절차

사법경찰관은 검증영장을 검사에게 신청하고, 검사는 지방법원 판사에게 청구하여 판사가 발부한 영장에 의하여 검증할 수 있다(형소법 제215조). 수사상 검증을 함에는 신체의 검사, 사체의 해부, 분묘의 발굴, 물건의 파괴 기타 필요한 처분을 할 수 있다(형사소송법 제140조).

3) 신체검사

신체검사에는 수사기관에서 검증으로서의 신체검사와 전문적 지식을 요하는 감정으로서의 신체검사로 구분할 수 있다. 전자는 피의자의 지문을 채취하는 것을 말한다. 후자는 혈액검사나 X선 검사 등을 하는 것을 말한다.

(1) 체내검사

체내검사(體內檢査)란 신체의 내부에 대한 강제수사를 말한다. 체내검사는 인간의 존엄성을 해칠 수 있으므로 엄격한 요건하에 실시되어야 한다. 체내 검사에는 체내강제수색(體內强制搜索), 강제채뇨(强制採尿), 강제채혈(强制體血) 등이 있다.

첫째, 체내강제수색이란 신체의 내부를 관찰하여 증거를 찾는 강제처분을 말한다. 예컨대 구강내(口腔內), 항문내(肛門內), 음부(陰部) 등에 대해 수색하는 것을 말한다.

둘째, 강제채뇨(强制採尿)는 향정신성 의약품의 사용여부를 확인하기 위해 소변검사를 하는 것으로써 피의자가 소변의 임의제출을 거부하는 경우에 가능하다.

셋째, 음주여부를 확인하기 위해 호흡측정을 통해 할 수도 있지만 음주운전으로 사고를 유발하여 의식불명상태에 있는 경우에는 강제채혈을 통해 음주여부를 확인해야 한다.

강제채뇨는 피의자에게 굴욕감이나 정신적 고통을 줄 수 있고, 강제채혈은 건강을 해칠 우려가 있기 때문에 적법절차에 따라 행해져야 한다. 강제채뇨나 강제채혈을 하기 위해서는 반드시 의사의 전문적인 지식에 따라 행해져야 하고, 강제채뇨나 강제채혈을 실시하기 위해서는 감정처분허가장이 필요하며, 강제채뇨나 강제채혈된 것을 압수하기 위해서는 압수영장이 필요하다.

┌─────┐
│ 사 례 │
└─────┘

피의자 갑은 자동차를 운전하던 중 횡단보도에서 을을 치어 사망케 하고, 자신도 중상으로 의식을 잃어 병원에 입원하였습니다. 사법경찰관은 갑에게 술냄새가 심하게 나는 것을 확인하고 갑이 음주운전을 하였을 가능성이 크다고 판단하였습니다. 사법경찰관은 갑의 혈액을 어떠한 절차에 따라 채혈을 할 수 있는가요?

┌─────┐
│ 검 토 │
└─────┘

갑은 교통사고로 정신을 잃은 상태이므로 피의자를 현행범체포나 긴급체포할 수 없어 체포현장에서 압수수색이 불가능합니다. 그리고 혈액을 채취하기 위해서는 압수수색영장과 감정처분허가장을 모두 발부받아서 해야 하지만 이를 할 수 없는 상태이고 긴급한 압수수색이 이루어져야 하므로 긴급압수가 허용될 수 있습니다. 긴급압수를 하더라도 반드시 사후 압수·수색영장을 발부받아야 합니다. 이렇게 사후영장을 발부받게 하는 이유는 수사기관의 불필요한 압수·수색의 남용을 방지하기 위함입니다.

(2) 연하물의 강제배출

연하물(嚥下物)의 강제배출이란 피의자 등이 삼킨 물건을 구토제나 설사제를 사용하여 강제로 배출하게 하는 것을 말한다.

연하물의 강제배출을 위해서는 전문적인 지식과 방법을 가진 의학적인 방법으로 행해져야 하므로 수사기관이 판사로부터 감정처분허가장과 강제로 배출된 물건을 압수하기 위해 압수·수색영장을 발부받아야 한다.

3. 수사상 증거보전

1) 의 의

증거보전이란 수소법원이 공판정에서 정상적으로 증거를 조사할 때까지 기다린다면 그 증거사용이 불가능하거나 현저히 곤란하게 될 염려가 있는 경우 검사, 피고인, 피의자 또는 변호인의 청구에 의하여 판사가 미리 증거조사를 하여 그 결과를 보전하여 두는 제도를 말한다(형소법 제184조). 증거보전은 제1회 공판기일 전에 한하여 할 수 있다. 제1회 공판기일 전까지란 공판정에서 모두절차가 끝난 때까지를 의미한다.

2) 증거보전의 절차

검사, 피고인, 피의자 또는 변호인 등은 현재지를 관할하는 지방법원 판사에게 서면으로 하여야 한다.

증거보전을 청구할 수 있는 것은 압수·수색·검증·증인신문 또는 감정에 한한다. 증거보전을 받은 판사는 적법하다고 판단되는 경우에는 증거보전을 하여야 한다. 청구가 부적법하거나 필요 없다고 판단되는 경우에는 청구기각결정을 하여야 한다. 청구기각결정에 대하여 3일 이내에 항고할 수 있다.

증거보전에 의하여 압수한 물건이나 작성한 조서 등은 증거보전을 한 판사가 속한 법원에 보관한다. 검사, 피고인, 피의자 또는 변호인은 판사의 허가를 얻어 그 서류와 증거물을 열람 또는 등사할 수 있다.

4. 사진촬영

수사기관이 범죄를 수사함에 있어 ① 현재 범행이 행해지고 있거나 행하여진 직후이고, ② 증거보전의 필요성 내지 긴급성이 있으며, ③ 일반적으로 허용되는 상당한 방법에 의하여 촬영된 경우라면 사진촬영이 영장 없이 이루어졌다 하여도 이를 위법하다고 할 수 없다.[75]

---

75 대법원, 1999. 9. 3. 선고 99도2317 판결.

사 례

사법경찰관 갑은 을이 병에게 마약을 전달하는 장면을 증거로 남기기 위해 사진으로 촬영하였습니다. 갑이 영장 없이 범죄현장을 사진촬영한 것은 적법한 수사인가요?

검 토

공개된 장소에서 사진촬영을 하더라도 피촬영자의 의사에 반하거나 동의 없이 행하였다면 초상권을 침해하는 강제수사에 해당됩니다. 다만, 마약을 전달하는 행위는 현행범에 해당하고 증거보전의 필요성과 긴급성이 충족되기 때문에 영장 없이도 사진촬영이 가능하다고 볼 수 있습니다.

5. 비밀녹음

비밀녹음에는 수사기관에 의한 비밀녹음과 사인에 의한 비밀녹음이 있다.

1) 수사기관에 의한 비밀녹음

수사기관에서 비밀녹음을 하기 위해서는 엄격한 요건하에 허용되고 있다. 그 이유는 누구든지 통신비밀보호법, 형사소송법, 군사법원법에 규정된 법령에 의하지 않고서는 공개되지 아니한 타인간의 대화를 녹음 또는 청취하지 못한다(통신비밀보호법 제3조)는 규정 때문이다. 불법검열에 의하여 취득한 우편물이나 그 내용 및 불법감청에 의하여 지득 또는 채록된 전기통신의 내용은 재판 또는 징계절차에서 증거로 사용할 수 없다(동법 제4조). 따라서 통신기기를 이용하여 상대방의 대화내용을 청취 및 녹화하기 위해서는 통신제한영장을 발부받아서 행해야 한다.

2) 사인에 의한 비밀녹음

누구든지 공개되지 아니한 타인간의 대화를 녹음하거나 전자장치 또는 기계적 수단을 이용하여 청취할 수 없다(통신비밀보호법 제14조). 따라서 제3자가 공개되지 아니한 장소에서 타인간의 대화내용을 비밀녹음한 경우 그 녹음내용을 증거로 사용할 수 없다. 하지만 갑, 을, 병의 대화에서 갑은 비밀녹음에 대한 을의 동의를 얻었지만 병의 동의를 얻지 않은 상태에서 갑이 상호간의 대화내용을 비밀녹음 했다면 위법한 비밀녹음이라 할 수 없다.

휴대폰 통화 중 상대방의 내용을 녹음할 필요성이 있다고 판단되어 상대방

몰래 녹음을 한다면 불법녹음에 해당하는가이다. 이는 타인 간의 통화내용을 영장 없이 불법 감청하는 형태가 아니고 통화 당사자 간의 녹음이기 때문에 불법녹음이라 할 수 없다.

사 례

갑, 을, 병 세 사람이 간단한 모임에서 을과 병이 정의 집에 들어가 강도를 하자고 갑에게 제의를 하였는데, 갑이 거절하자 을과 병만이 구체적인 강도모의 대화를 갑이 몰래 녹음하여 수사기관에 신고하였습니다. 이로 인해 갑과 을은 강도죄의 예비음모죄로 체포되었습니다. 을과 병은 동의 없이 갑이 비밀녹음을 하였기 때문에 위법한 비밀녹음이라고 항변하고 있습니다. 이 경우 갑의 비밀녹음이 위법한 행위인가요?

검 토

세 사람 간의 대화에서 그 중 한 사람이 대화내용을 비밀리에 녹음하였더라도 다른 두 사람의 발언은 그 녹음자와의 관계에서 '타인 간의 대화'라고 할 수 없으므로 통신비밀보호법에 위반된다고 볼 수 없다고 판시하고 있습니다.[76] 따라서 불법 녹음이 되지 않습니다.

6. 계좌추적

정보지배권의 하나로 금융정보에 대한 개인의 자기결정권을 침해한다는 점에서 강제수사에 해당된다. 따라서 압수·수색의 하나로 볼 수 있다. 따라서 개인의 계좌를 추적하기 위해서는 압수·수색영장을 발부받아야 한다. 즉 압수·수색영장을 발부받지 않고 수사관이 범죄자의 계좌를 마음대로 추적하여 중요한 증거를 확보했다고 하더라도 위법하게 수집된 증거로써 이를 증거로 사용할 수 없다.

7. 수사상 감정

1) 감 정

감정이란 법원·수사기관이 특별한 전문 지식이 있는 자로 하여금 그 전문 지식을 바탕으로 일정한 사실판단을 행하도록 하는 것을 말한다. 수사상 감정은 검

---

76 대법원 2006. 10. 12. 선고 2006도4981 판결.

사 또는 사법경찰관이 수사상 필요에 따라 전문 감정인에게 감정 위촉을 하면 감정수탁자가 감정을 행하는 것을 말한다. 감정위촉은 임의수사로 영장을 요하지 아니한다. 감정수탁자는 선서의무가 없고, 허위 감정을 하더라도 형법 제154조의 허위감정죄가 성립하지 않는다. 이에 반해 법원의 감정은 선서의무가 있고, 허위 감정을 할 경우 감정인은 허위감정죄로 처벌될 수 있다.

2) 감정유치

(1) 의 의

피의자가 정신이상 등 심신상실이라고 주장할 경우 피의자의 정신 또는 신체를 감정하기 위하여 일정기간 동안 병원 기타 적당한 장소에 유치하는 강제처분을 말한다.

(2) 감정유치 절차

감정유치가 필요한 경우 검사는 지방법원 판사에게 감정유치청구서를 통해 청구한다. 판사는 유치청구가 상당하다고 판단될 때에는 유치처분을 하여야 한다.

감정유치장의 집행에 관하여 구속영장의 집행에 관한 규정이 준용되고, 감정유치기간에는 제한이 없다. 수사상 감정유치기간을 연장할 필요가 있는 경우에는 검사의 청구에 의해 판사가 경정한다.

미결구금일수 산입에 있어 유치기간은 구속으로 간주한다. 따라서 유치기간은 미결구금일수에 산입시켜야 한다. 구속 중인 피의자에 대해서는 유치기간 동안은 구속집행을 정지하는 것으로 간주한다(형소법 제221조의3 제2항). 따라서 유치기간 동안 구속집행을 정지하기 때문에 구속기간에는 포함되지 않는다.

3) 감정에 필요한 처분

감정을 위촉받은 자가 필요한 경우 판사의 허가를 얻어 타인의 주거, 간수자가 있는 가옥, 건조물, 선박, 항공기, 차량 등에 들어갈 수 있고, 신체검사, 사체해부, 분묘발굴, 물건의 파괴 등을 할 수 있다.

8. 거짓말탐지기 검사

1) 의 의

거짓말탐지기 검사란 피의자 등의 피검자에 대하여 피의사실에 관계 있는 질문을 하여 그에 대한 응답 시에 나타나는 피검자의 맥박, 호흡, 피부 전기반사 등의 생리적 변화를 검지에 기록하고 이를 관찰·분석하여 답변의 진위 또는 피의사실에 대한 인식 유무를 판단하는 것을 말한다.

2) 피검자의 동의

피검자의 동의가 있더라도 거짓말탐지기의 검사를 금지해야 한다는 견해가 있으나 임의수사로 허용되어야 한다는 것이 현재의 지배적인 입장이다.

3) 검사결과 직접증거 사용여부

거짓말탐지기 검사가 일정한 조건을 구비하여 적법하게 진행되었다고 하더라도 공소사실의 존부를 인정하기 위한 직접증거로는 사용할 수 없고, 진술의 신빙성 유무를 판단하기 위한 정황증거로만 사용할 수 있다.

[사 례]

갑(수사관)은 을(피의자)의 동의를 얻어 거짓말탐기를 통해 진술의 진위여부를 파악하였습니다. 갑이 거짓말탐지기를 통해 확인한 결과 을의 진술이 거짓으로 판명되었습니다. 검사 병은 이 증거를 재판부에 제출하여 직접증거로 사용하고자 하는데, 사용할 수 있는지요?

[검 토]

거짓말탐지기를 통한 증거는 공소사실의 존부를 인정하기 위한 증거로 사용할 수 없고, 단지 진술의 신빙성 유무를 판단하기 위한 정황증거로 사용할 수 있습니다. 따라서 거짓말탐지기를 통해 을의 진술이 거짓으로 판명되었다면 유죄일 가능성이 높으므로 이에 대한 증거를 확보하면 될 것입니다.

제4장

검찰과 인권

제4장
검찰과 인권

제1절 | 수사의 종결

Ⅰ. 검사의 수사종결

1. 공소제기(公訴提起)

1) 정식기소

검사는 피의자가 객관적으로 범죄혐의가 충분하고 소송조건을 구비하여 유죄 판결을 받을 가능성이 있는 때에는 공소를 제기한다(형소법 제246조). 공소 제기시 법관의 예단을 방지하기 위하여 공소장 외에는 어떠한 증거물도 법원에 제출해서는 안 된다.

2) 약식명령

(1) 약식명령의 의의

지방법원은 그 관할에 속한 사건에 대하여 검사의 청구가 있는 때에는 공판절차 없이 서면심리만으로 피고인에게 벌금, 과료 또는 몰수에 처할 수 있다(형소법 제448조 제1항). 약식절차는 비교적 경미한 범죄에 대하여 범죄를 신속하게 처리함으로써 소송경제에 도움을 줄뿐만 아니라, 공개재판에 따른 피고인의 심적 부담을 완화시킬 수 있다는 점에서 상당한 장점이 있다고 볼 수 있다.

(2) 약식명령의 청구

약식명령의 청구 대상은 벌금, 과료에 처할 사건에 대하여 한정하고 있다. 주의할 점은 다른 형벌과 병과하여 벌금, 과료, 몰수형을 선고해야 하는 사건에 대해서는 약식명령을 청구할 수 없다.

약식명령의 청구방식은 공소제기와 동시에 서면으로 하여야 한다(형소법 제449조). 이 때 검사는 공소제기를 하면서 약식명령에 필요한 증거서류나 증거물 등을 법원에 제출하여야 하므로 공소장일본주의의 예외라 할 수 있다. 구속된 피의자에 대한 약식명령을 할 경우에는 검사는 구속을 취소하고, 피의자를 석방하여야 한다(검찰규칙 65조 제3항).

(3) 약식절차의 심판

약식절차는 검찰이 송부한 증거물이나 증거서류 등 서면만으로 사건을 심사하게 된다. 따라서 공판절차를 필요로 하지 않고, 공소장변경도 약식절차에서는 허용되지 않는다. 만약 약식명령의 청구가 있는 경우에 그 사건이 약식명령으로 할 수 없거나 약식명령으로 하는 것이 적당하지 아니하다고 인정한 때에는 공판절차에 의하여 심판하여야 한다(형소법 제450조). 여기서 약식명령으로 할 수 없는 경우란 벌금, 과료, 몰수 이외의 형벌이 적용되는 사건이거나 무죄·면소·관할위반·공소기각판결을 선고할 사건인 경우 등이다.

법원은 약식명령청구를 심리한 결과 약식명령으로 하는 것이 적당하다고 인정하는 경우에는 그 청구가 있은 날로부터 14일 이내에 약식명령을 해야 한다(동규칙 제171조).

약식명령에는 범죄사실, 적용법령, 주형, 부수처분과 약식명령의 고지를 받은 날로부터 7일 이내에 정식재판의 청구를 할 수 있음을 명시하여야 한다(동법 제451조). 약식명령의 고지는 검사와 피고인에 대한 재판서의 송달에 의하여 한다(동법 제452조).

검사 또는 피고인은 약식명령의 고지를 받은 날로부터 7일 이내에 정식재판의 청구를 할 수 있다. 단, 피고인은 정식재판의 청구를 포기할 수 없다(동법 제453조 제1항). 정식재판의 청구는 약식명령을 한 법원에 서면으로 제출하여야 한다(동법 제453조 제2항). 피고인이 정식재판을 청구한 사건에 대하여는 약식명령의 형보다 중한 형을 선고하지 못한다(동법 457조 제2항).

사 례

저는 폭행죄로 검찰에 기소되어 검사로부터 벌금 70만원의 예납고지를 받고 벌금을 예납하였는데, 법원으로부터 약식명령으로 벌금 100만 원의 고지서를 받았습니다. 저는 벌금이 너무 과해 약식명령에 불복해 정식재판을 청구하려고 합니다. 이 경우 약식명령보다 더 중한 형을 선고받을 수 있는지요?

검 토

먼저 검사의 구형에 법원은 구속되지 않기 때문에 얼마든지 검사와 다른 형을 선고할 수 있으므로 검사의 구형보다 낮거나 높게 할 수도 있습니다. 하지만 귀하가 약식명령에 불복해 정식재판을 청구하는 경우에 형소법 제368조 "피고인이 항소한 사건과 검사가 피고인을 위하여 항소한 사건에 대하여는 원심판결의 형보다 중한 형을 선고하지 못한다(불이익변경금지의 원칙)"라는 규정에 따라 정식재판에서 더 중한 형을 선고받지는 않습니다. 귀하는 약식명령의 벌금이 너무 과하다면 약식명령을 부과받은 날로부터 7일 이내에 정식재판을 청구할 수 있습니다. 정식재판청구를 통해 새로운 판결이 선고되면 약식명령의 효력은 잃게 됩니다.

2. 공소제기의 효과

공소제기에 의하여 법원은 사건을 심판할 권리와 의무를 가지며, 검사와 피고인은 당사자로서 사건의 심판을 받을 권리와 의무를 가진다. 사건은 법원의 지배하에 있게 된다. 공소제기가 이중으로 된 경우에는 뒤에 제기한 공소를 공소기각 판결로써 종결하여야 한다(형소법 제327조 제3호). 검사의 공소제기로 인해 공소장에 기재한 사실을 기초로 법원의 심판범위가 한정되며, 공소시효의 진행이 정지된다(동법 제253조 제1항).

3. 공소취소(公訴取消)

1) 공소취소의 의의

공소취소란 검사가 법원에 제기한 공소를 철회하는 것을 말한다. 공소취소는 검사 스스로 잘못된 공소제기를 시정케 하려는 제도인 동시에 공소제기 후 사정 변경을 고려한 형사정책적 의미를 가진다.[77]

2) 공소취소사유

공소취소사유에 대해 명문으로 규정된 내용은 없지만 실무적으로 이루어지고 있는 사유로는 ① 공소제기 당시에는 소추의 필요성이 있었지만 공소제기 후 소추의 필요가 없어진 경우이다. 예컨대 가해자와 피해자가 원만하게 합의하여 기소유예처분사유에 해당하는 경우이다. ② 공소제기 후에 소추요건이 흠결된 경우로 예컨대 친고죄에서 고소가 취소된 경우이다. ③ 증거불충분으로 인하여 유죄판결을 받을 가능성이 희박한 경우이다.

4. 불기소처분(不起訴處分)

1) 불기소처분의 의의

검사의 불기소처분은 유죄확신이 되지 않는 경우에 공소제기를 하지 않는 처분을 말한다. 불기소처분에는 혐의 없음, 죄가 안 됨, 공소권 없음, 각하, 기소유예 및 기소중지가 있다.

2) 불기소처분의 종류

(1) 혐의 없음
피의사실을 인정할 만한 충분한 증거가 없는 경우나 피의사실이 범죄를 구성하지 않는 경우에 '혐의없음' 처분을 한다.

(2) 죄가 안 됨
범죄의 성립요건에 해당하지 않거나 해당하더라도 위법성 조각사유가 있거나 책임조각사유가 있는 경우 '죄가 안 됨'으로 처분한다. 예컨대 정당방위, 긴급피

---

77 최영승, 형사소송법, 대명, 2012, 167쪽.

난, 자구행위, 피해자의 승낙 등이 인정되는 경우이거나(위법성조각사유), 형사미성 년자나 심신상실자인 경우(책임조각사유) 등이다.

(3) 공소권(公訴權) 없음

피의사실에 소송조건이 결여된 경우에 '공소권 없음'으로 처분한다. 예컨대 친 고죄에서 고소가 없거나 취소된 경우, 반의사불벌죄에서 피해자가 가해자에 대한 불처벌의 의사표시를 하는 경우, 공소시효 완성 등이다.

(4) 각하(却下)

고소 또는 고발사건에서 수사의 필요성이 인정되지 않는 경우에 수사를 착 수하지 않고 곧바로 수사를 종결하는 '각하처분'을 한다. 예컨대 자기 또는 배우 자의 직계존속을 고소·고발하거나 고소를 취소한 자가 동일 사건으로 또 다시 고소하거나 고소 또는 고발인이 출석요구에 불응하거나 고소·고발 사실에 대한 진술을 청취할 수 없는 경우 등이다.

(5) 기소유예(起訴猶豫)

피의사실은 인정되지만 범인의 연령, 성행, 지능 등(형법 제51조)을 참작하여 공소제기를 하지 않는 경우에는 기소유예처분을 한다. 주로 비친고죄에 대해 피 해자와 가해자가 합의를 하여 처벌의 필요성이 없다고 판단되는 경우이거나 초 범이거나 가벼운 범죄인 경우 많이 활용되고 있다. 기소를 유예한다는 의미는 기 소유예처분을 받은 자가 다시 동일한 범죄를 행하는 등의 요건이 충족되는 사유 가 발생할 경우 기소를 하겠다는 의미가 내포되어 있다고 볼 수 있다.

사 례

저는 A자동차 영업사원인데 하루는 만취상태에서 을의 중형자동차의 본닛에 올라 가 춤을 추는 바람에 본닛이 찌그러지고 와이퍼도 손상되었습니다. 이 광경을 바라 보던 주인이 경찰에 신고를 하였고, 출동한 경찰은 저를 현행범으로 체포한 후 피 의자신문조서를 작성하였습니다. 경찰관은 저에게 가급적 을과 합의를 하라고 하는 데, 합의를 하면 처벌을 좀 더 가볍게 받을 수 있는지요?

검 토

귀하가 중형자동차의 본닛과 와이퍼를 파손했다면 형법상 손괴죄(제366조)로 처벌될 수 있습니다. 손괴죄는 비친고죄로 귀하와 을이 서로 합의를 한다고 하더라도 처벌될 수밖에 없는 범죄입니다. 하지만 귀하와 을이 합의와 동시에 을이 요구한 금액을 배상하였다면 검사는 귀하를 처벌할 필요성이 없다고 판단될 것이므로 기소유예처분을 할 가능성이 높습니다.

(6) 기소중지(起訴中止)

피의자의 소재불명으로 수사를 종결할 수 없는 경우에는 그 사유가 해소될 때까지 '기소중지처분'을 한다. 기소중지는 지명수배와 성질이 다르다. 즉 지명수배는 성명을 지정하여 관내 혹은 전국 경찰서에 범인을 추적·체포·인도할 것을 의뢰하는 것으로 기소중지의 사유를 해소하기 위한 수단에 불과하다.[78]

제2절 ㅣ 공소제기의 기본원칙

Ⅰ. 국가소추주의

국가소추주의(國家訴追主義)란 공소제기의 권한을 국가기관이 가지는 것을 말한다. 사인소추주의의 반대 개념이다. 독일의 경우 일정한 범죄에 대해 사인소추주의를 인정하고 있다.

Ⅱ. 기소독점주의

1. 의 의

기소독점주의(起訴獨占主義)란 검사만이 공소를 제기하고 수행할 권한을 갖는 것을 말한다. 우리나라는 형사소송법 제246조에 따라 국가소추주의인 동시에 기

---

78 최영승, 앞의 책, 168쪽.

소독점주의인 셈이다.

2. 장·단점

기소독점주의의 장점으로는 검사에게 독점시켜 통일성과 적정성을 보장하고, 공익의 대표자로서 검사가 공평한 공소권을 행사할 수 있다. 단점으로는 청치권의 영향으로 부당한 공소권 행사가 우려되고, 관료제의 특성상 검사의 독선에 흐를 수 있다.

3. 기소독점주의의 예외로 즉결심판

1) 즉결심판의 의의

즉결심판은 비교적 경미한 범죄에 대하여 신속·적정한 절차로 심판하기 위하여 즉결심판에 관한 절차를 운용함을 그 목적으로 한다(즉결심판에 관한 절차법 제1조; 이하 즉심법이라 한다).

즉결심판의 대상범죄는 지방법원, 지원 또는 시·군법원의 판사는 즉결심판절차에 의하여 피고인에게 20만 원 이하의 벌금, 구류 또는 과료에 처할 수 있는 사건에 한정하고 있다(즉심법 제2조). 대개 경범죄처벌법이나 도로교통법위반 사건을 다루고 있다.

> **사 례**
>
> 저는 전방주시태만으로 앞차를 추돌하여 앞차의 운전자에게 전치 6주 이상의 치료를 요하는 부상을 입혔습니다. 저는 피해자와 300만원에 합의하고 합의서까지 작성하였습니다. 경찰관은 저에게 전방주시태만으로 범칙금 50,000원을 부과하였지만 저가 범칙금을 기한 내에 내지 않았다는 이유로 즉결심판에 회부되었다는 통보를 받았습니다. 이 경우 정말로 범칙금을 2차 납부 기한 내에 내지 않으면 즉결심판에 회부되는지요?

> **검 토**
>
> 교통범칙금의 납부기한은 보통 10일 이내이며, 만약 이 기간 내에 납부하지 않으면 범칙금의 20%를 가산해서 부과하는데 그래도 납부하지 않으면 즉결심판에 회부되

어 재판을 받게 됩니다. 참고로 교통사고에 의해 단순한 물적피해만 발생할 경우에 있어서는 도로교통법 제113조 및 제44조에 따라 피해액이 80만원 미만이고 합의가 되거나 종합보험 또는 공제에 가입된 경우에는 형사입건을 하지 아니하고, 피해액이 20만원 미만인 사건으로서 합의가 되지 않거나, 종합보험 또는 공제에 가입되지 아니한 경우에는 즉결심판을 청구하게 됩니다.

2) 즉결심판의 청구

즉결심판의 청구권자는 관할경찰서장 또는 관할해양경찰서장이 관할법원에 이를 청구한다(동법 제3조 제1항). 즉결심판을 청구함에는 즉결심판청구서를 제출하여야 하며, 즉결심판청구서에는 피고인의 성명 기타 피고인을 특정할 수 있는 사항, 죄명, 범죄사실과 적용법조 등을 기재하여야 한다(동법 제3조 제2항). 즉결심판을 청구할 때에는 사전에 피고인에게 즉결심판의 절차를 이해하는 데 필요한 사항을 서면 또는 구두로 알려주어야 한다(동법 제3조 제3항).

3) 즉결심판청구사건의 심리

판사는 사건이 즉결심판을 할 수 없거나 즉결심판절차에 의하여 심판함이 적당하지 아니하다고 인정할 때에는 결정으로 즉결심판의 청구를 기각하여야 한다(즉심법 제3조 제1항). 여기서 즉결심판으로 할 수 없는 때란 즉결심판을 위한 실체법상 또는 절차법상의 요건을 구비하지 않은 경우를 말한다. 즉 즉결심판의 대상사건이 아닌데도 청구된 경우를 말한다.

즉결심판의 청구가 있는 때에는 판사는 기각사유가 있는 경우를 제외하고 즉시 심판을 하여야 한다(동법 제6조). 즉결심판의 심리와 재판의 선고는 공개된 법정에서 행하되, 그 법정은 경찰관서(해양경찰관서를 포함한다) 외의 장소에 설치되어야 한다(동법 제7조 제1항).

즉결심판을 위한 법정은 판사와 법원서기관, 법원사무관, 법원주사 또는 법원주사보가 열석하여 개정한다(동법 제7조 제2항). 피고인이 기일에 출석하지 아니한 때에는 이 법 또는 다른 법률에 특별한 규정이 있는 경우를 제외하고는 개정할 수 없다(동법 제8조). 다만 벌금 또는 과료를 선고하는 경우에는 피고인이 출석하지 아니하더라도 심판할 수 있다(동법 제8조의2 제1항). 피고인 또는 즉결심판출석

통지서를 받은 자는 법원에 불출석심판을 청구할 수 있고, 법원이 이를 허가한 때에는 피고인이 출석하지 아니하더라도 심판할 수 있다(동법 제8조의2 제2항).

공판기일의 심리에서 판사는 피고인에게 피고사건의 내용과 진술거부권이 있음을 알리고 변명할 기회를 주어야 한다(동법 제9조 제1항). 즉결심판에서는 피고인의 자백만으로 유죄를 인정할 수 있는 특징이 있다.

4) 즉결심판의 선고

즉결심판으로 유죄를 선고할 때에는 형, 범죄사실과 적용법조를 명시하고 피고인은 7일 이내에 정식재판을 청구할 수 있다는 것을 고지하여야 한다(즉심법 제11조 제1항). 유죄의 즉결심판서에는 피고인의 성명 기타 피고인을 특정할 수 있는 사항, 주문, 범죄사실과 적용법조를 명시하고 판사가 서명·날인하여야 한다(동법 제12조 제1항). 정식재판을 청구하고자 하는 피고인은 즉결심판의 선고·고지를 받은 날부터 7일 이내에 정식재판청구서를 경찰서장에게 제출하여야 한다. 정식재판청구서를 받은 경찰서장은 지체없이 판사에게 이를 송부하여야 한다(동법 제14조 제1항). 즉결심판은 정식재판의 청구에 의한 판결이 있는 때에는 그 효력을 잃는다(동법 제15조).

5) 즉결심판의 효력

즉결심판은 정식재판의 청구기간의 경과, 정식재판청구권의 포기 또는 그 청구의 취하에 의하여 확정판결과 동일한 효력이 생긴다. 정식재판청구를 기각하는 재판이 확정된 때에도 같다(즉심법 제16조).

판사는 구류의 선고를 받은 피고인이 일정한 주소가 없거나 또는 도망할 염려가 있을 때에는 5일을 초과하지 아니하는 기간 경찰서유치장(지방해양경찰관서의 유치장을 포함한다)에 유치할 것을 명령할 수 있다. 다만, 이 기간은 선고기간을 초과할 수 없다(동법 제17조 제1항). 형의 집행은 경찰서장이 하고 그 집행결과를 지체없이 검사에게 보고하여야 한다(동법 제18조 제1항). 구류는 경찰서유치장·구치소 또는 교도소에서 집행하며, 구치소 또는 교도소에 집행할 때에는 검사가 이를 지휘한다(동법 제18조 제2항).

Ⅲ. 기소편의주의

1. 의 의

기소편의주의(起訴便宜主義)는 범죄의 객관적 혐의가 충분하고 소송조건이 구비된 경우에도 검사의 재량에 의해 불기소를 허용하는 것을 말한다. 기소재량주의를 기소편의주의라고도 한다. 기소재량주의는 검사의 재량에 의해 기소를 하지 않는 것으로 기소유예처분을 인정하는 근거로 작용하고 있다.

2. 장·단점

피의자가 반성하거나 피해자와 원만하게 합의하여 형사처벌의 필요성이 없는 경우에 기소를 유예함으로써 범죄자라는 낙인피해를 방지하고 정상적인 사회복귀에 기여한다는 점에서 유용하다. 또한 기소를 하지 않음으로써 공판진행을 하지 않기 때문에 소송경제에도 부합한다. 반면, 검사의 자의적 판단에 흐를 수 있으며, 정치적 권력으로부터 자유롭지 못하다.

제3절 | 공소시효

Ⅰ. 공소시효의 의의

공소시효(公訴時效)란 범죄 후 일정기간 공소를 제기하지 않고 경과하면 공소권이 소멸하는 제도를 말한다. 이 제도는 일정기간 경과함에 따라 범죄를 둘러싼 이해관계자들의 사실상태를 존중하자는 형사정책적 고려에서 기인한 것이다.[79] 이에 반해 형의 시효란 피고인이 불구속 상태에서 재판을 받다가 판결 선고 당일 실형을 선고 받고 도주를 하는 바람에 일정 기간 교도소 집행을 하지 못하게 되

---

[79] 최영승, 앞의 책, 210쪽.

면 그 집행을 면제해 주는 것을 말한다(형법 제77조).[80]

금태섭 의원이 법무부로부터 제출받은 자료에 의하면 검거되지 않은 자유형 미집행자는 2012년 893명, 2013년 930명, 2014년 985명, 2015년 1,017명, 2016 년 1,186명으로 지속적인 증가추이에 있다. 또한 형의 시효가 완성돼 처벌을 면한 사례도 2012년 이후 150여명에 달하는 것으로 나타났다.

Ⅱ. 공소시효의 필요성

공소시효의 필요성에 대해 살펴보면 ① 피해자 또는 일반인의 관점에서 범죄인에 대한 처벌욕구 및 범죄에 대한 관심이 감소하였다는 점이다. ② 가해자의 입장에서 장기간 도피생활에 따른 고통을 받았다는 점이다. ③ 사법기관의 입장에서 장기간 경과에 따른 증거의 멸실로 사실상 유죄판결이 어렵다는 점이다. 하지만 과학적 수사기법의 등장으로 장기 미제사건도 해결하고 있는 상황에서 더이상 공소시효의 존치는 점점 설득력이 사라지고 있음을 알 수 있다.

Ⅲ. 공소시효기간

1. 형사소송법상 기간

① 사형에 해당하는 범죄에는 25년, ② 무기징역 또는 무기금고에 해당하는 범죄에는 15년, ③ 장기 10년 이상의 징역 또는 금고에 해당하는 범죄에는 10년, ④ 장기 10년 미만의 징역 또는 금고에 해당하는 범죄에는 7년, ⑤ 장기 5년 미만의 징역 또는 금고, 장기 10년 이상의 자격정지 또는 벌금에 해당하는 범죄에는 5년, ⑥ 장기 5년 이상의 자격정지에 해당하는 범죄에는 3년, ⑦ 장기 5년 미

---

80 형의 시효 기간은 ① 사형은 30년, ② 무기의 징역 또는 금고는 20년, ③ 10년 이상의 징역 또는 금고는 15년, ④ 3년 이상의 징역이나 금고 또는 10년 이상의 자격정지는 10년, ⑤ 3년 미만의 징역이나 금고 또는 5년 이상의 자격정지는 7년, ⑥ 5년 미만의 자격정지, 벌금, 몰수 또는 추징은 5년, ⑦ 구류 또는 과료는 1년이다(동법 제78조 제1호~7호).

만의 자격정지, 구류, 과료 또는 몰수에 해당하는 범죄에는 1년이다(형소법 제249조 제1항). 공소가 제기된 범죄는 판결의 확정이 없이 공소를 제기한 때로부터 25년을 경과하면 공소시효가 완성한 것으로 간주한다(동조 제2항).

2. 특별법상 기간

① 아동·청소년대상 성범죄의 공소시효는 해당 성범죄로 피해를 당한 아동·청소년이 성년에 달한 날부터 진행한다(아동·청소년 성보호법 제20조 제1항). ② 아동·청소년에 대한 강간·강제추행의 죄는 디엔에이(DNA)증거 등 그 죄를 증명할 수 있는 과학적인 증거가 있는 때에는 공소시효가 10년 연장된다(동조 제2항). ③ 13세 미만의 여자 및 신체적인 또는 정신적인 장애가 있는 여자에 대하여 형법상 강간(제297조), 강제추행(제298조), 준강간·준강제추행(제299조), 강간 등 상해·치상(제301조), 강간 등 상해·치사(3012조의 2), 아동·청소년 성보호법상 강간 등 상해·치상(제9조), 강간 등 상해·치사(제10조), 성폭력특별법상 장애인에 대한 강간·강제추행(제7조), 13세 미만의 미성년자에 대한 강간·강제추행(제7조 제2항), 강간 등 상해·치상(제8조 제1항), 강간 등 상해·치사(제9조 제1항)는 공소시효를 적용하지 아니한다(동조 제3항).

3. 공소시효 정지

공소시효가 정지되는 사유로는 공소제기, 형사처분을 피할 목적으로 국외 도피기간, 재정신청, 소년보호사건의 심리개시결정, 대통령 재직기간 중 내·외환죄를 제외한 일반적인 범죄 등이다.

사 례

중국에서 무역업을 하던 갑은 사업이 어려워지자 1996년 5월 A업체로부터 중국돈 약 115만 위안(당시 환율로 약 1억1,800만 원)을 빌렸습니다. 갑은 빌린 돈을 제 때 갚지 못하게 되자 'B업체가 대신 돈을 갚기로 했다'는 가짜 담보보증서를 A업체에 건네고 상환 기간을 연장했습니다. 그러나 권 씨는 빚을 갚지도 못했고 서류를 위조한 사실까지 탄로 나면서 궁지에 몰렸습니다. 결국 갑은 1996년 12월 중국에서 인천항에 들어왔다가 곧바로 미국으로 출국했습니다. 미국 영주권까지 얻은 권

씨는 16년이 흐른 뒤에야 한국 땅을 밟았습니다. 갑은 사문서 위조 및 동 행사죄[81]의 경우 공소시효인 7년이 지나 더 이상 처벌받지 않을 거라 생각하고 있습니다. 이 경우 갑의 생각이 맞는지요?

검 토

갑은 귀국하자마자 체포돼 재판에 넘겨졌습니다. 그 이유는 형사처벌을 피할 목적으로 국외로 도피하면 공소시효가 정지(형소법 제253조 제3항)되는 규정이 있기 때문입니다.

---

81 행사할 목적으로 권리·의무 또는 사실증명에 관한 타인의 문서 또는 도화를 위조 또는 변조한 자는 5년 이하의 징역 또는 1천만 원 이하의 벌금에 처한다(형법 제231조). 사문서를 위·변조하여 만들어진 문서, 도화 또는 전자기록 등 특수매체기록을 행사한 자는 그 각 죄에 정한 형에 처한다(형법 제234조).

법원과 인권

제5장
법원과 인권

제1절 | 소송의 주체

Ⅰ. 법 원

1. 법원의 조직

1) 대법원

대법원은 최고법원이고(법원조직법 제11조), 서울특별시에 둔다(동법 제12조). 대법원에는 대법원장을 두고(동법 제13조 제1항), 대법원장은 대법원의 일반사무를 관장하며, 대법원의 직원과 각급 법원 및 그 소속 기관의 사법행정사무에 관하여 직원을 지휘·감독한다(동법 동조 제2항). 대법원 재판서(裁判書)에는 합의에 관여한 모든 대법관의 의견을 표시하여야 한다(동법 제15조). 대법관회의는 대법관으로 구성되며, 대법원장이 그 의장이 된다(동법 제16조 제1항). 대법관회의는 대법관 전원의 3분의 2 이상의 출석과 출석인원 과반수의 찬성으로 의결한다(동법 동조 제2항). 의장은 의결에서 표결권을 가지며, 가부동수(可否同數)일 때에는 결정권을 가진다(동법 동조 제3항).

2) 고등법원

고등법원에 고등법원장을 둔다(법원조직법 제26조 제1항). 고등법원장은 판사로 보한다(동법 동조 제2항). 고등법원장은 그 법원의 사법행정사무를 관장하며, 소속 공무원을 지휘·감독한다(동법 동조 제3항). 고등법원에 부(部)를 두고(동법 제27조 제1항), 부에 부장판사를 둔다(동법 동조 제2항). 부장판사는 그 부의 재판에서 재판장이 되며, 고등법원장의 지휘에 따라 그 부의 사무를 감독한다(동법 동조 제3항).

3) 지방법원

지방법원에 지방법원장을 두고(법원조직법 제29조 제1항), 지방법원장은 판사로 보한다(동법 동조 제2항). 지방법원장은 그 법원과 소속 지원, 시·군법원 및 등기소의 사법행정사무를 관장하며, 소속 공무원을 지휘·감독한다(동법 동조 제3항). ① 지방법원에 부(部)를 두고(동법 제30조 제1항), 부장판사는 그 부의 재판에서 재판장이 되며, 지방법원장의 지휘에 따라 그 부의 사무를 감독한다(동법 동조 제2항).

4) 지방법원 지원

지방법원의 지원과 가정지원에 지원장을 둔다(법원조직법 제31조 제1항). 지원장은 소속 지방법원장의 지휘를 받아 그 지원과 관할구역에 있는 시·군법원의 사법행정사무를 관장하며, 소속 공무원을 지휘·감독한다(동법 동조 제3항). 사무국을 둔 지원의 지원장은 소속 지방법원장의 지휘를 받아 관할구역에 있는 등기소의 사무를 관장하며, 소속 공무원을 지휘·감독한다(동법 동조 제4항).

5) 시·군 법원

대법원장은 지방법원 또는 그 지원 소속 판사 중에서 그 관할구역에 있는 시·군법원의 판사를 지명하여 시·군법원의 관할사건을 심판하게 한다. 이 경우 1명의 판사를 둘 이상의 시·군법원의 판사로 지명할 수 있다(법원조직법 제33조 제1항). 시·군법원의 판사는 소속 지방법원장 또는 지원장의 지휘를 받아 시·군법원의 사법행정사무를 관장하며, 그 소속 직원을 지휘·감독한다. 다만, 가사사건에 관하여는 그 지역을 관할하는 가정법원장 또는 그 지원장의 지휘를 받는다(동법 동조 제2항).

2. 단독제와 합의제

법원은 단독제와 합의제로 구성되어 있다. 전자는 1인의 재판관으로 구성되어 운영되고 있는데, 소송절차를 신속하게 진행시킬 수 있는 장점이 있지만 사건심리가 신중하지 못할 수 있다. 후자는 3인의 재판관으로 구성되어 재판을 진행하는 것으로 사건의 신중과 공평을 기대할 수 있지만 소송절차가 지연될 수 있다.

1) 대법원

대법원은 대법관 전원의 3분의 2 이상의 합의체에서 행하며, 대법원장이 재판장이 된다. 다만, 대법관 3명 이상으로 구성된 부(部)에서 먼저 사건을 심리(審理)하여 의견이 일치한 경우에 한정하여 그 부에서 재판할 수 있다(법원조직법 제7조 제1항).

2) 고등법원

고등법원의 경우 고등법원·특허법원 및 행정법원의 심판권은 판사 3명으로 구성된 합의부에서 행사한다. 다만, 행정법원의 경우 단독판사가 심판할 것으로 행정법원 합의부가 결정한 사건의 심판권은 단독판사가 행사한다(법원조직법 7조 제3항).

3) 지방법원

지방법원의 경우 지방법원·가정법원·회생법원과 지방법원 및 가정법원의 지원, 가정지원 및 시·군법원의 심판권은 단독판사가 행사한다(동법 동조 제4항). 지방법원·가정법원·회생법원과 지방법원 및 가정법원의 지원, 가정지원에서 합의심판을 하여야 하는 경우에는 판사 3명으로 구성된 합의부에서 심판권을 행사한다(법원조직법 7조 제5항).

3. 법관의 종류

1) 재판장(裁判長)

합의제의 경우 3인 중 1인이 재판장이 된다. 재판장 이외의 합의제 구성법관을 배석판사라고 한다. 먼저 합의제 구성의 재판장의 권한은 ① 소송지휘권(형소법 제279조), ② 법정경찰권(동법 제281조 제2항), ③ 공판기일지정권(동법 제267조) 등이 있다. 다음으로 재판장 독립된 권한으로 급속을 요할 경우 피고인을 소환·구속할 권한이 있다(동법 제80조).

2) 수명법관(受命法官)

합의제법원으로부터 특정한 소송행위를 하도록 명을 받은 합의제법원의 구성원을 수명법관(受命法官)이라고 한다. 수명법관은 명을 받는 소송행위에 대해서는 재판장과 동일한 권한이 인정되는 경우가 있다. 예컨대 압수·수색(搜索)(동법 제136조), 증인의 신문(형소법 제167조) 등이다.

3) 수탁판사(受託判事)

한 법원이 다른 법원의 법관에게 일정한 수송행위를 하도록 촉탁할 경우 이를 받아 행하는 법관을 말한다. 예컨대 피고인 구속(형소법 제77조 제1항), 압수·수색(동법 제136조 제1항)을 다른 법원의 판사에게 촉탁을 할 수 있다.

4) 수임판사(受任判事)

수소(受訴)법원과는 독립하여 소송법상의 권한을 행사할 수 있는 개개의 법관을 말한다. 예컨대 수사기관의 청구에 의하여 각종의 영장을 발부하는 판사(형소법 제201조), 증거보전절차를 행하는 판사(동법 제184조), 수사상의 증인신문을 하는 판사(동법 제221조의2) 등이 있다. 수소법원과 관계없이 소송행위를 하는 재판기관이라는 점에서 수명법관과 구별된다.

4. 법원의 관할

1) 심급관할

심급관할(審級管轄)은 어떤 사건에 대하여 1심에서 판결이 선고된 경우 그 선고에 불복할 경우 상급법원에 상소하는 것을 말한다. 즉 1심법원이 지방법원 단독판사 사건이나 결정·명령에 대해 항소는 지방법원본원 합의부에서 관할하고, 지방법원본원 합의부 사건이나 결정·명령에 대해 항소는 고등법원에서 관할한다. 그리고 지방법원본원 합의부나 고등법원 심판에 불복할 경우 상고를 통해 대법원이 관할한다. 또한 대법원은 고등법원의 결정·명령과 지방법원본원 합의부의 결정·명령에 대해 재항고 사건을 심판한다(법원조직법 제14조).

2) 사물관할

사물관할(事物管轄)이란 사건의 경중이나 성질에 따라 제1심 법원의 분배를 말한다. 제1심의 사물관할은 제1심 법원의 단독판사 또는 합의부로 관할한다. 사물관할을 정하는 원칙은 범죄를 기준으로 하는 범죄주의와 형벌을 기준으로 하는 형벌주의가 있는데 법원은 양 주의를 병행하고 있다.[82]

(1) 단독판사 관할

지방법원 또는 지원의 형사사건과 시·군법원의 사건에 대한 심판권을 원칙적으로 단독판사가 행한다(법원조직법 제7조 제4항). 시·군법원 판사는 20만 원 이하의 벌금 또는 구류나 과료에 처할 사건에 대해 즉결심판한다(동법 제34조 제1항, 제3항). 시·군법원이 즉결심판에 불복한 사건은 정식재판을 통해 할 수 있는데, 이때 관할은 지방법원 또는 지원이 관할한다(동법 제34조 제2항).

(2) 합의부 관할

지방법원 합의부에서 관할하는 사건은 ① 합의부에서 심판할 것으로 합의부가 결정한 사건, ② 민사사건에 관하여는 대법원규칙으로 정하는 사건, ③ 사형, 무기 또는 단기 1년 이상의 징역 또는 금고에 해당하는 사건 등이다(법원조직법 제32조 제1항). 다만, ㉠ 특수상해(형법 제258조의2), ㉡ 특수절도(동법 제331조), ㉢ 특수절도의 상습범(동법 제332조), ㉣ 특수공갈(동법 제350조의2)과 그 미수죄, ㉤ 폭력행위 등 처벌에 관한 법률 제2조 제3항 제2호·제3호,[83] 제6조(제2조 제3항 제2호,[84] 제3호[85]의 미수죄로 한정한다) 및 제9조[86]에 해당하는 사건, ㉥ 병역법 위

---

82 임동규, 형사소송법, 법문사, 2015, 25쪽.

83 형법 제260조 제2항(존속폭행), 제276조 제1항(체포, 감금), 제283조 제2항(존속협박) 또는 제324조 제1항(강요)의 죄를 범한 사람은 1년 이상 12년 이하의 징역에 처한다(제2조 제3항 제2호), 형법 제257조 제1항(상해)·제2항(존속상해), 제276조 제2항(존속체포, 존속감금) 또는 제350조(공갈)의 죄를 범한 사람: 2년 이상 20년 이하의 징역에 처한다(제2조 제3항 제3호).

84 형법 제260조 제2항(존속폭행), 제276조 제1항(체포, 감금), 제283조 제2항(존속협박) 또는 제324조 제1항(강요)의 죄 죄를 범한 사람은 1년 이상 12년 이하의 징역에 처한다.

85 형법 제257조 제1항(상해), 제2항(존속상해), 제276조 제2항(존속체포, 존속감금) 또는 제350조(공갈)의 죄를 범한 사람은 2년 이상 20년 이하의 징역에 처한다.

86 제9조(사법경찰관리의 직무유기) ① 사법경찰관리(司法警察官吏)로서 이 법에 규정된 죄를 범한 사람을 수사하지 아니하거나 범인을 알면서 체포하지 아니하거나 수사상 정보를 누설하여 범인의 도주

반사건, ㉠ 특정범죄 가중처벌 등에 관한 법률 제5조의3 제1항,[87] 제5조의4 제5항 제1호,[88] 제3호[89] 및 제5조의11[90]에 해당하는 사건, ◎ 보건범죄 단속에 관한 특별조치법 제5조에 해당하는 사건, 부정수표 단속법 제5조에 해당하는 사건,[91] ㉣ 도로교통법 제148조의2 제1항,[92] 제2항 제1호[93]에 해당하는 사건 등은 단독판사가 행한다.

3) 토지관할

토지관할(土地管轄)이란 동등한 법원 사이에 사건의 지역적 관계에 의한 관할의 분배를 말하고, 이는 사건의 능률적 처리와 피고인의 출석·방어의 편의를 고려해 결정되어야 한다.[94] 토지관할은 범죄지, 피고인의 주소, 거소 또는 현재지로 한다(형소법 제4조 제1항). 여기서 범죄지란 범죄사실의 일부 혹은 전부의 발생지를 말하고, 범죄의 실행행위지와 중간지 그리 결과발생지를 포함한다. 주소는 생활의 근거가 되는 곳이고, 주소는 동시에 두 곳 이상을 둘 수 있다(민법 제18조 제1~2항). 주소를 알 수 없으면 거소(居所)를 주소로 본다(동법 제19조). 국내에 주

---

[87] 를 용이하게 한 사람은 1년 이상의 유기징역에 처한다. ② 뇌물을 수수(收受), 요구 또는 약속하고 제1항의 죄를 범한 사람은 2년 이상의 유기징역에 처한다.

[87] 도로교통법 제2조에 규정된 자동차·원동기장치자전거의 교통으로 인하여 형법 제268조의 죄를 범한 해당 차량의 운전자가 피해자를 구호(救護)하는 등의 조치를 하지 아니하고 도주한 경우에는 ①피해자를 사망에 이르게 하고 도주하거나, 도주 후에 피해자가 사망한 경우에는 무기 또는 5년 이상의 징역에 처한다. ②피해자를 상해에 이르게 한 경우에는 1년 이상의 유기징역 또는 500만 원 이상 3천만 원 이하의 벌금에 처한다.

[88] 절도죄(형법 제329조), 야간주거침입절도죄(동법 제330조), 특수절도죄(동법 제331조)와 그 미수범의 죄에 대해 세 번 이상 징역형을 받은 사람이 다시 이들 죄를 범하여 누범(累犯)으로 처벌하는 경우에는 2년 이상 20년 이하의 징역에 처한다.

[89] 장물취득·알선(형법 제362조)등의 죄로 세 번 이상 징역형을 받은 사람이 다시 이들 죄를 범하여 누범(累犯)으로 처벌하는 경우에는 2년 이상 20년 이하의 징역에 처한다.

[90] 제5조의11(위험운전 치·사상) 음주 또는 약물의 영향으로 정상적인 운전이 곤란한 상태에서 자동차(원동기장치자전거를 포함한다)를 운전하여 사람을 상해에 이르게 한 사람은 10년 이하의 징역 또는 500만 원 이상 3천만 원 이하의 벌금에 처하고, 사망에 이르게 한 사람은 1년 이상의 유기징역에 처한다.

[91] 제5조(위조·변조자의 형사책임) 수표를 위조하거나 변조한 자는 1년 이상의 유기징역과 수표금액의 10배 이하의 벌금에 처한다.

[92] 음주운전이나 경찰관의 음주측정에 불응한 사람은 1년 이상 3년 이하의 징역이나 500만 원 이상 1천만 원 이하의 벌금에 처한다.

[93] 음주운전으로 혈중알콜농도가 0.2퍼센트 이상인 사람은 1년 이상 3년 이하의 징역이나 500만 원 이상 1천만 원 이하의 벌금에 처한다.

[94] 임동규, 앞의 책, 25쪽.

소가 없는 자에 대하여는 국내에 있는 거소(居所)를 주소로 본다(동법 제20조). 현재지란 범죄 당시 피고인 혹은 피의자가 실제로 위치해 있는 장소를 의미한다.

4) 재정관할

재정관할(裁定管轄)은 법원의 재판에 의해 관할권이 정해지는 것을 말한다. 즉 관할권을 창설하거나 변경하는 제도를 말한다. 여기에는 관할의 이전과 지정이 있다.

(1) 관할의 지정

관할(管轄)의 지정(指定)이란 어떤 사건에 대하여 법원의 관할이 명확하지 않거나 관할위반의 판결을 선고한 사안에 대하여 다른 관할법원이 없는 때에는 상급법원이 사건을 심판할 법원을 지정하는 것을 말한다.

관할지정의 절차는 검사가 속한 제1심 법원의 직근(直近) 상급법원에 사유를 기재한 신청서를 제출하면 해당 상급법원은 신청이 이유 있다고 판단되는 경우에는 관할법원을 정하는 결정을 하고, 그렇지 않은 경우에는 신청기각결정을 한다.

(2) 관할의 이전

관할(管轄)의 이전(移轉)이란 관할법원이 재판권을 행사할 수 없거나 재판의 공정을 기하기 어려운 경우에 검사나 피고인의 신청에 의하여 그 법원의 관할권을 다른 법원으로 옮기는 것을 말한다. 여기서 먼저 재판권을 행사할 수 없는 때란 법관의 제척, 기피, 회피 등으로 법원을 구성할 수 없거나 천재지변이나 법관의 질병이나 사망으로 장기간 재판을 할 수 없는 경우를 말한다. 다음으로 재판의 공정을 기하기 어려운 때란 범죄의 성질이나 지방의 민심 그리고 소송의 상황 등으로 재판의 공정을 유지하기 어려운 경우를 말한다.

관할이전의 절차는 피고인이나 검사가 신청할 수 있다. 먼저 전자는 사유를 기재한 신청서를 직근(直近) 상급법원에 제출하여야 한다. 후자는 공소제기를 불문하고 신청할 수 있으며, 만약 공소제기 후에는 공소를 접수한 법원에 신청하여야 한다.[95]

---

95 임동규, 앞의 책, 32쪽.

Ⅱ. 검 사

1. 의 의

검사는 검찰사무를 처리하는 단독제의 행정기관이다. 검사는 공익의 대표자로서 ① 범죄수사, 공소의 제기 및 그 유지에 필요한 사항, ② 범죄수사에 관한 사법경찰관리 지휘·감독, ③ 법원에 대한 법령의 정당한 적용 청구, ④ 재판 집행지휘·감독, ⑤ 국가를 당사자 또는 참가인으로 하는 소송과 행정소송 수행 또는그 수행에 관한 지휘·감독, ⑥ 다른 법령에 따라 그 권한에 속하는 사항 등을행사한다(검찰청법 제4조 제1~6호).

검사가 근무하는 조직은 대검찰청, 고등검찰청, 지방검찰청으로 조직되어 있다. 검사는 법령에 특별한 규정이 있는 경우를 제외하고는 소속 검찰청의 관할구역에서 직무를 수행한다. 다만, 수사에 필요할 때에는 관할구역이 아닌 곳에서직무를 수행할 수 있다(동법 제5조).

2. 검사의 지위

1) 검사동일체의 원칙

검사동일체(檢事同一體)의 원칙이란 검사는 검찰사무에 관하여 소속 상급자의지휘·감독에 따라야 하는 것을 말한다(검찰청법 제7조 제1항). 즉 피라미드 계층적조직을 구성하고 하급검사는 상급검사의 지휘나 감독에 따라야 한다. 하지만 검사는 구체적 사건과 관련된 지휘·감독의 적법성 또는 정당성에 대하여 이견이있을 때에는 이의를 제기할 수 있다(동조 제2항).

2) 효 과

검사동일체의 원칙에 의하여 검사가 범죄수사나 공판관여 등의 검찰사무의취급도중에 전보 등의 사유로 교체가 이루어지더라도 소송법상 효과에는 아무런영향을 미치지 않는다.[96] 따라서 수사나 공판진행도중에 검사가 교체되더라도 수사절차나 공판절차를 갱신할 필요가 없는 것이다.

---

96 임동규, 앞의 책, 52쪽.

3. 검사의 소송법상 지위

1) 수사의 주체

검사는 범죄의 혐의 있다고 사료하는 때에는 범인, 범죄사실과 증거를 수사하여야 한다(형소법 제195조). 따라서 검사는 피의자 심문(동법 제200조), 참고인조사(동법 제221조)등의 임의수사를 할 수 있고, 체포(동법 제200조의2), 구속(동법 제201조), 압수·수색·검증(동법 제215조 내지 제218조), 영장청구권(동법 제200조의2, 제201조, 제215조), 증거보전청구권(동법 제184조), 증인신문청구권(동법 제221조의2)등은 검사만 할 수 있다.

검사는 사법경찰관리를 지휘·감독하는 권한을 갖고 있으며, 검사의 지휘가 있는 때에는 이에 따라야 한다(동법 제196조 제3항).

2) 공소권의 주체

공소는 검사가 제기한다(형소법 제246조). 따라서 공소제기는 검사에게 독점되어 있다고 볼 수 있다. 이를 기소독점주의라 한다. 우리나라의 경우 사인소추주의는 인정되지 않고 있지만 독일의 경우 일정한 범죄에 대하여 사인소추주의가 인정되어 일반 사인이 공소를 제기할 수 있다. 검사는 공소제기에 있어 기소편의주의를 통해 재량권을 행사할 수 있다.

3) 재판의 집행권

재판의 집행은 검사가 지휘한다(형소법 제460조). 재판결과 피고인에 대해 유죄가 확정될 경우 형집행장을 통해 교도소에 수감시킬 수 있다. 검사에게 집행권이 부여되어 있지만 예외적으로 재판장·수명법관·수탁판사가 재판의 집행을 지휘할 수도 있다(동법 제81조, 제115조). 검사는 사형 또는 자유형의 집행을 위하여 형집행장을 발부하여 구인하도록 하고 있다(동법 제473조).

4) 공익의 대표자

검사는 공익의 대표자로서 피고인의 정당한 이익을 보호해야 할 의무가 있다. 즉 피고인에게 불리한 사실뿐만 아니라 이익되는 사실도 주장하거나 이를 뒷받침하는 증거도 수집해야 한다.[97]

---

[97] 임동규, 앞의 책, 54쪽.

Ⅲ. 피고인

1. 의 의

피고인이란 사법경찰관과 검사의 범죄수사를 통해 유죄입증이 가능하다고 판단되어 공소제기가 된 자를 말한다. 검찰서장에 의해 즉결심판이 청구된 자도 피고인에 해당한다(즉심법 제3조).

2. 성명모용

성명모용이란 갑이 을의 성명을 모용해서 공소장에 을이 기재된 경우를 말한다. 성명모용사실(姓名冒用事實)이 공판심리 중 판명된 경우와 판결확정 후 판명된 경우 누구를 피고인으로 할지에 대해 문제가 될 수 있다. 전자는 공판진행 중 판명되었기 때문에 인적사항의 기재를 정정하면 될 것이고 법원의 허가를 받을 필요는 없다. 후자는 판결이 확정되었다고 하더라도 그 판결의 효력은 을에게 미치지 않는다. 문제는 피모용된 자의 전과기록에 대한 말소여부이다. 즉 판결확정으로 수형사실이 수형인명부에 기재된 경우에는 을이 검사에게 전과말소를 청구하여 바로잡을 수 있다.

3. 위장출석

위장출석(僞裝出席)이란 검사가 갑을 피고인으로 지정하여 공소제기를 하였는데 을이 갑인 것처럼 행세하면서 법정에 출석하여 재판을 받는 경우를 말한다. 예컨대 유명 연예인이 자신의 얼굴 공개로 범죄사실이 알려지면 자신의 인기가 떨어질 것이 두려워 다른 사람을 시켜서 위장출석하게 하는 경우이다.

위장출석이 공판심리 중 판명된 경우와 판결확정 후 판명된 경우로 나누어 고찰할 필요가 있다. 전자는 먼저 인정신문단계에서 위장출석사실이 밝혀질 경우 위장출석한 자를 퇴정시키고 실질 피고인을 소환해서 공판절차를 진행하면 될 것이다. 다음으로 사실심리단계에서 위장출석사실이 밝혀질 경우 형사소송법 제327조 제2호를 유추적용하여 공소기각판결을 선고하고, 실질 피고인을 소환해서 공판절차를 진행해야 한다.

다음으로 후자는 위장출석상태에서 그 사실을 알지 못하고 판결이 선고되어 확정된 경우에는 실질적 피고인에게 그 판결의 효력이 미치지 아니하고 형식적 피고인에게 미치므로 실질적 피고인을 소환하여 공판절차를 다시 진행해야 한다. 문제는 형식적 피고인을 구제하는 것이다. 이 경우 형식적 피고인은 재심절차를 통해 해결하면 될 것이다.

제2절 | 피고인의 권리

Ⅰ. 공정한 재판을 받을 권리

1. 공평한 법원의 구성

공정한 재판을 해할 우려가 있는 경우 법관에 대해 제척, 기피, 회피 제도를 두고 있다.

1) 제 척

(1) 의 의

제척(除斥)이란 법관이 해당 사건을 불공정하게 심판할 가능성이 있는 경우 법률에 그 사유를 규정해 놓고, 만약 법관이 해당사유가 있는 경우에는 그 법관을 직무에서 배제시키는 것을 말한다.

(2) 제척사유

제척사유로 ① 법관이 피해자인 때이다. 여기서 피해자란 직접 피해자만을 의미한다. 따라서 살인사건 목격으로 충격을 받은 경우는 해당되지 않는다. ② 법관이 피고인 또는 피해자의 친족 또는 친족관계가 있었던 자인 때이다. 여기서 친족의 범위는 친족관계로 인한 법률상 효력은 이 법 또는 다른 법률에 특별한 규정이 없는 한 ㉠ 8촌 이내의 혈족, ㉡ 4촌 이내의 인척, ㉢ 배우자 등이다(민법 제777조). ③ 법관이 피고인 또는 피해자의 법정대리인, 후견감독인인 때, ④ 법관이 사건에 관하여 증인, 감정인, 피해자의 대리인으로 된 때, ⑤ 법관이 사건에 관하여 피고인의 대리인, 변호인, 보조인으로 된 때, ⑥ 법관이 사건에 관하여 검사 또는 사법경찰관의 직무를 행한 때, ⑦ 법관이 사건에 관하여 전심재판 또는 그 기초되는 조사, 심리에 관여한 때 등이다(형소법 제17조 제1~7호).

2) 기 피

(1) 의 의

기피(忌避)란 법관이 제척사유가 있음에도 불구하고 그 당해 재판에서 배제되지 않고 관여하거나 불공정한 재판을 할 우려가 있을 때 검사 또는 피고인 등이 신청을 통해 그 법관을 직무집행에서 배제시키는 제도를 말한다.

(2) 기피사유

① 법관이 제척사유에 해당한 때이다. 즉 법관이 제척사유에 해당함에도 불구하고 당해 재판을 계속할 경우에는 검사 또는 피고인이 법원에 신청을 하고, 법원이 제척사유의 존부를 심사하여 결정할 것을 강제한다는 데 의미가 있다. ② 법관이 불공정한 재판을 행할 우려가 있는 때이다. 여기서 '불공정한 재판을 행할 우려'에 대한 판단은 통상인의 입장에서 법관이 불공정한 재판을 행할 것이라는 합리적 판단을 할 만한 객관적인 사정이 있어야 한다는 의미이다.[98]

(3) 기피신청절차

기피신청은 검사나 피고인(피고인의 명시적 의사에 반하지 않는 한, 변호사도 가능)이 불공정한 재판을 행할 염려가 있는 법관에 대하여 서면 또는 구두(공판정에서 행할 경우)로 신청한다. 합의부 법관에 대해서는 그 법관이 소속한 법원에 신청하고, 수명법관·수탁판사 또는 단독판사에 대해서는 당해 법관에게 신청하여야 한다(형소법 제19조 제1항). 기피사유는 신청한 날로부터 3일 이내에 서면으로 소명해야 한다(동법 동조 제2항). 기피신청의 시기는 제한이 없으나 판결선고 시까지 가능하다.[99]

기피신청에 대한 재판은 기피당한 법관의 소속법원합의부에서 결정으로 하여야 한다(동법 제21조 제1항). 기피신청에 대한 결정은 기각결정 또는 배제결정을

---

98 대법원 1995. 4. 3.자 95모10 결정.
99 대법원 1995. 1. 9.자 94모77 결정.

할 수 있다.

3) 회 피

(1) 의 의

법관이 스스로 기피에 해당하는 사유가 있다고 판단되는 경우에는 회피(回避)하여야 한다(형소법 제24조 제1항).

(2) 회피의 절차

회피는 소속법원에 서면으로 신청하여야 한다(형소법 제24조 제2항). 회피신청의 시기에는 제한이 없다. 회피신청에 대한 재판은 회피당한 법관의 소속법원합의부에서 결정으로 하여야 한다(동법 동조 제3항).

2. 충분한 방어권 보장

법률적 지식의 부족으로 불이익을 당하지 않고 충분한 방어권 행사를 할 수 있도록 피고인에게 변호인 선임권을 인정하고 있다. 다양한 사유로 사선변호인을 선임할 수 없는 경우에는 국선변호인을 선정할 수 있도록 하고 있다. 이는 무기평등의 원칙에도 부합하는 권리이다. 즉 대립하는 양 당사자의 지위를 평등하게 하여 서로 공격과 방어를 할 수 있도록 하고 있다.

Ⅱ. 신속한 재판을 받을 권리

1. 제1심 공판의 특례

제1심 공판절차에서 피고인에 대한 송달불능보고서(送達不能報告書)가 접수된 때부터 6개월이 지나도록 피고인의 소재(所在)를 확인할 수 없는 경우에는 대법원규칙으로 정하는 바에 따라 피고인의 진술 없이 재판할 수 있다. 다만, 사형, 무기 또는 장기(長期) 10년이 넘는 징역이나 금고에 해당하는 사건의 경우에는 그러하지 아니하다(소송촉진 등에 관한 특례법; 이하 소송촉진법이라 한다).

2. 공소시효 특례

공소가 제기된 범죄는 판결의 확정이 없이 공소를 제기한 때로부터 25년을 경과하면 공소시효가 완성한 것으로 간주한다(형사소송법 제249조 제2항).

3. 집중심리주의

집중심리주의란 오늘 판결이 나지 않으면 내일 다시 공판을 열어 심리를 하고 그래도 나지 않으면 다음 날 또 다시 공판을 열어 판결이 날 때까지 심리하는 것을 말한다. 이는 형소법 제267조의2 규정에 따른 것으로 심리에 2일 이상이 필요한 경우에는 부득이한 사정이 없는 한 매일 계속 개정하여야 한다. 대개 국민참여재판에서 시행하고 있는데, 대다수의 배심원들은 하루 혹은 이틀은 배심재판에 참여할 수 있는데 그 이상은 안 된다는데 따른 것이다. 다만 재판장은 부득이한 사정으로 매일 계속 개정하지 못하는 경우에도 특별한 사정이 없는 한 전회의 공판기일부터 14일 이내로 다음 공판기일을 지정하여야 한다(형소법 제267조의2 제4항).

4. 구속기간의 제한

피고인에 대해 구속 상태에서 재판할 수 있는 기간은 원칙은 2개월이고 2차에 한하여 연장결정을 할 수 있다. 2심과 3심에서는 각각 3차에 한하여 연장 결정을 할 수 있으며, 총 18개월간 구속시킬 수 있다. 18개월을 경과한 구속은 불법 구속에 해당한다.

5. 판결선고기간의 제한

제1심에서는 공소가 제기된 날부터 6개월 이내에, 항소심(抗訴審) 및 상고심(上告審)에서는 기록을 송부받은 날부터 4개월 이내에 판결을 선고하여야 한다(소송촉진법 제21조).

Ⅲ. 공개재판을 받을 권리

1. 헌법상 권리

재판의 심리와 판결은 공개한다. 다만, 심리는 국가의 안전보장 또는 안녕질서를 방해하거나 선량한 풍속을 해할 염려가 있을 때에는 법원의 결정으로 공개하지 아니할 수 있다(헌법 제109조). 따라서 판결은 반드시 공개함이 원칙이다.

2. 소년법상 권리

심리는 친절하고 온화하게 하여야 하고(소년법 제24조 제1항), 심리는 공개하지 아니한다. 다만, 소년부 판사는 적당하다고 인정하는 자에게 참석을 허가할 수 있다(동조 제2항). 따라서 심리는 공개하지 않는 것이 원칙이고, 판결은 공개하여야 한다.

Ⅳ. 무죄추정원칙

피고인은 유죄의 판결이 확정될 때까지는 무죄로 추정된다(형소법 제275조의2). 무죄추정의 원칙은 수사절차부터 공판절차에 이르기까지 적용되는 원칙이다. 따라서 피고인에 대해 유죄판결이 확정되기 전까지는 무죄로 추정해야 하고, 이를 근거로 부당한 대우를 해서는 안 된다. 무죄추정원칙은 1789년 프랑스혁명 이후 권리선언 제9조에서 규정되었으며, 2차 세계대전이 끝난 후에 세계인권선언 제11조에도 규정하고 있는 만큼, 중요한 대원칙이다.

제3절 | 공판절차

I. 모두절차

공판절차는 모두절차(冒頭節次), 사실심리절차(事實審理節次), 판결선고절차(判決宣告節次)로 이루어진다. 여기서 모두절차에는 피고인의 성명, 연령, 주소, 직업 등을 물어 피고인이 맞는지를 확인하는 인정신문이 있고, 공소장의 기소요지를 설명하는 검사의 모두진술이 있으며, 피고인에게 이익 되는 사실을 진술하거나(형소법 제268조 제2항), 공소사실의 인정여부를 진술(동법 제1항)하는 피고인의 모두진술이 있다.

II. 사실심리절차

사실심리절차(事實審理節次)는 피고인 신문, 증거조사, 최후변론 순으로 진행된다. 공격과 방어형태로 이루어진다. 즉 검사가 공격하면 소송대리인인 변호사가 방어하는 형태이다. 검사가 주심문을 하면 변호사가 반대심문을 하게 된다.

III. 판결선고절차

판결의 선고는 변론을 종결한 기일에 하여야 한다. 다만, 특별한 사정이 있는 때에는 따로 선고기일을 지정할 수 있다(형소법 제318조의4). 실무에서는 보통 최종변론이 끝난 날로부터 판결선고기일을 정하여 행하여지고 있다. 검사 혹은 피고인은 판결에 불복해 상급법원에 상소할 수 있다.

제4절 | 상소제도

1. 상소의 제기 및 포기

1) 상소의 제기

제1심에 불복하여 상소하는 것을 항소(抗訴)라고 한다. 상소는 원판결이 있은 날로부터 7일 이내에 상소장을 원심법원에 서면으로 제출하여야 한다. 제1심 사건이 단독판사 사건일 경우 상소는 형사합의부에 하고, 형사합의부 사건에 불복하여 상소할 경우에는 고등법원에 항소하며, 제2심에 불복하여 상소할 경우에는 대법원에 상고할 수 있다.

상소를 하기 위해서는 상소이익이 있어야 한다. 즉 무죄를 주장하거나 가벼운 형의 선고를 구하는 상소는 상소의 이익이 있다고 볼 수 있다. 하지만 무죄판결에 대해서는 상소의 이익을 갖지 못한다. 따라서 무죄판결에 대하여 피고인이 유죄나 면소 그리고 공소기각의 재판을 구하는 상소는 허용되지 않는다.[100]

2) 상소의 포기

상소의 포기는 상소권자가 상소기간 내에 원심법원에 대하여 상소권을 포기한다는 의사표시로 성립한다. 상소취하는 상소한 자가 상소의 실익이 없다고 판단되어 상소법원에 상소를 철회하는 의사표시이다. 상소취하는 상소심의 종국재판 전까지 할 수 있다. 그 이유는 판결이 선고된 이후에 상소취하를 하더라도 그 효력이 없기 때문이다.

2. 불이익변경금지원칙

불이익변경금지의 원칙이란 원심법원의 판결보다 상소법원의 판결이 더 중하게 선고할 수 없는 것을 말한다. 이것은 피고인만이 상소한 사건에 대해 적용되고, 검사가 상소한다거나 검사나 피고인 모두 상소한 경우에는 적용되지 않는다.

---

100 대법원 1994. 7. 29. 선고 93도1091 판결.

[사 례]

저는 강도강간죄로 1심에서 징역 10년을 선고받았습니다. 저는 초범임에도 불구하고 10년형은 너무 과하다는 판단에 따라 2심에 항소를 하고 싶습니다. 이 경우 항소를 한다면 원심법원의 판결보다 낮은 형량을 선고받을 수 있는지요?

[검 토]

1심 법원의 판결에 불복하여 피고인만 2심 법원에 항소할 경우 2심은 불이익변경금지원칙에 따라 징역 10년보다 중한 형을 선고할 수 없고, 동일한 형으로 선고하거나 형을 낮게 선고하여야 합니다. 따라서 귀하는 항소를 통해 실익여부를 담당 변호사와 충분한 상의를 한 후 실익이 있다고 판단되었을 때 해야 합니다. 오늘날 변호사 선임료가 일반적으로 정해진 것은 없지만 1심에서는 보통 350만 원, 항소심에서는 500만 원 정도를 요구하기 때문에 항소를 할 경우 신중을 기할 필요가 있습니다.

제5절 | 특별형사절차

Ⅰ. 국민참여재판제도

1. 국민참여재판의 의의

국민참여재판이란 배심원이 참여하는 형사재판을 말한다(국민의 형사재판 참여에 관한 법률 제2조; 이하 국민참여재판법이라 한다). 즉 일반국민으로 구성된 배심원이 재판에 참여하여 직업법관으로부터 독립하여 유·무죄에 대한 배심원의 평의를 통해 평결 및 양형의견을 제시하면 법관은 그 평결에 구속되지 않고, 권고적 효력을 갖는 재판을 말한다.[101] 이에 반해 참심제(參審制)는 일반 국민이 참심원으로 직업법관과 동등한 지위에서 사실문제와 법률문제를 판단하는 것을 말한다. 배심

---

101 천정환·이동임, 앞의 책, 228쪽.

재판제도는 주로 영미에서 실시되고 있고, 참심제는 독일이나 일본 등에서 실시되고 있다.

2. 배심원의 권한과 의무

배심원은 국민참여재판을 하는 사건에 관하여 사실의 인정, 법령의 적용 및 형의 양정에 관한 의견을 제시할 권한이 있다(국민참여재판법 제12조 제1항). 배심원은 법령을 준수하고 독립하여 성실히 직무를 수행하여야 한다(동조 제2항). 배심원은 직무상 알게 된 비밀을 누설하거나 재판의 공정을 해하는 행위를 하여서는 아니 된다(동조 제3항).

3. 배심원의 수

법정형이 사형·무기징역 또는 무기금고에 해당하는 대상사건에 대한 국민참여재판에는 9인의 배심원이 참여하고, 그 외의 대상사건에 대한 국민참여재판에는 7인의 배심원이 참여한다. 다만, 법원은 피고인 또는 변호인이 공판준비절차에서 공소사실의 주요내용을 인정한 때에는 5인의 배심원이 참여하게 할 수 있다(국민참여재판법 제13조 제1항). 법원은 사건의 내용에 비추어 특별한 사정이 있다고 인정되고 검사·피고인 또는 변호인의 동의가 있는 경우에 한하여 결정으로 배심원의 수를 7인과 9인 중에서 제1항과 달리 정할 수 있다(동조 제2항). 법원은 배심원의 결원 등에 대비하여 5인 이내의 예비배심원을 둘 수 있다(동법 제14조 제1항).

4. 배심원의 자격 및 선정

배심원은 만 20세 이상의 대한민국 국민 중에서 이 법으로 정하는 바에 따라 선정된다(국민참여재판법 제16조). 배심원의 결격사유,[102] 직업 등에 따른 제외사

---

102 ① 금치산자 또는 한정치산자, ② 파산선고를 받고 복권되지 아니한 사람, ③ 금고 이상의 실형을 선고받고 그 집행이 종료(종료된 것으로 보는 경우를 포함한다)되거나 집행이 면제된 후 5년을 경과하지 아니한 사람, ④ 금고 이상의 형의 집행유예를 선고받고 그 기간이 완료된 날부터 2년을 경과하지 아니한 사람, ⑤ 금고 이상의 형의 선고유예를 받고 그 선고유예기간 중에 있는 사람, ⑥ 법원의 판결에 의하여 자격이 상실 또는 정지된 사람 등이다.

유,103 제척사유104 등이 있는 경우에는 배심원이 될 수 없다. 배심원으로 선정되기 위해서는 지방법원장은 배심원후보예정자명부를 작성하기 위하여 안전행정부장관에게 매년 그 관할 구역 내에 거주하는 만 20세 이상 국민의 주민등록정보에서 일정한 수의 배심원후보예정자의 성명·생년월일·주소 및 성별에 관한 주민등록정보를 추출하여 전자파일의 형태로 송부하여 줄 것을 요청할 수 있다(동법 제22조 제1항). 요청을 받은 안전행정부장관은 30일 이내에 주민등록자료를 지방법원장에게 송부하여야 한다(동조 제2항). 자료를 송부받은 지방법원장은 매년 주민등록자료를 활용하여 배심원후보예정자명부를 작성한다(동조 제3항). 법원은 배심원후보예정자명부 중에서 필요한 수의 배심원후보자를 무작위 추출 방식으로 정하여 배심원과 예비배심원의 선정기일을 통지하여야 한다(동법 제23조 제1항). 통지를 받은 배심원후보자는 선정기일에 출석하여야 하며, 질문표를 작성하게 하여 배심원의 결격사유, 직업 등에 따른 제외사유, 제척사유, 불공평한 판단을 할 우려가 있는지 여부 등을 확인해야 한다(동법 제28조 제1항). 배심원후보자 선정에 적합하다고 판단되면 선정된다. 이렇게 선정된 배심원후보자를 대상으로 출석요청을 하여 출석한 배심원후보자 중에서 법원은 당해 재판에서 필요한 배심원과 예비배심원의 수에 해당하는 배심원후보자를 무작위로 뽑고 이들을 대상으로 직권, 기피신청 또는 무이유부기피신청에 따른 불선정결정을 한다(동법 제31조 제1항).

6. 평의·평결

재판장은 변론이 종결된 후 법정에서 배심원에게 공소사실의 요지와 적용법조, 피고인과 변호인 주장의 요지, 증거능력, 그 밖에 유의할 사항에 관하여 설명

---

103 ① 대통령, ② 국회의원·지방자치단체의 장 및 지방의회의원, ③ 입법부·사법부·행정부·헌법재판소·중앙선거관리위원회·감사원의 정무직 공무원, ④ 법관·검사, ⑤ 변호사·법무사, ⑥ 법원·검찰 공무원, ⑦ 경찰·교정·보호관찰 공무원, ⑧ 군인·군무원·소방공무원 또는 「향토예비군설치법」에 따라 동원되거나 교육훈련의무를 이행 중인 향토예비군 등이 있다.
104 ① 피해자, ② 피고인 또는 피해자의 친족이나 이러한 관계에 있었던 사람, ③ 피고인 또는 피해자의 법정대리인, ④ 사건에 관한 증인·감정인·피해자의 대리인, ⑤ 사건에 관한 피고인의 대리인·변호인·보조인, ⑥ 사건에 관한 검사 또는 사법경찰관의 직무를 행한 사람, ⑦ 사건에 관하여 전심 재판 또는 그 기초가 되는 조사·심리에 관여한 사람 등이 있다.

하여야 한다. 이 경우 필요한 때에는 증거의 요지에 관하여 설명할 수 있다(국민
참여재판법 제46조 제1항). 심리에 관여한 배심원은 제1항의 설명을 들은 후 유·무
죄에 관하여 평의하고, 전원의 의견이 일치하면 그에 따라 평결한다. 다만, 배심원
과반수의 요청이 있으면 심리에 관여한 판사의 의견을 들을 수 있다(동조 제2항).

배심원은 유·무죄에 관하여 전원의 의견이 일치하지 아니하는 때에는 평결을
하기 전에 심리에 관여한 판사의 의견을 들어야 한다. 이 경우 유·무죄의 평결
은 다수결의 방법으로 한다. 심리에 관여한 판사는 평의에 참석하여 의견을 진술
한 경우에도 평결에는 참여할 수 없다(동조 제3항). 평결이 유죄인 경우 배심원은
심리에 관여한 판사와 함께 양형에 관하여 토의하고 그에 관한 의견을 개진한다.
재판장은 양형에 관한 토의 전에 처벌의 범위와 양형의 조건 등을 설명하여야 한
다(동조 제4항).

7. 판결선고

판결의 선고는 변론을 종결한 기일에 하여야 한다. 다만, 특별한 사정이 있는
때에는 따로 선고기일을 지정할 수 있다(국민참여재판법 제48조 제1항). 하지만 국
민참여재판의 특성상 집중심리주의로 오늘 판결이 나지 않으면 내일 또다시 개
정하여 판결이 날 때까지 진행한다. 재판장은 판결선고 시 피고인에게 배심원의
평결결과를 고지하여야 하며, 배심원의 평결결과와 다른 판결을 선고하는 때에는
피고인에게 그 이유를 설명하여야 한다(동법 제48조 제4항).

배심원의 평의를 통한 유·무죄 평결과 양형의견에 대해 권고적 효력으로 인
해 법관은 사실상 이에 구속될 필요가 없다. 그러므로 배심원 평결과 다른 판결
을 내린다 하더라도 법적으로 아무런 문제가 없다. 이러한 규정은 배심원들의 공
판정 참가를 통한 평결을 하더라도 구속력이 없어 들러리에 불과하다. 따라서 국
민참여재판 5년의 성과분석을 통한 전문가의 토론을 개최하여 사실상 구속력을
인정하는 쪽으로 가닥을 잡았다.

8. 국민참여재판의 문제점

국민참여재판을 실현함으로써 몇 가지 문제점이 나타나고 있다. 첫째, 배심원
의 법률적 지식의 부족으로 복잡한 사건의 해결이 어렵고, 1~2일이 소요되는 사

건에 한정하고 있으므로 쉬운 재판에만 국한하고 있다. 둘째, 배심원들의 재판의 이해가 완전하지 않은 상태에서 평의·평결을 하고 있다. 셋째, 높은 항소율이다. 2016년 기준 약 80% 이상이 배심재판에 불복하여 항소하고 있는 실정이다.[105]

9. 국민참여재판의 효과

국민참여재판의 가장 큰 효과는 첫째, 전관예우를 통한 형평에 반하는 재판에 제동을 가함으로써 진정한 사법의 정의를 실현이 가능하다. 둘째, 집중심리주의를 통한 재판의 장기화를 막을 수 있어 소송경제에 많은 도움을 주고 있다. 셋째, 재판부의 오만과 독단에 제동을 가하여 피고인의 인권보호와 방어권 보장에 충실을 기할 수 있다.[106]

10. 국민참여재판의 시행성과

국민참여재판에 대한 시행 성과에 대해 일반여론을 살펴보면 응답자 총 3,000명 중 ① 대체로 성과가 있다가 53.7%로 가장 많고, ② 별로 성과가 없다가 31.9%, ③ 매우 성과가 있다가 6.0%, ④ 전혀 성과가 없다 3.6% 순으로 나타났다.

Ⅱ. 형사보상 및 명예회복

1. 형사보상

1) 형사보상의 의의

「형사소송법」에 따른 일반 절차 또는 재심(再審)이나 비상상고(非常上告) 절차에서 무죄재판을 받아 확정된 사건의 피고인이 미결구금(未決拘禁)을 당하였을 때에는 이 법에 따라 국가에 대하여 그 구금에 대한 보상을 청구할 수 있다(형사보상 및 명예회복에 관한 법률 제2조 제1항; 이하 형명법이라 한다).

---

105 이동임, "시민로스쿨을 통한 배심원 교육의 필요성에 관한 연구", 법학론집 제23권 제3호, 조선대학교
　　법학연구소, 2016, 228~232쪽.
106 천정환·이동임, 앞의 책, 232쪽.

2) 형사보상의 요건

형사보상의 요건에는 피의자 보상과 피고인 보상으로 나누어 볼 수 있다. 전자는 피의자로서 구금되었던 자 중 검사로부터 공소를 제기하지 아니하는 처분을 받은 자는 국가에 대하여 그 구금에 대한 보상을 청구할 수 있다. 다만, 구금된 이후 공소를 제기하지 아니하는 처분을 할 사유가 있는 경우와 공소를 제기하지 아니하는 처분이 종국적(終局的)인 처분이 아니거나 기소유예처분일 경우에는 보상을 청구할 수 없다(형명법 제27조 제1항).[107]

후자는 일반 절차 또는 재심(再審)이나 비상상고(非常上告) 절차에서 무죄재판을 받아 확정된 사건의 피고인이 미결구금(未決拘禁)을 당하였거나 상소권회복에 의한 상소, 재심 또는 비상상고의 절차에서 무죄재판을 받아 확정된 사건의 피고인이 원판결(原判決)에 의하여 구금되거나 형 집행을 받았을 때에는 구금 또는 형의 집행에 대한 보상을 청구할 수 있다(동법 제2조 제1~2항). 또한 확정판결 이전의 미결구금일수에 대해서도 보상을 청구할 수 있지만 일정한 경우 피고인 보상을 제한하고 있다.[108]

3) 형사보상의 절차

형사보상의 청구권자는 무죄·면소·공소기각·치료감호청구기각의 재판을 받은 자 또는 기소유예나 불기소처분을 받은 피의자가 청구할 수 있다. 피고인 보상의 청구는 무죄판결을 한 법원에 대하여 청구하고(형명법 제7조), 피의자 보상은 기소유예나 불기소처분을 한 검사가 소속된 지방검찰청 본청의 심의회에 보상을 청구하여야 한다(동법 제28조 제1항).

청구방식은 보상청구서와 재판서의 등본과 재판의 확정증명서를 첨부하여 법원에 제출하여야 한다. 청구시기에 대해 먼저 피고인 보상의 청구는 무죄·면소·

107 피의자보상의 제한사유로는 ① 본인이 수사 또는 재판을 그르칠 목적으로 거짓 자백을 하거나 다른 유죄의 증거를 만듦으로써 구금된 것으로 인정되는 경우, ② 구금기간 중에 다른 사실에 대하여 수사가 이루어지고 그 사실에 관하여 범죄가 성립한 경우, ③ 보상을 하는 것이 선량한 풍속이나 그 밖에 사회질서에 위배된다고 인정할 특별한 사정이 있는 경우 등이다.
108 피고인보상의 제한사유로는 ① 형사미성년자 심신장애의 사유로 무죄재판을 받은 경우, ② 본인이 수사 또는 심판을 그르칠 목적으로 거짓 자백을 하거나 다른 유죄의 증거를 만듦으로써 기소(起訴), 미결구금 또는 유죄재판을 받게 된 것으로 인정된 경우, ③ 1개의 재판으로 경합범(競合犯)의 일부에 대하여 무죄재판을 받고 다른 부분에 대하여 유죄재판을 받았을 경우 등이다(동법 제4조).

공소기각·치료감호청구기각의 재판이 확정된 사실을 안 날로부터 3년 이내에 해야 하고, 확정된 때로부터 5년 이내에 하여야 한다(동법 제8조, 제26조 제4항). 다음으로 피의자 보상은 검사로부터 불기소처분의 고지 또는 통지를 받은 날로부터 3년 이내에 해야 한다(동법 제28조 제3항). 만약 상속인이 보상을 청구할 때에는 본인과의 관계와 같은 순위의 상속인 유무를 소명(疏明)할 수 있는 자료를 제출하여야 한다(동법 제10조).

4) 형사보상의 내용

(1) 구금에 대한 보상

구금(拘禁)에 대한 보상을 할 때에는 그 구금일수(拘禁日數)에 따라 1일당 보상청구의 원인이 발생한 연도의 「최저임금법」에 따른 일급(日給), 최저임금액 이상 대통령령으로 정하는 금액 이하의 비율에 의한 보상금을 지급한다(형명법 제5조 제1항).

(2) 사형집행에 대한 보상

사형집행에 대한 보상을 할 때에는 집행 전 구금에 대한 보상금 외에 3천만 원 이내에서 모든 사정을 고려하여 법원이 타당하다고 인정하는 금액을 더하여 보상한다. 이 경우 본인의 사망으로 인하여 발생한 재산상의 손실액이 증명되었을 때에는 그 손실액도 보상한다(형명법 제5조 제3항).

(3) 벌금 및 과료의 집행에 대한 보상

벌금 또는 과료(科料)의 집행에 대한 보상을 할 때에는 이미 징수한 벌금 또는 과료의 금액에 징수일의 다음 날부터 보상 결정일까지의 일수에 대하여 「민법」 제379조의 법정이율(연5%)을 적용하여 계산한 금액을 더한 금액을 보상한다(형명법 제5조 4항).

(4) 몰수의 집행에 대한 보상

몰수(沒收)의 집행에 대한 보상을 할 때에는 그 몰수물을 반환하고, 그것이 이미 처분되었을 때에는 보상결정 시의 시가(時價)를 보상한다(형명법 제5조 제6항). 추징금에 대한 보상을 할 때에는 그 액수에 징수일의 다음 날부터 보상결정일까지의 일수에 대하여 「민법」 제379조의 법정이율을 적용하여 계산한 금액을 더한 금액을 보상한다(동법 제5조 제7항).

5) 형사보상의 청구에 대한 재판

형사보상에 대한 재판은 법원 합의부에서 한다(형명법 제14조 제1항). 보상청구에 대하여는 법원은 검사와 청구인의 의견을 들은 후 결정을 하여야 한다(동법 제14조 제2항).

보상을 청구한 자가 청구절차 중 사망하거나 상속인 자격을 상실한 경우에 다른 청구인이 없을 때에는 청구의 절차는 중단된다(동법 제19조 제1항). 보상을 청구한 자의 상속인 또는 보상을 청구한 상속인과 같은 순위의 상속인은 2개월 이내에 청구의 절차를 승계할 수 있다(동법 제19조 제2항).

보상의 청구에 대하여 검사와 청구인의 의견을 들은 후 ①보상청구의 절차가 법령으로 정한 방식을 위반하여 보정(補正)할 수 없을 경우, ②청구인이 법원의 보정명령에 따르지 아니할 경우에는 청구각하결정을 한다(동법 제16조). 보상의 청구가 이유 있을 때에는 보상결정을 하고, 보상의 청구가 이유 없을 때에는 청구기각의 결정을 하여야 한다(동법 제17조 제1~2항).

보상결정에 대하여 1주일 이내에 즉시항고 할 수 있으며, 청구기각결정에 대해서는 즉시항고 할 수 있다(동법 제20조).

보상금 지급을 청구하려는 자는 보상을 결정한 법원에 대응하는 검찰청에 보상금 지급청구서를 제출하여야 하고, 청구서에는 법원의 보상결정서를 첨부하여야 하며, 보상결정이 송달된 후 2년 이내에 보상금 지급청구를 하지 아니할 때에는 권리를 상실한다. 만약 보상금을 받을 수 있는 자가 여러 명인 경우에는 그 중 1명이 한 보상금 지급청구는 보상결정을 받은 모두를 위하여 그 전부에 대하여 보상금 지급청구를 한 것으로 본다(동법 제21조). 보상금을 받을 수 있는 자가 여러 명인 경우에는 그 중 1명에 대한 보상금 지급은 그 모두에 대하여 효력이 발생한다(동법 제22조).

[사 례]

저는 노숙소녀 살해사건 용의자로 지목되어 체포된 정신지체 노숙인입니다. 체포된 후 경찰에서 강압수사로 인해 허위자백을 한 후 검찰에서 강압에 의한 허위자백사실을 이야기 하였지만 검찰에서도 받아들이지 않아 결국 검사가 저를 상해치사죄로 공소를 제기하였고, 재판부에서도 유죄가 인정되어 징역 5년을 선고받았으며, 교도소 복역 후 수감생활을 4년 11개월 하였습니다. 그런데 진범이 잡히는 바람에 저는 무죄로 풀려나게 되었습니다. 이 경우 저는 국가를 상대로 어떤 권리를 행사하여 보상을 받을 수 있는지요?

┌─────┐
│ 검 토 │
└─────┘

먼저 국가를 상대로 구금에 따른 형사보상청구권을 행사할 수 있습니다. 보상청구는 보상청구서와 재판서의 등본과 재판의 확정증명서를 첨부하여 무죄판결을 한 법원에 제출하여야 하며, 해당 법원은 형사보상청구에 대한 재판을 하여 이유 있다고 판단하면 보상결정을 합니다. 보상결정에 따른 지급청구는 보상을 결정한 법원에 대응하는 검찰청에 보상금 지급청구서와 법원의 보상결정서를 첨부하여 제출하여야 합니다. 만약 보상결정이 송달된 후 2년 이내에 보상금 지급청구를 하지 않으면 제척기간으로 권리를 상실합니다. 그리고 강압을 통한 위법수사에 대해서도 국가를 상대로 손해배상을 청구할 수 있습니다.

2. 명예회복

1) 명예회복의 의의

범죄로 인해 미결구금 혹은 형의 확정으로 구금된 자가 무죄판결을 받아 형사보상청구를 통해 보상을 받았다고 하더라도 무죄확정판결 전에 구금된 사실에 따른 명예훼손의 문제가 그대로 남을 수밖에 없다. 따라서 2011년 5월 23일 형사보상법의 전부개정을 통해 「형사보상 및 명예회복에 관한 법률」로 개정하여 실추된 명예를 회복하는데 기여하고 있다. 즉 법무부 인터넷 홈페이지에 1년간 무죄 등의 사실을 상시적으로 올려 훼손된 명예를 회복시켜 정상적인 사회활동을 하는데 걸림돌이 되지 않도록 하는데 근본 목적이 있다.[109]

2) 명예회복의 청구 및 조치

무죄재판이 확정된 피고인 그 상속인 및 대리인은 명예회복을 청구할 수 있다(형명법 제30조, 제31조 제2~3항). 청구시기는 무죄재판이 확정된 때부터 3년 이내에 해당 사건을 기소한 검사가 소속된 지방검찰청 및 지청에 청구한다(동법 제

---

109 천정환·이동임, 앞의 책, 245~246쪽.

30조). 청구 시에 게재청구서와 재판서 등본과 그 재판서 확정증명서를 첨부하여
야 한다(동법 제31조 제1항).

(1) 무죄재판에 대한 명예회복의 청구

무죄재판서의 게재청구가 있을 때에는 그 청구를 받은 날로부터 1개월 이내
에 무죄재판서를 법무부 인터넷 홈페이지에 게재하여야 한다. 다만 청구를 받은
때에 무죄재판사건의 확정재판기록이 해당 지방검찰청에 송부되지 않는 경우에
는 기록이 해당 지방검찰청에 송부된 날로부터 1개월 이내에 게재하여야 한다(동
법 제32조 제1항). 이 경우 ① 청구인이 무죄재판서 내용 중 일부를 삭제하기를
원하는 의사를 명시적으로 밝힌 경우, ② 무죄재판서의 공개로 인하여 사건 관계
인의 명예나 사생활의 비밀 또는 생명·신체의 안전이나 생활의 평온을 현저히
해칠 우려가 있는 경우에는 무죄재판서의 일부를 삭제하여 게재할 수 있다(동조
제2항).

(2) 면소·공소기각·치료감호청구기각에 대한 명예회복

면소·공소기각·치료감호청구기각의 재판을 받은 피고인은 확정된 사건에 대
한 명예회복의 게재를 청구할 수 있다(동법 제34조 제1항). 이에 따른 청구는 무죄
재판 게재청구에 관한 내용을 준용할 수 있다(동조 제2항).

Ⅲ. 전과기록 말소

1. 개 념

전과기록이란 범죄자가 범죄를 행하여 형사입건 되면 수사관은 피의자의 지
문을 채취하고 인적사항을 기재한 수사자료표를 작성한다. 만약 피의자가 검찰의
불기소처분 등으로 기소가 되지 않으면 전과기록이 남지 않고, 벌금형 이상을 선
고받으면 전과기록이 남게 되는 것을 말한다.

전과기록에는 수형인명부, 수형인명표 및 범죄경력자료를 말한다(형의 실효 등
에 관한 법률 제2조 제7호; 이하 형실법이라 한다). 여기서 범죄경력자료란 수사자료
표 중 ① 벌금 이상의 형의 선고, 면제 및 선고유예, ② 보호감호, 치료감호, 보

호관찰, ③ 선고유예의 실효, ④ 집행유예의 취소, ⑤ 벌금 이상의 형과 함께 부과된 몰수, 추징(追徵), 사회봉사명령, 수강명령(受講命令) 등의 선고 또는 처분 등에 관한 자료를 말한다(동조 제5호).

수사경력자료란 수사자료표 중 벌금 미만의 형의 선고 및 검사의 불기소처분에 관한 자료 등 범죄경력자료를 제외한 나머지 자료를 말한다(동조 제6호). 범죄경력조회란 수형인명부 또는 전산입력 된 범죄경력자료를 열람·대조확인(정보통신망에 의한 열람·대조확인을 포함한다)하는 방법으로 신원 및 범죄경력에 관하여 조회하는 것을 말한다(동조 제7호). 수사경력조회란 전산입력 된 수사경력자료를 열람·대조확인(정보통신망에 의한 열람·대조확인을 포함한다)하는 방법으로 신원 및 수사경력에 관하여 조회하는 것을 말한다(동조 제8호).

2. 전과기록 명부의 종류

1) 수형인명부

수형인명부(受刑人名簿)는 자격정지 이상의 형을 받은 수형인(受刑人)을 기재한 명부로서 검찰청 및 군검찰부에서 관리하는 것을 말한다(형실법 제2조 제2호). 지방검찰청 및 그 지청과 보통검찰부에서는 자격정지 이상의 형을 선고한 재판이 확정되면 지체 없이 그 형을 선고받은 수형인을 수형인명부에 기재 하여야 한다(동조 제3조).

2) 수형인명표

수형인명표란 자격정지 이상의 형을 받은 수형인을 기재한 명표로서 수형인의 등록기준지 시·구·읍·면사무소에서 관리하는 것을 말한다(형실법 제3호). 지방검찰청 및 그 지청과 보통검찰부에서는 자격정지 이상의 형을 선고받은 수형인에 대한 수형인명표를 작성하여 수형인의 등록기준지 시·구·읍·면사무소에 송부하여야 한다(동법 제4조 제1항). 지방검찰청 및 그 지청과 보통검찰부에서는 다음 ① 형의 집행유예가 실효되거나 취소되었을 때, ② 형의 집행유예기간이 경과한 때, ③ 제7조 또는 「형법」 제81조에 따라 형이 실효되었을 때, ④ 사면(赦免), 감형(減刑), 복권(復權)이 있을 때, ⑤ 재심 개시의 결정에 따라 다시 재판하였을 때 등 어느 하나에 해당할 때에는 수형인명표를 송부한 관서에 그 사실을 통지하여야 한다(동조 제2항 제1~5호).

3) 수사자료표

수사기관이 피의자의 지문을 채취하고 피의자의 인적사항과 죄명 등을 기재
한 표(전산입력되어 관리되거나 자기테이프, 마이크로필름, 그 밖에 이와 유사한 매체에
기록·저장된 표를 포함한다)로서 경찰청에서 관리하는 것을 말한다(형실법 제4호).
사법경찰관은 피의자에 대한 수사자료표를 작성하여 경찰청에 송부하여야 한다
(동법 제5조 제1항).

3. 전과기록 말소

수형인(受刑人)이 자격정지 이상의 형을 받지 아니하고 형의 집행을 종료하거
나 그 집행이 면제된 날부터 ① 3년을 초과하는 징역·금고: 10년, ② 3년 이하
의 징역·금고: 5년, ③ 벌금: 2년이 경과한 때에 그 형은 실효된다. 다만, 구류
(拘留)와 과료(科料)는 형의 집행을 종료하거나 그 집행이 면제된 때에 그 형이
실효(失效)된다(형실법 제7조). 따라서 이러한 기간이 경과하면 당연히 전과기록이
말소되는 것을 말한다.

교도소와 인권

제6장
교도소와 인권

수용자에 대한 인권의 보장은 교정의 이념이 응보형주의에서 교육형주의로 변화되었고, 다시 교육형주의에서 교정복지주의와 치료적 사법 및 치료적 교정의 이념으로 진행되는 추세에 비추어 교정에서 중요한 핵심으로 등장하고 있다. 특히 민주주의와 사회적 형평의 이념이 교정행정의 지도이념으로 되어 더욱더 중요성을 띠고 있다.

제1절 | 수용자 인권보장

Ⅰ. 수용자의 인권보장을 위한 법적 규정

교도소와 구치소 등의 수용자의 인권 보장에 관련된 국내의 규정에는 헌법과 형의 집행 및 수용자의 처우에 관한 법률(이하 형집행법이라 한다)이 있다. 먼저 헌법은 국민을 대상으로 하므로 당연히 교도소에 수용된 수용자도 기본권의 헌법적 주체가 된다. 헌법 제10조에는 모든 국민은 존엄과 행복추구권의 주체가 되며, 제11조에는 평등권의 주체가 된다고 규정하고 있다. 또한 제17조의 사생활의 비밀권이 규정되고 있고, 제18조에서는 통신의 비밀권의 주체가 된다. 제20조에는 양심의 자유를, 제22조에서는 학문과 예술의 자유를, 제24조에서는 법률에 의한 선거권을, 제26조에서는 청원권을 보장받으며, 제31조에서는 교육권이 규정되어 있다. 또한 제34조에서는 인간다운 생활권과 사회복지권이 보장된다. 제35조에서는 환경권의 주체가 된다.

헌법상 기본권이 수형자에게 모두 인정되는 것은 아니며, 구금의 목적으로 인한 일정한 제약이 따른다. 따라서 헌법정신을 바탕으로 인권규정을 이어 받아 수용자에 대해서도 형집행법에 규정되어 있다. 형집행법 제4조는 인권존중을 천명하고 있으며 형집행법 제5조에서는 수용자의 평등권을 규정하고 있다.[110] 수용자의 환경권을 형집행법 제6조에서 규정하고 있다.[111] 또한 행복추구권의 한 내용으로 수용자가 건강한 생활을 하는 데 필요한 위생 및 의료상의 적절한 조치를 하여야 한다(형집행법 제30조). 구체적으로 수용자가 사용하는 모든 설비와 기구는 청결을 유지하여야 하고, 수용자의 건강유지를 위해 운동 및 목욕을 정기적으로 할 수 있도록 하여야 하며, 수용자의 건강검진을 정기적으로 할 수 있도록 해야 한다(동법 제31조~34조). 또한 부상이나 질병이 발생할 경우 적절한 치료를 해 주어야 하며, 필요에 따라 외부진료를 받게 하거나 자비치료를 받을 수 있도록 해야 한다(동법 제35조~38조).

수용자는 교정시설 내에서 실시하는 종교의식 또는 행사에 참석할 수 있고, 개별적인 종교상담을 받을 수 있으며, 신앙에 필요한 종교서적이나 물품을 소지할 수 있다(동법 제45조 제1항~2항). 수형자가 건전한 사회복귀에 필요한 지식과 소양을 습득하도록 교육할 수 있으며, 수형자의 교정교화를 위하여 상담·심리치

---

110 수용자는 합리적인 이유 없이 성별, 종교, 장애, 나이, 사회적 신분, 출신지역, 출신국가, 출신민족, 용모 등 신체조건, 병력, 혼인 여부, 정치적 의견 및 성적 지향 등을 이유로 차별받지 아니한다.
111 ① 신설하는 교정시설은 수용인원이 500명 이내의 규모가 되도록 하여야 한다. 다만, 교정시설의 기능·위치나 그 밖의 사정을 고려하여 그 규모를 증대할 수 있다. ② 교정시설의 거실·작업장·접견실이나 그 밖의 수용생활을 위한 설비는 그 목적과 기능에 맞도록 설치되어야 한다. 특히, 거실은 수용자가 건강하게 생활할 수 있도록 적정한 수준의 공간과 채광·통풍·난방을 위한 시설이 갖추어져야 한다.

료, 그 밖의 교화프로그램을 실시하여야 한다(동법 제63조~64조). 다만 교육권은 수용자의 의무이면서 권리인 이중성을 가진다. 또한 사회적 약자인 여성수용자, 소년수용자, 장애인, 외국인 수용자에 대해서는 사회복지적 차원에서 특별한 배려를 하고 있다(동법 제54조).[112] 이는 헌법의 사회복지수급권의 교정복지적 실현 규정이다. 또한 수용자의 문화와 예술의 자유를 보호하기 위하여 제한된 범위에서 도서비치 이용권, 신문구독자, 라디오 청취 및 TV 시청, 집필권을 법적으로 보장하고 있다(동법 제46조~48조). 또한 미결수용자는 무죄추정이 법적으로 보장되므로 미결수용자의 인권을 보장하기 위해 참관금지, 분리수용, 사복착용, 이발, 변호인과 접견 및 서신수수 등의 특별한 권리를 보장하고 있다(동법 제79조~84조). 특히 변호인과의 접견 시 교도관이 참여하지 못하고, 그 내용을 청취 또는 녹화하지 못한다. 다만, 보이는 거리에서 미결수용자를 관찰할 수 있다(동법 제84조 제1항~2항). 또한 미결수용자가 징벌대상자로서 조사받고 있거나 징벌집행 중인 경우에도 소송서류의 작성, 변호인과의 접견·서신수수, 그 밖의 수사 및 재판과정에서의 권리행사를 보장하여야 한다(동법 제85조). 수용자의 인권에 관한 국제준칙에는 1957년에 제정된 피구금자 처우에 관한 처리기준 규칙이 있다.

Ⅱ. 수용자의 실체적 기본권

시설 내 처우에서 수용자의 권리에서 개별적 차원에서 중요한 것에는 외부교통권, 잔혹한 처벌을 받지 않을 권리, 적정한 의류를 받을 권리, 적정한 처우를 받을 권리와 과밀수용에서 벗어날 권리 등이 있다.

또한 사회적 약자인 여성수용자에게는 젠더적 인권과 보호를 받을 권리가 있으며 이는 법적으로 보장되고 있는 바 아래에서는 실체적 기본권을 중심으로 살

112 ① 소장은 노인수용자에 대하여 나이·건강상태 등을 고려하여 그 처우에 있어 적정한 배려를 하여야 한다. ② 소장은 장애인수용자에 대하여 장애의 정도를 고려하여 그 처우에 있어 적정한 배려를 하여야 한다. ③ 소장은 외국인수용자에 대하여 언어·생활문화 등을 고려하여 적정한 처우를 하여야 한다. ④ 소장은 소년수용자에 대하여 나이·적성 등을 고려하여 적정한 처우를 하여야 한다. ⑤ 노인수용자·장애인수용자·외국인수용자 및 소년수용자에 대한 적정한 배려 또는 처우에 관하여 필요한 사항은 법무부령으로 정한다.

펴보기로 한다.

1. 외부교통권

외부교통권(外部交通權)이란 수용자가 외부에 있는 가족, 친지, 친구 등 외부사
회의 사람들과 접견, 편지, 전화 등을 통하여 소통할 수 있는 권리를 말한다.

접견(接見)은 수용자가 외부인과 직접 또는 영상으로 교도소의 면회시설에서
만나는 것을 말하며, 수용자의 접견은 원칙적으로 보장된다. 또한 수용자의 접견
권이 보장되나 이는 무한정한 것은 아니며 증거인멸, 금지물품 교부행위, 형사법
령에 저촉되는 행위, 교화 또는 건전한 사회복귀를 해칠 우려, 수용자의 처우나
교정시설 운영에 대해 거짓사실을 유포, 시설의 안전이나 질서를 해하는 행위를
하는 등의 사유가 있으면 수용자의 접견권은 중지된다.

수용자의 접견횟수는 매월 4회로 하되 접견시간은 공무원의 근무시간 내에
하며 접촉차단시설이 있는 장소에서 행한다(형집행법 시행령 제58조). 다만 접견의
예외규정을 인정하고 있고(동법 시행령 제59조),[113] 접견내용은 청취, 기록 또는 녹
음과 녹화가 된다. 이러한 접견권의 제한은 구금의 목적에서 오는 최소한의 제한
에 그쳐야 한다.

접견에 관한 국가인권위원회의 결정에는 접견권을 제한할 경우 기간과 범위
등을 특정해 실시할 것을 권고한 사례가 있고(2004. 11. 23. 04진인2644), 경찰관의
체포된 자와 그의 변호인간의 접견을 기록한 행위가 인권침해인지의 여부가 문
제되어 경고할 것을 권고한 사례가 있다(2004. 3. 31. 03진인6458). 또한 법원의 판

---

[113] 먼저 일반적으로 ① 소장은 수형자의 교화 또는 건전한 사회복귀를 위하여 특히 필요하다고 인정하면
접견 시간대 외에도 접견을 하게 할 수 있고 접견시간을 연장할 수 있다. ② 소장은 수형자가 ㉠19세
미만인 때, ㉡교정성적이 우수한 때, ㉢교화 또는 건전한 사회복귀를 위하여 특히 필요하다고 인정되
는 때 등 어느 하나에 해당하면 접견 횟수를 늘릴 수 있다. ③ 소장은 위 ㉡, ㉢에 해당하는 경우에는
접촉차단시설이 없는 장소에서 접견하게 할 수 있다.
다음으로 소송사건의 대리인인 변호인과의 접견은 첫째, 접견시간은 회당 60분으로 한다. 둘째, 접견회
수는 월 4회로 하되, 이를 접견횟수에 포함시키지 않는다. 셋째, 소송사건의 수 또는 소송내용의 복잡
성 등을 고려하여 소송의 준비를 위하여 특히 필요하다고 인정하면 접견 시간대 외에도 접견을 하게 할
수 있고, 접견 시간 및 횟수를 늘릴 수 있다. 넷째, 접견 수요 또는 접견실 사정 등을 고려하여 원활한 접
견 사무 진행에 현저한 장애가 발생한다고 판단하면 접견 시간 및 횟수를 줄일 수 있다. 이 경우 줄어든
시간과 횟수는 다음 접견 시에 추가하도록 노력하여야 한다(형집행법 시행령 제59조의2 제1항~4항).

례에서는 검사가 피의자에 대해 증거인멸의 우려가 있다고 판단해 접견을 금지
한 것은 불법이 아니라는 판례가 있다.[114]

2. 잔혹한 처벌을 받지 않을 권리

1) 과도한 징벌부과 금지

(1) 징벌의 의의

징벌(懲罰)이란 교정시설 내에서 금지된 규율을 위반한 경우 그에 상응하는
벌을 과하는 것을 말한다. 징벌을 부과함에 있어 최소한의 존엄성을 저해하는 과
도한 징벌의 부과는 금지되어야 한다. 교도소내의 질서유지를 위해 징벌의 사용
은 필수적이며, 교정사고를 낸 수용자는 징벌을 받을 의무가 있다. 즉 수용자는
형집행법 시행규칙이 정한 규율을 위반해서는 안 된다.[115] 만약 수용자가 금지된
규율을 위반했을 경우는 그 정도에 따라 징벌이 부과된다.[116]

---

114 서울민사법원, 1992.1.30. 선고 86가합5126 판결.
115 수용자는 ① 교정시설의 안전 또는 질서를 해칠 목적으로 다중을 선동하는 행위, ② 허가되지 아니한
   단체를 조직하거나 그에 가입하는 행위, ③ 교정장비, 도주방지시설, 그 밖의 보안시설의 기능을 훼손
   하는 행위, ④ 음란한 행위를 하거나 다른 사람에게 성적 언동 등으로 성적 수치심 또는 혐오감을 느끼
   게 하는 행위, ⑤ 다른 사람에게 부당한 금품을 요구하는 행위 및 허가 없이 다른 수용자에게 금품을
   교부하거나 수용자 외의 사람을 통하여 다른 수용자에게 금품을 교부하는 행위, ⑥ 작업·교육·접견·
   집필·전화통화·운동, 그 밖에 교도관의 직무 또는 다른 수용자의 정상적인 일과 진행을 방해하는 행
   위, ⑦ 문신을 하거나 이물질을 신체에 삽입하는 등 의료 외의 목적으로 신체를 변형시키는 행위, ⑧
   허가 없이 지정된 장소를 벗어나거나 금지구역에 출입하는 행위, ⑨ 허가 없이 다른 사람과 만나거나
   연락하는 행위, ⑩ 수용생활의 편의 등 자신의 요구를 관철할 목적으로 이물질을 삼키는 행위, ⑪ 인원
   점검을 회피하거나 방해하는 행위, ⑫ 교정시설의 설비나 물품을 고의로 훼손하거나 낭비하는 행위,
   ⑬ 고의로 수용자의 번호표, 거실표 등을 지정된 위치에 붙이지 아니하거나 그 밖의 방법으로 현황파
   악을 방해하는 행위, ⑭ 큰 소리를 내거나 시끄럽게 하여 다른 수용자의 평온한 수용생활을 현저히 방
   해하는 행위, ⑮ 허가 없이 물품을 반입·제작·소지·변조·교환 또는 주고받는 행위, ⑯ 도박이나 그 밖
   에 사행심을 조장하는 놀이나 내기를 하는 행위, ⑰ 지정된 거실에 입실하기를 거부하는 등 정당한 사
   유 없이 교도관의 직무상 지시나 명령을 따르지 아니하는 행위 등을 해서는 안 된다(형집행법 시행규
   칙 제214조).
116 징벌의 종류는 ① 경고, ② 50시간 이내의 근로봉사, ③ 3개월 이내의 작업장려금 삭감, ④ 30일 이내
   의 공동행사 참가 정지, ⑤ 30일 이내의 신문열람 제한, ⑥ 30일 이내의 텔레비전 시청 제한, ⑦ 30일
   이내의 자비구매물품(의사가 치료를 위하여 처방한 의약품을 제외한다) 사용 제한, ⑧ 30일 이내의
   작업 정지, ⑨ 30일 이내의 전화통화 제한, ⑩ 30일 이내의 집필 제한, ⑪ 30일 이내의 서신수수 제한,
   ⑫ 30일 이내의 접견 제한, ⑬ 30일 이내의 실외운동 정지, ⑭ 30일 이내의 금치 등이 있다(동법 제108조).

(2) 징벌 부과절차

징벌은 반드시 조사대상자에 대해서는 인권을 침해하지 않도록 조사해야 한다.[117] 징벌대상자에 대한 조사가 완료된 후에는 징벌위원회의 적법한 절차를 거쳐야 한다. 위원회는 위원장을 포함한 5인 이상 7인 이하의 위원으로 구성하고, 위원장은 소장의 바로 다음 순위자가 되며, 위원은 소장이 소속 기관의 과장(지소의 경우에는 7급 이상의 교도관) 및 교정에 관한 학식과 경험이 풍부한 외부인사 중에서 임명 또는 위촉한다. 이 경우 외부위원은 3인 이상으로 한다(형집행법 제111조 제2항). 위원회는 소장의 징벌요구에 따라 개회하며, 징벌은 그 의결로써 정한다(동조 제3항).

징벌대상자는 위원에 대하여 기피신청을 할 수 있다. 이 경우 위원회의 의결로 기피 여부를 결정하여야 한다(동조 제4항). 위원회는 징벌대상자가 위원회에 출석하여 충분한 진술을 할 수 있는 기회를 부여하여야 하며, 징벌대상자는 서면 또는 말로써 자기에게 유리한 사실을 진술하거나 증거를 제출할 수 있다(동조 제5항).

징벌대상자에 대한 징벌의 종류는 수용자의 규율위반에 비례해서 정해지도록 해야 하며, 가장 무거운 징벌인 금치는 보충성의 원칙에 의해 가능한 피해야 한다. 그러나 현실은 경고 등 가벼운 징벌보다는 금치위주로 행하여 강성적 징벌로 일관하고 있어 수용자의 인권이 침해될 수 있는 문제점을 안고 있다. 2016년 9월 27일 금태섭의원의 보도자료에 의하면 최근 5년간 수용자 징벌 통계는 〈표 1〉과 같다.

징벌은 소장이 집행하며(동법 제112조 제1항), 징벌집행을 위하여 필요하다고 인정하면 수용자를 분리하여 수용할 수 있다(동조 제2항). 소장은 수용자의 권리구제, 수형자의 교화 또는 건전한 사회복귀를 위하여 특히 필요하다고 인정하면 집필·서신수수·접견 또는 실외운동을 허가할 수 있고(동조 제3항), 징벌집행 중 의무관으로 하여금 사전에 수용자의 건강을 확인하도록 하여야 하며, 집행 중인 경우에도 수시로 건강상태를 확인하여야 한다(동조 제4항).

---

[117] 징벌대상행위에 대하여 조사하는 교도관이 징벌대상자 또는 참고인 등을 조사할 때에는 ① 인권침해가 발생하지 아니하도록 유의할 것, ② 조사의 이유를 설명하고, 충분한 진술의 기회를 제공할 것, ③ 공정한 절차와 객관적 증거에 따라 조사하고, 선입견이나 추측에 따라 처리하지 아니할 것, ④ 형사 법률에 저촉되는 행위에 대하여 징벌 부과 외에 형사입건조치가 요구되는 경우에는 형사소송절차에 따라 조사대상자에게 진술을 거부할 수 있다는 것과 변호인을 선임할 수 있다는 것을 알릴 것 등을 준수하여야 한다(동법 시행규칙 제219조).

표 1 | 최근 5년간 수용자 징벌 통계

(단위: 명)

징벌 종류	총계	금치				작업 장려금 삭감	작업 정지	도서 열람 제한	경고
		소계	30일 이하	20일 이하	10일 이하				
2012	13,702 (100)	12,272	3,603	6,510	2,159	8	1	82	1,339
2013	14,652 (100)	12,908	4,066	6,696	2,146	57	2	61	1,624
2014	15,541 (100)	13,622	4,447	6,951	2,224	20	1	9	1,889
2015	17,055 (100)	15,104 (88.5)	5,291 –	7,427 –	2,386 –	6 (0.04)	0 (0.0)	13 (0.08)	1,932 (11.3)
2016.7.	9,484 (100)	8,533 (89.97)	3,099 –	4,007 –	1,427 –	3 (0.03)	0 (0.0)	25 (0.26)	923 (9.73)

출처: 금태섭의원실이 법무부로부터 제출받은 자료를 재구성

위의 표에서 알 수 있듯이 대부분의 징벌이 가장 강력한 처벌인 금치(禁置) 위주의 강성적 징벌로 되어 있는데, 이는 징벌의 다양화에 의한 징벌의 효과를 저해하고 철저한 보안위주의 징벌로 되어 있음을 알 수가 있다.

2) 계호를 위한 과도한 계구 사용 금지

(1) 의 의

계호란 교도소와 구치소 등의 질서유지를 위해 수용자가 난동 등의 위험한 행위를 하거나 할 우려가 있는 경우에 한해 수갑 등 유형적인 강제력으로 수용자에 대한 실력 강제를 행사하는 것으로 보통은 경계와 보호활동을 내포하는 것을 말한다. 계구란 계호를 위한 수단으로 사용되는 교정장비, 보호장비, 보안장비를 말한다. 계호를 위한 계구의 사용은 수용자의 인권에 저해가 될 수 있으므로 그 사용은 보충성의 원리에 맞게 적정하게 사용되어야 한다.

(2) 교정장비의 종류

이러한 계호행위의 수단으로 교정장비가 사용되며, 교정장비에는 전자장비,

보호장비, 보안장비, 무기 등이 있다. 전자장비에는 영상정보처리기기, 전자경보기, 물품검색기, 증거수집장비 등이 있다(형집행법 시행규칙 제160조 제1호~5호). 교도관은 자살·자해·도주·폭행·손괴, 그 밖에 수용자의 생명·신체를 해하거나 시설의 안전 또는 질서를 해하는 행위를 방지하기 위하여 전자장비를 수용자에게 사용할 때에는 인권이 침해되지 않도록 하고 일정한 제한이 부과된다.

(3) 보호장비의 종류

보호장비의 종류에는 수갑, 머리보호장비, 발목보호장비, 보호대, 벨트보호대, 보호의자, 보호침대, 보호복, 포승 등이 있으며, 사용에 따른 일정한 제한이 따른다(형집행법 제98조).[118] 따라서 보호장비의 사용은 수용자의 인권의 보호를 위하여 목적의 정당성과 수단의 상당성 및 긴급성 등의 원칙이 적용된다.

(4) 보안장비의 종류

보안장비에는 교도봉, 전기교도봉, 가스분사기, 가스총, 최루탄, 전자충격기 등이 있다(동법 시행규칙 제186조). 보안장비는 인권침해적 요소가 많으므로 반드시 사용을 엄격히 특정하고 있다.[119] 보안장지를 이용한 강제력의 행사는 필요최소한에 그쳐야 한다(동법 시행규칙 제100조 제6항). 특히 무기의 사용은 수용자의 인권의 보호를 위하여 사태가 위급한 때 등과 같이 사용목적을 더욱더 엄격하게 규정하고 있다.[120]

---

118 보호장비에 대한 상세한 내용과 그림은 천정환·이동임, 교정학개론, 진영사, 2014, 189~201쪽 참조.
119 먼저 수용자에 대해서는 교도관은 수용자가 ① 도주하거나 도주하려고 하는 때, ② 자살하려고 하는 때, ③ 자해하거나 자해하려고 하는 때, ④ 다른 사람에게 위해를 끼치거나 끼치려고 하는 때, ⑤ 위력으로 교도관의 정당한 직무집행을 방해는 때, ⑥ 교정시설의 설비·기구 등을 손괴하거나 손괴하려고 하는 때, ⑦ 그 밖에 시설의 안전 또는 질서를 크게 해치는 행위를 하거나 하려고 하는 때 등 어느 하나에 해당하면 강제력을 행사할 수 있다(동법 시행규칙 제100조 제1항).
  다음으로 수용자 외의 사람에 대하여 ① 수용자를 도주하게 하려고 하는 때, ② 교도관 또는 수용자에게 위해를 끼치거나 끼치려고 하는 때, ③ 위력으로 교도관의 정당한 직무집행을 방해하는 때, ④ 교정시설의 설비·기구 등을 손괴하거나 하려고 하는 때, ⑤ 교정시설에 침입하거나 하려고 하는 때, ⑥ 교정시설의 안(교도관이 교정시설의 밖에서 수용자를 계호하고 있는 경우 그 장소를 포함한다)에서 교도관의 퇴거요구를 받고도 이에 응하지 아니하는 때 등 어느 하나에 해당하면 강제력을 행사할 수 있다(동법 시행규칙 제100조 제2항).
120 ① 교도관은 ㉠ 수용자가 다른 사람에게 중대한 위해를 끼치거나 끼치려고 하여 그 사태가 위급한 때, ㉡ 수용자가 폭행 또는 협박에 사용할 위험물을 소지하여 교도관이 버릴 것을 명령하였음에도 이에 따르지 아니하는 때, ㉢ 수용자가 폭동을 일으키거나 일으키려고 하여 신속하게 제지하지 아니하면 그 확산을 방지하기 어렵다고 인정되는 때, ㉣ 도주하는 수용자에게 교도관이 정지할 것을 명령하

3. 적정한 의료를 받을 권리

수용자가 부상이나 질병에 걸리면 적정한 의료를 받을 수 있도록 법령에 규정하고 있다(형집행법 제36조~40조). 또한 의사가 없는 야간이나 공휴일 등의 공백 상태에서는 간호사가 경미한 의료행위를 할 수 있다(동법 36조 제2항). 필요에 따라 의료거실에 수용할 수 있다(동법 시행령 제54조). 특히 필요하다고 인정되는 경우 외부의료시설 의사에게 수용자를 치료하게 할 수 있다(동법 제55조). 그러나 교도소내의 수용자에 대한 적절한 의료 인력이 다양하게 충분히 공급되지 못하여 수용자의 다양한 의료적 욕구에 부응하지 못하고 있는 문제점이 있다.

4. 적정한 처우를 받을 권리

적정한 처우란 수용자는 교화의 의무가 있는 교도관으로부터 적절한 교화와 상담 및 처우를 받을 권리를 말한다. 따라서 교화를 행할 교도관의 1인당 담당 수용자가 적정해야만 이러한 권리의 실현이 가능할 것이다. 하지만 교도관의 1인당 담당수용자 수가 많으면 형식적 처우로 이어질 가능성이 높아 수용자의 적정한 처우를 받을 권리를 침해하게 된다.

였음에도 계속하여 도주하는 때, ⓜ 수용자가 교도관의 무기를 탈취하거나 탈취하려고 하는 때, ⓑ 그 밖에 사람의 생명·신체 및 설비에 대한 중대하고도 뚜렷한 위험을 방지하기 위하여 무기의 사용을 피할 수 없는 때 등 어느 하나에 해당하는 사유가 있으면 수용자에 대하여 무기를 사용할 수 있다(동법 제101조 제1항). ② 교도관은 교정시설의 안(교도관이 교정시설의 밖에서 수용자를 계호하고 있는 경우 그 장소를 포함한다)에서 자기 또는 타인의 생명·신체를 보호하거나 수용자의 탈취를 저지하거나 건물 또는 그 밖의 시설과 무기에 대한 위험을 방지하기 위하여 급박하다고 인정되는 상당한 이유가 있으면 수용자 외의 사람에 대하여도 무기를 사용할 수 있다(동조 제2항). ③ 교도관은 소장 또는 그 직무를 대행하는 사람의 명령을 받아 무기를 사용한다. 다만, 그 명령을 받을 시간적 여유가 없으면 그러하지 아니하다(동조 제3항). ④ 무기를 사용하려면 공포탄을 발사하거나 그 밖에 적당한 방법으로 사전에 상대방에 대하여 이를 경고하여야 한다(동조 제4항). ⑤ 무기의 사용은 필요한 최소한도에 그쳐야 하며, 최후의 수단이어야 한다(동조 제5항).

표 2 | 교정직 공무원 1인당 수용자 수

(단위 : 명)

	구분	2011년	2012년	2013년	2014년	2015년
공무원 1인당 수용자 수	수용자 계(기결·미결)	45,038	46,708	48,824	51,760	54,667
	전체 공무원 1인당	3.2	3.0	3.1	3.2	3.4
	남성수용자	42,609	44,126	45,901	48,669	51,148
	남성공무원 1인당	3.3	3.0	3.1	3.3	3.5
	여성수용자	2,429	2,582	2,923	3,091	3,519
	여성공무원 1인당	2.1	2.2	2.4	2.5	27
교정직 공무원 수	계	14,119	15,757	15,973	15,984	15,936
	남성공무원	12,948	14,576	14,772	14,734	14,634
	여성공무원	11,711	1,181	1,201	1,250	1,302

출처: 2016년 법무부 여성 통계

위의 표에서 알 수 있듯이 교정공무원의 수는 증가되는 수용자의 수에 비례해서 증가되지 않고 있고, 공무원 1인당 수용자 수는 해마다 증가되고 있으며, 외국과 비교해 공무원 1인당 수용자 수가 많다. 이는 결국 수용자의 적절한 처우를 받을 권리가 침해될 수 있다. 그 이유는 우리나라의 교도관은 전문화된 교도관이 아니라 교도관이 호송, 출정, 보안 같은 공안업무와 상담, 복지, 교화, 교육, 서무, 총무 등의 모든 업무를 혼합적으로 수행하기 때문이다.

교정공무원 수의 대폭 증가가 필요하나 여러 문제로 인하여 그렇지 못하고 있으므로 적절한 교화나 교육 등이 행해지는데 한계가 있다.

과밀수용은 수용자의 기본권을 침해한다는 판결이 나왔다.[121] 따라서 과밀수용은 수용자의 인격권을 침해하므로 과밀수용을 해소하는 적극적 대책이 필요하다.

5. 교도소 내의 젠더인권

젠더인권이란 교도소내의 수용자 가운데 여성수용자와 트랜스젠더 수용자에 관한 문제로 신자유주의적인 효율성 원리와 문화적 특성, 수의 적음으로 인하여

---

[121] 2016년 12월에 헌법재판소에서 과밀수용이 위헌 판결이 나온 뒤 2017년 8월 31일 부산고등법원은 "1인당 수용거실 면적 2m² 이하는 인간의 존엄권을 침해"한다고 판결해 원고 2명에게 위자료 150만원과 300만원을 지급하라는 판결이 나왔다(중앙일보, 2017. 8. 31).

젠더인권이 저해되고 있다. 특히 여성수용자는 남성과 다른 신체적 특성과 보수성 및 조용한 성격 등 젠더적 감수성으로 인하여 적극적인 남성수용자에 비해 젠더인권적 권리 표시를 잘 하지 않아 처우에 있어 상대적으로 소외되고 있다.

1) 여성수용자의 처우

여성수용자의 처우에 대해 소장은 여성수용자에 대하여 여성의 신체적·심리적 특성을 고려하여 처우하여야 하고, 건강검진을 실시하는 경우에는 나이·건강 등을 고려하여 부인과질환에 관한 검사를 포함시켜야 하며, 생리 중인 여성수용자에 대하여는 위생에 필요한 물품을 지급하여야 한다(형집행법 제50조 제1항~3항). 또한 여성수용자가 미성년자인 자녀와 접견하는 경우에는 차단시설이 없는 장소에서 접견하게 할 수 있다(동조 제4항).

2) 여성수용자 처우 시 유의사항

여성수용자 처우 시 유의사항으로 소장은 여성수용자에 대하여 상담·교육·작업 등을 실시하는 때에는 여성교도관이 담당하도록 하여야 하며, 남성교도관이 1인의 여성수용자에 대하여 실내에서 상담 등을 하려면 투명한 창문이 설치된 장소에서 다른 여성을 입회시킨 후 실시하여야 한다(형집행법 제51조 제1항~2항).

3) 임산부 처우

임산부 수용자의 처우를 위해 소장은 수용자가 임신 중이거나 출산(유산을 포함한다)한 경우에는 모성보호 및 건강유지를 위하여 정기적인 검진 등 적절한 조치를 하여야 하며, 수용자가 출산하려고 하는 경우에는 외부의료시설에서 진료를 받게 하는 등 적절한 조치를 하여야 한다(형집행법 제52조 제1항~2항).

4) 유아양육

유아의 양육을 위해 여성수용자는 자신이 출산한 유아를 교정시설에서 양육할 것을 신청할 수 있다. 이 경우 소장은 ① 유아가 질병 부상, 그 밖의 사유로 교정시설에서 생활하는 것이 특히 부적당하다고 인정되는 때, ② 수용자가 질병·부상, 그 밖의 사유로 유아를 양육할 능력이 없다고 인정되는 때, ③ 교정시설에 감염병이 유행하거나 그 밖의 사정으로 유아양육이 특히 부적당한 때에 해당하는 사유가 없으면 생후 18개월에 이르기까지 허가하여야 한다(형집행법 제51조

제1항). 유아의 양육을 허가한 경우에는 필요한 설비와 물품의 제공, 그 밖에 양육을 위하여 필요한 조치를 하여야 한다(동조 제2항). 이렇게 여성특례조항을 두고 여성의 젠더적 인권을 규정하고 있다.

5) 여성수용자 처우의 의무조항 변경

위의 형집행법 규정의 대부분이 소장의 자유재량사항으로 되어 있어 젠더 인권의 실현에 해가 될 수 있으므로 기속조항으로 하여 의무조항으로 해야 한다. 즉 형집행법에서 "소장은 여성수용자에 대해 부인과질환에 관한 검사를 할 수 있다거나 여성수용자가 자녀와 집결하는 경우에는 무차단시설에서 접견케 할 수 있다"라는 조항은 기속조항으로 바꾸어야 한다.

특히 임산부 수용자와 유아를 양육하는 수용자에 대해서는 사회적 형평과 젠더인권적 측면에서 더 많은 케어를 동반하는 여성복지가 되어야 함에도 현재는 그렇지 못하고 있는 실정이다. 2011년부터 2015년까지의 임신여성수용자 등에 관한 통계는 다음과 같다.

표 3 | 여성수용자 임신 및 양육 현황

구 분	2011년	2012년	2013년	2014년	2015년
계	5	11	4	–	5
임신 여성수형자	1	1	–	–	–
양육 여성수형자	4	10	4	–	5

출처: 2016 법무부 여성 통계

6) 여성수용자의 교정처우 합리적 차별 필요

젠더인권은 또한 현재의 교정처우는 평등조항에 지나치게 매몰되어 수용자의 접견시간과 귀휴 등의 모든 요건에서 남녀수용자를 같이 취급하고 있는데, 이는 젠더적 감수성이 결여된 입장이므로 남성수용자에 비해 감성적이고 자녀관계지향적이며 모험회피적 특성으로 교정사고의 가능성이 거의 없는 특성을 반영하여 교정처우의 여러 조건에서 여자수용자의 젠더적 특성을 반영할 필요가 있다.

Ⅲ. 수용자의 절차적 기본권

수용자가 자신의 인권을 국가 또는 교도관 등으로부터 침해당했을 때 또는 부당한 처분에 대해 자신의 권리보장을 위한 절차적 권리로 사법적 구제수단인 소송과 헌법소원을 제기할 수 있으며, 비사법적 권리구제수단으로는 정보공개청구권, 청원, 소장면담, 행정심판의 청구, 국가인권위원회법에 의한 구제, 언론에의 제보, 공익변호사 모임 등에 지원 요청 등이 있다.

1. 비사법적 권리구제수단

1) 청원

청원(請願)은 수용자가 자신의 처우에 대해 불복하는 경우 문서 또는 구두로 법무부장관 등에게 청원할 수 있는 권리를 말한다(형집행법 제117조).[122] 또한 수용자는 수용자가 소속된 교정시설을 방문하는 순회점검공무원에 대해 구두 또는 서면으로 청원할 수 있다(동법 시행령 제139조).[123] 이는 수용자의 청원의 적시성과 활성화에 기여하며, 청원의 보완적 구실을 한다.

---

[122] ① 수용자는 그 처우에 관하여 불복하는 경우 법무부장관·순회점검공무원 또는 관할 지방교정청장에게 청원할 수 있다. ② 청원하려는 수용자는 청원서를 작성하여 봉한 후 소장에게 제출하여야 한다. 다만, 순회점검공무원에 대한 청원은 말로도 할 수 있다. ③ 소장은 청원서를 개봉하여서는 아니 되며, 이를 지체 없이 법무부장관·순회점검공무원 또는 관할 지방교정청장에게 보내거나 순회점검공무원에게 전달하여야 한다. ④ 순회점검공무원이 청원을 청취하는 경우에는 해당 교정시설의 교도관이 참여하여서는 아니 된다. ⑤ 청원에 관한 결정은 문서로써 하여야 한다. ⑥ 소장은 청원에 관한 결정서를 접수하면 청원인에게 지체 없이 전달하여야 한다.

[123] ① 소장은 법 제117조 제1항에 따라 수용자가 순회점검공무원(법 제8조에 따라 법무부장관으로부터 순회점검의 명을 받아 법무부 또는 그 소속기관에 근무하는 공무원을 말한다. 이하 같다)에게 청원하는 경우에는 그 인적사항을 청원부에 기록하여야 한다. ② 순회점검공무원은 법 제117조 제2항 단서에 따라 수용자가 말로 청원하는 경우에는 그 요지를 청원부에 기록하여야 한다. ③ 순회점검공무원은 법 제117조 제1항의 청원에 관하여 결정을 한 경우에는 그 요지를 청원부에 기록하여야 한다. ④ 순회점검공무원은 법 제117조 제1항의 청원을 스스로 결정하는 것이 부적당하다고 인정하는 경우에는 그 내용을 법무부장관에게 보고하여야 한다. ⑤ 수용자의 청원처리의 기준·절차 등에 관하여 필요한 사항은 법무부장관이 정한다.

표 4 | 수용자 청원 사유[124]

연도	계	가석방 분류	독거 거실	이송	의료	직원 관련	부당 처우	징벌	부식 구매	작업	영치	기타
2009	2,205	73	108	348	247	422	406	153	49	30	48	327
2010	1,573	54	84	223	181	300	275	100	16	30	70	245
2011	1,313	38	120	167	141	212	158	96	44	26	40	271
2012	1,094	34	75	137	127	187	150	7	15	22	35	238
2013	1,071	25	72	136	138	180	162	63	9	35	33	218

출처: 2014 교정통계연보

수용자 청원에 대한 처리결과를 살펴보면 2013년 기준 취하가 739(69.0%)건으로 가장 많고, 다음으로 기각이 172(16.1%)건, 각하가 159건(14.8%) 순으로 나타났다. 따라서 청원을 했다가 내부적인 시정 등으로 원만하게 해결되어 수용자 스스로 청원을 취하하고 있음을 알 수 있다.

표 5 | 수용자 청원 처리 결과

(단위 : 건, (%))

구 분	건수	인용	기각	각하	취하	기타
2009	2,205 (100)	3 (0.1)	510 (23.1)	517 (23.4)	1,161 (52.7)	14 (0.6)
2010	1,573 (100)	1 (0.1)	300 (19.1)	318 (20.2)	949 (60.3)	5 (0.3)
2011	1,313 (100)	1 (0.1)	204 (15.5)	201 (15.3)	902 (68.7)	5(0.4)
2012	1,094 (100)	2 (0.2)	148 (13.4)	144 (13.2)	795 (72.7)	5(0.5)
2013	1,071 (100)	0 (0.0)	172 (16.1)	159 (14.8)	739 (69.0)	1 (0.1)

출처: 2014 교정통계연보

2) 정보공개청구권

정보공개청구권은 수용자가 자신의 교정처우에 관해 법무부장관 등에게 일정

---

124 교정본부에서 교정통계연보가 2014년까지 발행되어 그 이후의 자료는 나타내지 못하는 한계가 있다.

한 정보의 공개를 청구할 수 있는 권리로 형집행법에서 절차적 기본권으로 보장하고 있다(동법 제117조의2).[125] 최근 교정행정의 투명화와 더불어 민주주의의 확산으로 수용자들이 과거에 비해 교도소 처우에 대한 다양한 정보공개 청구를 신청하는 일이 증가하고 있다.

3) 소장면담

소장면담은 수용자가 교정처우에 관해 소장과 시설 내에서 만나서 상담을 통해 면담을 하는 것으로 소장은 ① 정당한 사유 없이 면담사유를 밝히지 아니하는 때, ② 면담목적이 법령에 명백히 위배되는 사항을 요구하는 것인 때, ③ 동일한 사유로 면담한 사실이 있음에도 불구하고 정당한 사유 없이 반복하여 면담을 신청하는 때, ④ 교도관의 직무집행을 방해할 목적이라고 인정되는 상당한 이유가 있는 때 등에 해당하지 아니하면 면담에 응할 의무가 있다(동법 제116조).

소장의 면담은 순서에 따라 면담하되 면담신청이 수용되지 않는 경우에는 그 사유를 알려 주어야 한다(동법 시행령 제138조 제3항). 하지만 현실적으로는 일반수용자의 소장면담은 쉽지 않고 대개는 소속 교도관이 대행하는 경우가 많다.

4) 행정심판청구

수용자는 교도소장의 처분 또는 부작위에 대해 직근(直近) 상급 기관인 지방교정청장에게 행정심판을 청구할 수 있다. 그러나 행정심판은 실효적으로는 큰 효과가 없는 것이 사실이다. 그 이유는 행정심판을 행하는 위원들이 법무부 소속이므로 보수적 관료제의 한계 때문이다.

---

125 ① 수용자는 「공공기관의 정보공개에 관한 법률」에 따라 법무부장관, 지방교정청장 또는 소장에게 정보의 공개를 청구할 수 있다. ② 현재의 수용기간 동안 법무부장관, 지방교정청장 또는 소장에게 제1항에 따른 정보공개청구를 한 후 정당한 사유 없이 그 청구를 취하하거나 「공공기관의 정보공개에 관한 법률」 제17조에 따른 비용을 납부하지 아니한 사실이 2회 이상 있는 수용자가 제1항에 따른 정보공개청구를 한 경우에 법무부장관, 지방교정청장 또는 소장은 그 수용자에게 정보의 공개 및 우송 등에 들 것으로 예상되는 비용을 미리 납부하게 할 수 있다. ③ 정보의 공개 및 우송 등에 들 것으로 예상되는 비용을 미리 납부하여야 하는 수용자가 비용을 납부하지 아니한 경우 법무부장관, 지방교정청장 또는 소장은 그 비용을 납부할 때까지 「공공기관의 정보공개에 관한 법률」 제11조에 따른 정보공개 여부의 결정을 유예할 수 있다. ④ 예상비용의 산정방법, 납부방법, 납부기간, 그 밖에 비용납부에 관하여 필요한 사항은 대통령령으로 정한다.

5) 국가인권위원회 진정

사회의 민주화와 더불어 교정행정의 투명성 제고와 인권감수성의 제고를 위해 2006년 설치된 법무부 인권국에 2006년 수용자의 인권침해에 대한 진정(陳情)을 받도록 하고 있다. 수용자는 법무부 인권국에 구두, 인터넷, 문서 등으로 인권침해를 당했을 경우 진정을 할 수 있도록 하고 있으나 관료적 한계로 활성화되지는 않고 있다.

수용자들이 가장 선호하는 권리구제 신청은 국가인권위원회에의 진정이다. 그 이유는 국가인권위원회는 법무부를 견제하는 독립된 인권기구이기 때문이다. 국가인권위원회법은 수용자가 국가인권위원회에 진정하려는 경우에 교도소 등 시설 수용자의 진정권을 보장하기 위해 구체적 절차를 상세히 규정하고 있다(형집행법 제31조).[126] 기존의 청원제도와는 다른 실질적 구제 수단으로 작용하고 있다. 그러나 수용자가 국가인권위원회에 진정을 한 것이 거짓 등인 경우에는 그 진정을 각하하도록 규정하고 있고(동법 제32조 제1항),[127] 위원회가 진정을 조사한 결과

---

126 ① 시설수용자가 위원회에 진정하려고 하면 그 시설에 소속된 공무원 또는 직원(이하 소속공무원등이라 한다)은 그 사람에게 즉시 진정서 작성에 필요한 시간과 장소 및 편의를 제공하여야 한다. ② 시설수용자가 위원 또는 위원 소속 직원 앞에서 진정하기를 원하는 경우 소속공무원등은 즉시 그 뜻을 위원회에 통지하여야 한다. ③ 소속공무원 등은 시설수용자가 작성한 진정서를 즉시 위원회에 보내고 위원회로부터 접수증명원을 받아 이를 진정인에게 내주어야 한다. 제2항의 통지에 대한 위원회의 확인서 및 면담일정서는 발급받는 즉시 진정을 원하는 시설수용자에게 내주어야 한다. ④ 통지를 받은 경우 또는 시설수용자가 진정을 원한다고 믿을 만한 상당한 근거가 있는 경우 위원회는 위원 또는 소속 직원으로 하여금 구금·보호시설을 방문하게 하여 진정을 원하는 시설수용자로부터 구술 또는 서면으로 진정을 접수하게 하여야 한다. 이때 진정을 접수한 위원 또는 소속 직원은 즉시 접수증명원을 작성하여 진정인에게 내주어야 한다. ⑤ 위원 또는 소속 직원의 구금·보호시설의 방문 및 진정의 접수에 관하여는 제24조 제3항 및 제4항을 준용한다. ⑥ 시설에 수용되어 있는 진정인(진정을 하려는 사람을 포함한다)과 위원 또는 위원회 소속 직원의 면담에는 구금·보호시설의 직원이 참여하거나 그 내용을 듣거나 녹취하지 못한다. 다만, 보이는 거리에서 시설수용자를 감시할 수 있다. ⑦ 소속공무원등은 시설수용자가 위원회에 제출할 목적으로 작성한 진정서 또는 서면을 열람할 수 없다. ⑧ 시설수용자의 자유로운 진정서 작성과 제출을 보장하기 위하여 구금·보호시설에서 이행하여야 할 조치와 그 밖에 필요한 절차와 방법은 대통령령으로 정한다.

127 ① 위원회는 접수한 진정이 ㉠ 진정의 내용이 위원회의 조사대상에 해당하지 아니하는 경우, ㉡ 진정의 내용이 명백히 거짓이거나 이유 없다고 인정되는 경우, ㉢ 피해자가 아닌 사람이 한 진정에서 피해자가 조사를 원하지 아니하는 것이 명백한 경우, ㉣ 진정의 원인이 된 사실이 발생한 날부터 1년 이상 지나서 진정한 경우. 다만, 진정의 원인이 된 사실에 관하여 공소시효 또는 민사상 시효가 완성되지 아니한 사건으로서 위원회가 조사기로 결정한 경우에는 그러하지 아니하다. ㉤ 진정이 제기될 당시 진정

증거가 없는 경우 등은 진정을 기각한다(동법 제39조). 진정을 조사한 결과 인권 침해 사실이 있었을 경우에는 법무부에 구제조치 등의 권고할 수 있다(동법 제44 조). 문제는 권고적 효력으로 인해 조사결과에 대한 실효성이 담보되지 않는다. 또한 위원회는 진정을 접수한 후 인권침해행위가 계속되는 등의 상당성과 긴급성의 요건이 충족되면 피진정인의 소속기관 장에게 긴급구제 조치를 권고할 수 있다(동법 제48조). 이 역시 권고적 효력에 불과하다. 또한 위원회는 일정한 경우에는 인권침해에 책임이 있는 자를 징계하도록 소속기관 장에게 권고할 수 있고 고발도 할 수 있다(동법 제45조).[128]

표 6 | 수용자 국가인권위원회 진정 현황

(단위 : 건, (%))

구 분	진정건수	권 고		수용여부		
		건수	비율	수용	일부수용	불수용
2009	5,700	25	0.4	14(56.0)	2(8.0)	9(36.0)
2010	4,954	11	0.2	5(45.5)	3(27.3)	3(27.3)
2011	3,925	11	0.3	4(36.4)	2(18.2)	5(45.5)
2012	3,973	7	0.2	4(57.1)	1(14.3)	2(28.6)
2013	3,879	5	0.1	1(20.0)	1(20.0)	3(60.0)

출처: 2014 교정통계연보

의 원인이 된 사실에 관하여 법원 또는 헌법재판소의 재판, 수사기관의 수사 또는 그 밖의 법률에 따른 권리구제 절차가 진행 중이거나 종결된 경우. 다만, 수사기관이 인지하여 수사 중인「형법」제123조부터 제125조까지의 죄에 해당하는 사건과 같은 사안에 대하여 위원회에 진정이 접수된 경우에는 그러하지 아니하다. ⓗ 진정이 익명이나 가명으로 제출된 경우, ⓐ 진정이 위원회가 조사하는 것이 적절하지 아니하다고 인정되는 경우, ⓞ 진정인이 진정을 취하한 경우, ⓩ 위원회가 기각한 진정과 같은 사실에 대하여 다시 진정한 경우, ⓩ 진정의 취지가 그 진정의 원인이 된 사실에 관한 법원의 확정판결이나 헌법재판소의 결정에 반하는 경우 등 어느 하나에 해당하는 경우에는 그 진정을 각하 한다.

128 ① 위원회는 진정을 조사한 결과 진정의 내용이 범죄행위에 해당하고 이에 대하여 형사처벌이 필요하다고 인정될 경우 검찰총장에게 그 내용을 고발할 수 있다. 다만, 피고발인이 군인이나 군무원인 경우에는 소속 군 참모총장 또는 국방부장관에게 고발할 수 있다. ② 위원회가 진정을 조사한 결과 인권침해 및 차별행위가 있다고 인정하면 피진정인 또는 인권침해에 책임이 있는 사람을 징계할 것을 소속기관 등의 장에 권고할 수 있다. ③ 고발을 받은 검찰총장, 군 참모총장 또는 국방부장관은 고발을 받은 날부터 3개월 이내에 수사를 마치고 그 결과를 위원회에 통지하여야 한다. 다만, 3개월 이내에 수사를 마치지 못할 때에는 그 사유를 밝혀야 한다. ④ 위원회로부터 권고를 받은 소속기관 등의 장은 권고를 존중하여야 하며, 그 결과를 위원회에 통지하여야 한다.

국가인권위원회에 진정 현황을 〈표 6〉을 토대로 살펴보면 2013년 기준 진정 건수는 3,879건인데 권고 건수는 5건으로 불과 0.1%에 불과하다.

2. 사법적 구제수단

1) 고소·고발

수용자의 인권의식의 강화로 소송건수가 해마다 증강을 반복하고 있다. 수용자의 소송은 수용자의 권리의식의 증가와 민주화의 진전으로 확대되는 추세로 여기에는 국가를 상대로 하는 손해배상청구소송, 민사소송, 형사소송, 행정소송 등이 있으며, 그 사유도 갈수록 다양화되고 있다. 특히 최근에는 수용자의 교정직원에 대한 고소와 고발도 증가되고 있다. 수용자의 교정직원에 대한 고소통계는 〈표 7〉과 같다. 여기서 수용자들의 대다수 고소사유는 직무유기, 직권남용, 권리행사방해 등이라고 한다.

표 7	교정직원에 대한 고소 건수			
구 분	2013	2014	2015	2016
고소건수	647	614	733	698
피소인원	1,732	1,432	1,551	1,551

출처: 조응천 의원실 자료

2) 손해배상청구소송

조응천 의원실 자료에 따르면 2013년부터 2017년 상반기까지 수용자가 국가를 상대로 제기한 국가배상소송은 433건이고 교정직 공무원에게 별도로 제기된 손해배상청구소송도 58건이며, 행정소송건수는 5년간 총 311건으로 이 중에서 9건이 법원에서 받아들여졌다. 수용자는 교도소의 작위와 부작위로 기본권이 침해된 경우에는 다른 법적 절차를 모두 거친 후에 헌법소원을 통해 자신의 권리를 구제받을 수 있다. 이 외에도 공익인권법재단인 공감에서는 사회적 약자에 대한 공익소송을 지원하고 있으나 아직 활성화되지는 않고 있다. 최근에는 트랜스젠더 수용자의 징벌취소소송을 지원하는 등의 활동이 전개되고 있다.

제2절 | 가석방

Ⅰ. 가석방의 요건

가석방(假釋放)의 요건은 첫째, 징역 또는 금고의 집행 중에 있는 자가 그 행상이 양호하여 개전의 정이 현저한 때에는 무기에 있어서는 20년, 유기에 있어서는 형기의 3분의 1을 경과한 후 행정처분으로 가석방을 할 수 있다(형법 제72조 제1항). 헌재는 가석방 기간이 지난 수형자에 대한 가석방 적격심사 신청주체를 소장으로 규정하고 있는 형집행법 제121조 제1항이 청구인의 평등권 등 기본권을 침해할 가능성이 있는지 여부에 대하여 소장은 교정시설의 장으로서, 이 사건 법률조항에 따라 일정한 수형자가 가석방 적격심사 대상자로 인정될 수 있는지 여부를 판단하여 가석방심사위원회에 가석방 적격심사를 신청할 의무를 지고 있을 뿐이므로 수형자인 청구인과의 차별 여부가 문제되는 비교대상이 될 수 없고, 수형자에게 가석방 적격심사를 신청할 주관적 권리가 있다고 볼 수도 없으므로 이 사건 법률조항으로 인하여 청구인의 헌법상 평등권 등 기본권이 침해될 가능성은 없다고 판시하고 있다.[129] 벌금 또는 과료의 병과가 있는 때에는 그 금액을 완납하여야 한다(동조 제2항).

Ⅱ. 가석방 기간

가석방의 기간은 무기형에 있어서는 10년으로 하고, 유기형에 있어서는 남은 형기로 하되, 그 기간은 10년을 초과할 수 없다(형법 제73조 2의 제1항). 스위스는 가석방 유예기간을 최소 1년 최대 5년으로 한다(형법 87조 제1항). 가석방된 자는 가석방기간 중 보호관찰을 받는다. 다만, 가석방을 허가한 행정관청이 필요가 없다고 인정한 때에는 그러하지 아니하다(동조 제2항).

---

[129] 헌법재판소 2010.12. 28. 2009헌마70 결정.

Ⅲ. 가석방의 실효 및 취소

1. 실효(失效)

가석방중 금고 이상의 형의 선고를 받아 그 판결이 확정된 때에는 가석방처분은 효력을 잃는다. 단 과실로 인한 죄로 형의 선고를 받았을 때에는 예외로 한다(동법 제74조).

2. 취소(取消)

가석방의 처분을 받은 자가 감시에 관한 규칙을 위배하거나, 보호관찰의 준수사항을 위반하고 그 정도가 무거운 때에는 가석방처분을 취소할 수 있다(형법 제75조). 가석방의 처분을 받은 후 그 처분이 실효 또는 취소되지 아니하고 가석방기간을 경과한 때에는 형의 집행을 종료한 것으로 본다(동법 제76조 제1항). 가석방 중의 일수는 형기(刑期)에 산입하지 아니한다(동조 제2항).

> ### 사 례
>
> 저는 강도죄로 징역 7년형을 선고받고 교도소 복역 후 6년만에 가석방 대상자로 선정되어 가석방심사위원회의 심사를 거쳐 가석방 되었습니다. 가석방 후 정말 열심히 범죄를 저지르지 않고 잘 살아보려고 음식점을 했는데 하루는 조폭이라는 갑이 가게에 찾아와 밥을 시켜서 잘 먹고 계산을 하는 과정에서 밥이 맛이 없다면서 저에게 욕을 하면서 음식 값을 내지 못하겠다고 하였습니다. 저는 가석방 기간 중이라 참았는데 계속적으로 욕을 하기에 저가 참지 못하고 갑에게 욕을 하면서 주먹으로 한 대 때렸는데 이빨이 부러져 갑이 경찰에 신고하여 저는 경찰에 연행되어 조사를 받은 후 귀가하여 갑과 원만하게 합의를 시도하였지만 합의를 해 주지 않는 바람에 검찰에서 공소를 제기하였고 법원에서 벌금 80만원을 선고받아 확정되었습니다. 이 경우 가석방 기간 중에 벌금형을 선고 받고 확정되면 가석방이 실효되어 다시 교도소 생활을 해야 되는지요?

> ### 검 토
>
> 가석방 기간 중에 금고 이상의 형을 선고 받아야 가석방이 실효됩니다. 따라서 귀하는 가석방 기간 중 벌금형을 선고 받아 확정되었기 때문에 가석방이 실효되지는 않으므로 귀하는 벌금만 납부하면 되고, 교도소 집행을 받지 않아도 되겠습니다.

범죄피해자와 인권

제7장
범죄피해자와 인권

제1절 | 범죄피해자 참여

Ⅰ. 배상명령제도

1. 배상명령의 의의

배상명령이란 제1심 또는 제2심의 형사공판 절차에서 일정한 범죄에 대하여 유죄판결을 선고할 경우, 법원은 직권에 의하여 또는 피해자나 그 상속인의 신청에 의하여 피고사건의 범죄행위로 인하여 발생한 직접적인 물적(物的) 피해, 치료비 손해 및 위자료의 배상을 명하는 재판을 말한다(소송촉진 등에 관한 특례법 제25조 제1항; 이하 소송촉진특례법이라 한다).

일반적으로 범죄피해로 인한 손해에 대하여 별도의 민사소송을 제기하여 해결한다면 상당한 시간과 경제적 손실이 발생할 수 있으므로 이를 개선하기 위한 방안으로 형사절차에서 민사상 손해배상을 동시에 해결할 수 있도록 하고 있다.

사 례

저는 갑에게 사기를 당해 1억 원의 피해를 입었습니다. 그래서 갑을 사기죄로 고소하여 처벌받게 하는 것 외에 1억 원의 손해에 대한 민사상 손해배상도 같이 하고 싶은데 가능한 방법이 있는지요?

검 토

법원의 직권 또는 피해자의 신청에 의해 피고인에게 형사상 처벌뿐만 아니라 민사상 손해에 대해서도 배상을 명하는 판결제도가 바로 배상명령제도입니다. 이 제도는 일정한 범죄에 대하여 행해지고 있는데 여기에는 사기죄도 포함하고 있으므로 귀하는 제1심 또는 제2심 공판의 변론이 종결될 때까지 사건이 계속된 법원에 피해배상을 신청하면 되겠습니다. 이렇게 하면 형사재판인 사기죄와 민사재판인 손해배상에 대한 판결이 동시에 이루어질 수 있습니다.

2. 배상명령의 사건

배상명령의 대상사건은 첫째, 형법상 ① 상해, 존속상해(법 제257조 제1항), ② 중상해, 존속중상해(법 258조 제1항), ③ 특수상해(법 제258조의2), ④ 상해치사(법 제259조), ⑤ 폭행치사상(법 제262조), ⑥ 재산관련 범죄[130] 등이다. 둘째, 성폭력특별법상 ① 업무상 위력 등에 의한 추행(법 제10조), ② 공중 밀집 장소에서의 추행(법 제11조), ③ 성적 목적을 위한 다중이용장소 침입행위(법 제12조), ④ 통신매체를 이용한 음란행위(법 제13조), ⑤ 카메라 등을 이용한 촬영(법 제14조) 등이다. 셋째, 아동·청소년성보호법상 ① 아동·청소년 매매행위(법 제12조), ② 아동·청소년에 대한 강요행위(법 제14조) 등이다. 넷째, 피고사건에서 피고인과 피해자 사이에 합의된 손해배상액에 관하여도 배상을 명할 수 있다(소송촉진특례법 제25조 제2항).

3. 배상명령절차

배상명령은 법원의 직권 또는 신청권자의 신청에 의해 할 수 있다. 여기서 신

---

130 형법 제26장, 제32장(제304조의 죄는 제외한다), 제38장부터 제40장까지 및 제42장에 규정된 죄를 말한다.

청권자는 피해자 또는 그 상속인이다(소송촉진특례법 제25조 제1항). 신청시기는 제1심 또는 제2심 공판의 변론이 종결될 때까지 피해자는 사건이 계속(係屬)된 법원에 피해배상을 신청할 수 있다. 이 경우 신청서에 인지(印紙)를 붙이지 아니한다(동법 제26조 제1항). 배상신청은 서면 또는 구술로 할 수 있으며, 상대방 피고인 수만큼의 신청서 부본을 제출하여야 한다. 신청서에는 ① 피고사건의 번호, 사건명 및 사건이 계속된 법원, ② 신청인의 성명과 주소, ③ 대리인이 신청할 때에는 그 대리인의 성명과 주소, ④ 상대방 피고인의 성명과 주소, ⑤ 배상의 대상과 그 내용, ⑥ 배상 청구 금액 등을 기재하고 신청인 혹은 대리인이 기명·날인하여야 한다(동법 제26조 제3항). 신청인은 배상명령이 확정되기 전까지는 언제든지 배상신청을 취하(取下)할 수 있다(동법 제26조 제6항).

4. 배상명령의 재판

법원은 ① 배상신청이 적법하지 아니한 경우, ② 배상신청이 이유 없다고 인정되는 경우, ③ 배상명령을 하는 것이 타당하지 아니하다고 인정되는 경우 등은 결정(決定)으로 배상신청을 각하(却下)하여야 한다(소송촉진법 제32조 제1항).

배상명령은 유죄판결의 선고와 동시에 하여야 한다(동법 제31조 제1항). 배상명령은 일정액의 금전지급을 명함으로써 하고 배상의 대상과 금액을 유죄판결의 주문(主文)에 표시하여야 한다. 배상명령의 이유는 특히 필요하다고 인정되는 경우가 아니면 적지 아니한다(동법 제31조 제2항). 배상명령은 가집행(假執行)할 수 있음을 선고할 수 있다(동법 제31조 제3항).

유죄판결에 대한 상소가 제기된 경우에는 배상명령은 피고사건과 함께 상소심(上訴審)으로 이심(移審)된다(동법 제33조 제1항). 상소심에서 원심(原審)의 유죄판결을 파기(破棄)하고 피고사건에 대하여 무죄, 면소(免訴) 또는 공소기각(公訴棄却)의 재판을 할 때에는 원심의 배상명령을 취소하여야 한다. 이 경우 상소심에서 원심의 배상명령을 취소하지 아니한 경우에는 그 배상명령을 취소한 것으로 본다(동법 제33조 제2항). 상소심에서 원심판결을 유지하는 경우에도 원심의 배상명령을 취소하거나 변경할 수 있다(동법 제33조 제4항).

확정된 배상명령 또는 가집행선고가 있는 배상명령이 기재된 유죄판결서의 정본은 민사집행법에 따른 강제집행에 관하여는 집행력 있는 민사판결 정본과 동일한 효력이 있다(동법 제34조 제1항).

Ⅱ. 검사의 불기소처분에 대한 불복

1. 검찰항고

검찰항고란 검사의 불기소처분에 불복하는 고소인 또는 고발인은 그 검사가 속한 검찰청을 거쳐 서면으로 고등검찰청 검사장에게 항고하는 것을 말한다. 이 경우 해당 지방검찰청 또는 지청의 검사는 항고가 이유 있다고 인정하면 그 처분을 경정(更正)하여야 한다(검찰청법 제10조 제1항). 고등검찰청 검사장은 항고가 이유 있다고 인정하면 소속 검사로 하여금 지방검찰청 또는 지청 검사의 불기소처분을 직접 경정하게 할 수 있다(동조 제2항). 항고는 불기소처분을 받은 날로부터 30일 이내에 해야 한다(동조 제4항).

2. 재정신청

고소권자로서 고소를 한 자(형법 제123조부터 제126조까지의 죄에 대하여는 고발을 한 자를 포함한다)는 검사로부터 공소를 제기하지 아니한다는 통지를 받은 때에는 그 검사 소속의 지방검찰청 소재지를 관할하는 고등법원에 그 당부에 관한 재정을 신청할 수 있다. 다만, 형법 제126(피의사실공표)조의 죄에 대하여는 피공표자의 명시한 의사에 반하여 재정을 신청할 수 없다. 재정신청을 하려면 검찰청법 제10조에 따른 항고를 거쳐야 한다(형소법 제230조 제1항). 다만, ① 항고 이후 재수사가 이루어진 다음에 다시 공소를 제기하지 아니한다는 통지를 받은 경우, ② 항고 신청 후 항고에 대한 처분이 행하여지지 아니하고 3개월이 경과한 경우, ③ 검사가 공소시효 만료일 30일 전까지 공소를 제기하지 아니하는 경우 등은 그러하지 아니하다(동조 제2항).

재정신청을 하려는 자는 항고기각 결정을 통지받은 날 또는 재정신청사유가 발생한 날부터 10일 이내에 지방검찰청검사장 또는 지청장에게 재정신청서를 제출하여야 한다(동조 제3항).

법원은 재정신청서를 송부받은 때에는 송부받은 날부터 10일 이내에 피의자에게 그 사실을 통지하여야 하고(형사소송법 제263조 제1항), 재정신청서를 송부받은 날부터 3개월 이내에 항고의 절차에 준하여 기각결정, 공소제기결정을 하여야 한다(동조 제2항).

Ⅲ. 사인소추제도

사인소추제도란 피해자 자신이 법원에 공소를 제기하는 제도로서 범죄피해자 보호차원에서 필요성이 부각되고 있다. 그 이유는 어떤 사건에 대해 검사의 기소편의주의를 통해 공소를 제기하지 않으면 아예 해당 범죄자는 처벌받을 수 없는 한계가 있다. 물론 검찰항고나 재정신청을 통해 해결할 수도 있지만 이 또한 상당한 시일이 소요되고, 이러한 불복신청을 하더라도 기각되는 경우가 허다하다. 이런 상황에서 피해자는 피해를 회복할 방법이 없어 억울함을 호소할 수밖에 없을 것이다.

사인소추는 경미한 범죄에 대해서만 인정되는 한계가 있지만 이는 당연한 논리라 생각된다. 그 이유는 중범죄에 대해 국가형벌권을 사인에게 맡긴다는 것은 오류를 범할 가능성이 높기 때문이다.

Ⅳ. 피해자에 대한 정보권

범죄 피해자는 가해자가 체포 또는 구속되었는지 여부, 공소제기 여부, 공판날짜 등이 궁금할 것이다. 따라서 이러한 궁금증을 해소시켜 주어야만 심적 안정을 기할 수 있을 것이다.

V. 피해자의 안전보장

범죄 피해자 입장에서 범죄피해를 당한 것도 억울하지만 향후 범죄 가해자로부터 보복의 두려움에 자유로울 수 없다는 점에 주목할 필요가 있다. 세간을 떠들썩하게 했던 조두순 사건에서도 출소가 얼마 남지 않은 시점에서 일반 국민이나 직접 피해자인 나영이와 그 가족들이 두려움에 휩싸이고 있는 실정이다. 따라서 피해자가 가해자로부터 보복의 두려움으로부터 해방될 수 있는 방법을 정부나 지차체가 힘을 모아 강구해 나아가야 할 것이다. 한 가지 방법을 제언한다면 국가에서 전자충격기나 가스총 등을 지급하여 위급상황 발생 시 대처할 수 있도록 하는 것이다. 또한 위급상황 발생 시 스마트 폰에 기능을 추가하여 "도와주세요"라고 크게 외치면 자동으로 112에 신고가 접수될 수 있도록 하는 시스템을 추가하는 것이다. 베리칩[131]을 몸속에 내장하여 위급상황에서 위치가 추적될 수 있도록 한다면 충분히 조기에 대처할 수 있을 것이다.

제2절 | 범죄피해자보호법

I. 기본이념

1. 범죄피해자보호법의 제정목적

이 법은 범죄피해자 보호·지원의 기본 정책 등을 정하고 타인의 범죄행위로 인하여 생명·신체에 피해를 받은 사람을 구조(救助)함으로써 범죄피해자의 복지 증진에 기여함을 목적으로 한다. 이를 통해 범죄피해자는 범죄피해 상황에서 빨리 벗어나 인간의 존엄성을 보장받을 권리가 있다(범죄피해자보호법 제2조 제1항).

---

131 베리칩에 대한 상세한 내용은 이동임, "GPS를 이용한 귀휴제도 활성화 방안 연구", 형사정책연구 제26권 제3호, 2015, 115쪽 이하 참조.

따라서 범죄피해로부터 빠른 회복이 될 수 있도록 많은 정책적 배려가 필요하다. 범죄피해자의 명예와 사생활의 평온은 보호되어야 한다(동조 제2항). 특히 성범죄 피해자는 피해사실이 가까운 지인 등에게 알려지면 여성의 경우 혼인을 하는 데 많은 지장을 초래할 수 있다. 그러므로 사생활이 침해되지 않는 범위 내에서 모든 수사나 공판이 이루어져야 한다.

2. 범죄피해자 보호 · 지원을 위한 기본시책

1) 국가 및 지방자치단체의 의무

먼저 국가적 차원에서 ① 범죄피해자 보호 · 지원 체제의 구축 및 운영, ② 범죄피해자 보호 · 지원을 위한 실태조사, 연구, 교육, 홍보, ③ 범죄피해자 보호 · 지원을 위한 관계 법령의 정비 및 각종 정책의 수립 · 시행이 되어야 할 것이다(범죄피해자보호법 제4조 제1~3호).

다음으로 지방자치단체 차원에서는 ①지방자치단체는 범죄피해자 보호 · 지원을 위하여 적극적으로 노력하고, 국가의 범죄피해자 보호 · 지원 시책이 원활하게 시행되도록 협력하여야 한다(동법 제5조 제1항). ② 지방자치단체는 이러한 책무를 다하기 위하여 필요한 재원을 조달하여야 한다(동조 제2항).

국가 및 지방자치단체는 범죄피해자에 대한 이해와 관심을 높이기 위하여 필요한 홍보를 하여야 한다(동법 제11조 제1항). 국가 및 지방자치단체는 범죄피해자에 대하여 전문적 지식과 경험을 바탕으로 한 적절한 지원이 이루어질 수 있도록 범죄피해의 실태 조사, 지원정책 개발 등을 위하여 노력하여야 한다(동조 제2항).

2) 범죄피해자보호위원회

범죄피해자 보호 · 지원에 관한 기본계획 및 주요 사항 등을 심의하기 위하여 법무부장관 소속으로 범죄피해자보호위원회(이하 보호위원회라 한다)를 둔다(범죄피해자보호법 제15조 제1항). 보호위원회는 ① 기본계획 및 시행계획에 관한 사항, ② 범죄피해자 보호 · 지원을 위한 주요 정책의 수립 · 조정에 관한 사항, ③ 범죄피해자 보호 · 지원 단체에 대한 지원 · 감독에 관한 사항, ④ 그 밖에 위원장이 심의를 요청한 사항 등을 심의한다(동조 제2항). 보호위원회는 위원장을 포함하여 20명 이내의 위원으로 구성한다(동조 제3항).

Ⅱ. 범죄 피해에 대한 구조금 지급절차

1. 구조금 신청

구조금(救助金)을 받으려는 사람은 그 주소지, 거주지 또는 범죄 발생지를 관할하는 지구심의회에 신청하여야 한다(범죄피해자보호법 제25조 제1항). 구조금 신청은 해당 구조대상 범죄피해의 발생을 안 날부터 3년이 지나거나 해당 구조대상 범죄피해가 발생한 날부터 10년이 지나면 할 수 없다(동조 제2항).

2. 구조금의 지급요건

국가는 구조대상 범죄피해를 받은 사람(이하 구조피해자라 한다)이 ① 구조피해자가 피해의 전부 또는 일부를 배상받지 못하는 경우, ② 자기 또는 타인의 형사사건의 수사 또는 재판에서 고소·고발 등 수사단서를 제공하거나 진술, 증언 또는 자료제출을 하다가 구조피해자가 된 경우 등 어느 하나에 해당하면 구조피해자 또는 그 유족에게 범죄피해 구조금(이하 구조금이라 한다)을 지급한다(동법 제16조).

3. 구조금의 종류

구조금은 유족구조금·장해구조금 및 중상해구조금으로 구분하며, 일시금으로 지급한다(범죄피해자보호법 제17조 제1항). 유족구조금을 지급받을 수 있는 유족은 ① 배우자(사실상 혼인관계를 포함한다) 및 구조피해자의 사망 당시 구조피해자의 수입으로 생계를 유지하고 있는 구조피해자의 자녀, ② 구조피해자의 사망 당시 구조피해자의 수입으로 생계를 유지하고 있는 구조피해자의 부모, 손자·손녀, 조부모 및 형제자매 등으로 한다(동법 제18조 제1항 1~2호).

범죄행위 당시 구조피해자와 가해자 사이에 ① 부부(사실상의 혼인관계를 포함한다), ② 직계혈족, ③ 4촌 이내의 친족, ④ 동거친족 등 어느 하나에 해당하는 친족관계가 있는 경우에는 구조금을 지급하지 아니한다(동법 제19조 제1항 제1~4호). 만약 범죄행위 당시 구조피해자와 가해자 사이에 위 친족의 어느 하나에 해당하지 아니하는 관계가 있는 경우에는 구조금의 일부를 지급하지 아니한다(동조 제2항).

장애구조금 및 중상해구조금은 범죄로 인하여 신체적 상해를 입은 경우에 지급된다. 문제는 정신적 손상에 대해서는 지급규정이 없다는 점이다. 따라서 일정한 기준을 만들어 그 요건이 충족되었을 경우 지급할 필요가 있다. 그 이유는 신체적 장애는 치료를 하면 어느 정도 치료가 되지만 영혼을 파괴하는 정신적 손상은 평생을 고통 속에 살 수 있기 때문이다.

4. 손해배상과의 관계

국가는 구조피해자나 유족이 해당 구조대상 범죄피해를 원인으로 하여 손해배상을 받았으면 그 범위에서 구조금을 지급하지 아니한다(범죄피해자보호법 제21조 제1항). 국가는 지급한 구조금의 범위에서 해당 구조금을 받은 사람이 구조대상 범죄피해를 원인으로 하여 가지고 있는 손해배상청구권을 대위한다(동조 제2항).

5. 구조금액

1) 사 망

유족구조금은 구조피해자의 사망 당시(신체에 손상을 입고 그로 인하여 사망한 경우에는 신체에 손상을 입은 당시를 말한다)의 월급액이나 월실수입액 또는 평균임금에 24개월 이상 48개월 이하의 범위에서 유족의 수와 연령 및 생계유지상황 등을 고려하여 ① 배우자(사실상 혼인관계를 포함한다) 및 구조피해자의 사망 당시 구조피해자의 수입으로 생계를 유지하고 있는 구조피해자의 자녀는 40개월, ② 구조피해자의 사망 당시 구조피해자의 수입으로 생계를 유지하고 있는 구조피해자의 부모, 손자·손녀, 조부모 및 형제자매는 32개월, ③ 위 ①과 ②의 친족관계가 아닌 구조피해자의 자녀, 부모, 손자·손녀, 조부모 및 형제자매는 24개월을 곱한 금액으로 한다(범죄피해자보호법 제22조 제1항).

2) 장애 및 중상해

장해구조금과 중상해구조금은 구조피해자가 신체에 손상을 입은 당시의 월급액이나 월실수입액 또는 평균임금에 2개월 이상 48개월 이하의 범위에서 피해자의 장해 또는 중상해의 정도와 부양가족의 수 및 생계유지상황 등을 고려하여 대통령령으로 정한 개월 수[132]를 곱한 금액으로 한다(범죄피해자보호법 동조 제2항).

6. 구조금 지급결정

구조금지급심의회는 신청을 받으면 신속하게 구조금을 지급하거나 지급하지 아니한다는 결정(지급한다는 결정을 하는 경우에는 그 금액을 정하는 것을 포함한다)을 하여야 한다(범죄피해자보호법 제26조). 빠른 지급은 피해회복을 조기에 회복할 수 있다.

7. 구조금의 소멸시효

구조금을 받을 권리는 그 구조결정이 해당 신청인에게 송달된 날부터 2년간 행사하지 아니하면 시효로 인하여 소멸된다(범죄피해자보호법 제31조). 따라서 이 기간이 지난 상태에서 대상자가 구조금을 신청하더라도 소멸시효 도과로 구조금을 지급받을 수 없다.

8. 범죄피해자 구조금 지급현황

2016년 범죄피해자 구조금 지급현황을 보면 총 279건에 대하여 92억 5,726만 원이 지급되었다.

표 8	2016년 범죄피해자구조금 지급현황			
구 분		계	장애구조	중상해구조	유족구조
결정	건 수	279	26	55	198
	금 액	92억 5,726만 원	7억 6,083만 원	4억 1,622만 원	80억 8,021만 원

출처: 법무부 법무연감

---

132 ① 1급: 40개월, ② 2급: 36개월, ③ 3급: 32개월, ④ 4급: 28개월, ⑤ 5급: 24개월, ⑥ 6급: 20개월, ⑦ 7급: 16개월, ⑧ 8급: 12개월, ⑨ 9급: 8개월, ⑩ 10급: 4개월, ⑪ 11급 또는 12급: 3개월, ⑫ 13급 또는 14급: 2개월이다.

제3절 | 범죄피해자 보호 및 지원

I. 범죄피해자 지원센터

1. 범죄피해자지원센터 설립

범죄피해자지원센터는 범죄피해자를 보호·지원하는 민간 자원봉사단체로서 2003년 9월 김천 구미지역을 시작으로 2009년 4월 안양범죄피해자지원센터가 설립되면서 전국 지방검찰청 및 지청 단위로 58개 범죄피해자지원센터가 활동 중이며, 2008년 10월 전국 범죄피해자연합회를 설립하여 전국적인 민간지원 네트워크가 설립되었다. 또한 2010년 12월에는 한국피해자지원협의회가 설립되어 국가의 지원이 미치지 못하는 영역까지 체계적이고 지속적인 피해자 지원이 가능하게 되었다.[133]

2. 범죄피해자지원센터 활동실적

범죄피해자지원센터의 원활한 활동을 위해 2016년 총 19억 3,500만 원이 지급되었으며, 각 센터에서는 ① 피해자 상담 44,687건, ② 경제·의료지원 12,247건, ③ 신변보호 407건, ④ 기타 8,393건 등 총 65,734건의 범죄피해자 보호·지원 활동을 전개하였다.[134] 이처럼 범죄피해자지원센터의 주된 역할은 피해자를 위한 상담이라고 볼 수 있다.

II. 범죄피해자 통합지원네트워크 구축

1. 원스톱(One-stop) 지원

지역별로 범죄피해자 지원기관 및 단체를 망라하는 협의체를 구성하여 범죄

---

133 법무부, 법무연감, 2017, 240쪽.
134 법무부, 앞의 책, 240쪽.

피해자가 원스톱 상담만으로 원하는 지원서비스를 신속하게 지원받을 수 있도록 범죄피해자 통합네트워크를 구축하고 있다. 2013년 서울북부·인천·성남·원주·군산 5개 지역에서 각 지역별 범죄피해자 지원센터를 중심으로 시범 운영하였고, 2014년부터는 본격적으로 전국 지역으로 확대하여 2015년에는 58개 전 지역에 통합지원 네트워크 구축을 완료하였다.[135]

2. 효 과

통합 네트워크 구축으로 범죄피해자지원체계를 공급자 중심에서 수요자 중심으로 전환하는 계기가 되었고, 이로 인해 범죄피해자의 지원을 보다 효율적으로 운영할 수 있었다.

Ⅲ. 범죄피해자 지원 스마일공익신탁 설립

1. 범죄피해자 지원 사각지대 해소

범죄피해자 지원이 국가의 재정적·제도적 한계로 지원받지 못하는 사각지대를 해소하고 범죄피해자에 대한 국민적 관심과 기부문화를 유도하기 위해 2016년 4월 범죄피해자 지원 스마일공익신탁을 설립하였다.[136]

2. 기 탁

법무부장관과 직원 일동이 제1호 위탁자로 참여하여 3,000만 원을 기탁하였으며, 이후 검찰청, 범죄피해자지원센터 및 사회 각층에서 참여하여 출범 8개월 만에 신탁재산이 2억 3,000만 원에 이르게 되었다.[137]

3. 피해자 지원금

2016년 출범 이후 한 해 동안 성폭력피해 다문화 아동 등 23명의 피해자에게

---

135 법무부, 법무연감, 2017, 240쪽.
136 법무부, 앞의 책, 240쪽.
137 법무부, 위의 책, 240쪽.

총 8,480만 원을 지원하였다.[138] 범죄피해자에 대한 심각성을 인식하고 그 피해가 조기에 회복될 수 있도록 각계각층에서 지원을 아끼지 않는 것은 바람직한 방향이라고 본다.

---

138 법무부. 위의 책 241쪽.

사회이슈와 인권

제8장
사회이슈와 인권

제1절 | 사형제도와 인권

Ⅰ. 사형제도의 의의

사형제도는 중대범죄자에 대해 응보적 형벌로서 가장 오래된 역사를 갖고 있으며, 가장 극단적인 사회방위처분이라고 할 수 있다.[139] 사형은 한 번 집행되면 생명을 되돌릴 수 없다는 점에서 신중하게 집행되어야 한다. 그 이유는 사형이 집행되었는데 진범이 나타날 경우 이미 집행된 사형수의 생명을 살릴 수 없기 때문이다.

Ⅱ. 사형집행의 방법

사형의 집행방법에는 총살, 교수형, 독가스살, 전기살 등이 있다. 우리나라 형

---

[139] 류병관, 범죄와 인권, 탑북스, 2017, 166쪽.

법은 교수형 집행을 원칙으로 하고 있고, 군형법은 총살형을 원칙으로 하고 있다
(군형법 제3조). 사형은 교정시설의 사형장에서 집행한다(동법 제91조 제1항). 공휴
일과 토요일에는 사형을 집행하지 아니한다(동조 제2항). 소장은 사형을 집행하였
을 경우에는 시신을 검시(檢屍)한 후 5분이 지나지 아니하면 교수형에 사용한 줄
을 풀지 못한다(시행령 제111조). 사형은 법무부장관의 명령에 의해 집행하며(형소
법 제463조), 사형집행의 명령은 판결이 확정된 날로부터 6월 이내에 하여야 한다
(형소법 제465조). 법무부장관이 사형의 집행을 명한 때에는 5일 이내에 집행하여
야 한다(형소법 제466조).

국제엠네스티가 발표한 2017년 사형 연례보고서에 따르면 사형집행 건수는
993건으로 2016년 1,032건에 비해 약 4%, 2015년 1,634건에 비해 약 39% 감소
했다.

2017년 사형을 집행한 국가의 수는 23개국에 불과하고, 완전 사형폐지국가의
수는 106개국이며, 사실상 사형폐지국가는 142개국으로 집계되었다. 따라서 사형
존치국가보다 사형폐지국가가 훨씬 많은 실정을 감안한다면 우리나라도 한 번쯤
사형폐지를 조심스럽게 고려해 보는 것도 필요하다고 본다.

2017년 국제엠네스티가 발표한 주요
사형집행국가는 중국이 1,000건으로 가장
많고 이란이 507건, 사우디아라비아가 146
건, 이라크가 125건, 파키스탄이 60건으로
나타났다. 중국은 국가기밀이라는 이유로
정확한 통계에 협조를 하지 않고 있어 이
보다 훨씬 많을 것으로 추정된다.

〈그림 3〉 주요 사형집행국가

Ⅲ. 사형제도에 존 · 폐론

사형제도에 대해 베카리아 이후 현재까지 이어지고 있다. 이렇게 대립각을 세

우고 있는 것은 분명 쉽게 해결될 성질의 것이 아니라고 본다.

1. 존치론

범죄인의 생명권도 중요하지만 피해자의 인권이 더 중요하다. 무고한 피해자를 위해서도 사형제도는 존치시켜야 한다.[140] 신학적 입장에서는 사형존치론의 입장이지만 정치적 살인이나 오판 가능성을 간과하지 않았으며, 고의적 살인자에 대해서는 정당한 법적 절차에 따라 이에 상응하는 형벌이 부과되어야 한다.[141] 사형제도는 유지하면서 그 집행을 유예하는 기간을 최대한 확대한다면 새로운 사람으로 거듭나게 할 수 있는 문제를 어느 정도 해소시킬 수 있을 것이다.[142]

2. 폐지론

자유민주주의를 표방하는 국가에서는 예외 없이 사형제도를 법률상 혹은 사실상 폐지하는 방향으로 나아가고 있기 때문에 존치를 시킨다면 세계적인 흐름에 반하는 결과가 초래된다.[143]

범죄인의 교화의 목적을 저버리고 오로지 응보적 관점에서 행위자를 사회에서 완전히 격리한다는 것은 바람직하지 않다.[144]

사형이 선고되었지만 김대중 정권 이후 집행되지 않아 사실상 폐지국가로 자리매김을 하고 있다. 하지만 언제 집행될지 아무도 모르는 시점에서 사형집행 대상자에 대한 대통령의 사면을 통해 종신형으로 감형하거나 일정기간 확실하게 유예하는 것이 바람직하다.[145]

---

140 박영숙, "사형제도 존폐론에 관한 연구", 교정복지연구 제12호, 한국교정복지학회, 2008, 64쪽.
141 이상규, "사형제도에 대한 교회사적 고찰 : 기독교회는 사형제도를 어떻게 인식해 왔을까?", 고신신학 제8호, 고신대학교 고신신학연구회, 2006, 225쪽.
142 신원하, "사형제도는 폐지되어야 하는가? : 사형제도에 대한 신학윤리적 검토", 고신신학 제3호, 고신대학교 고신신학연구회, 2002, 269쪽.
143 허일태, "사형제도의 세계적 추세와 위헌성", 동아법학 제45호, 동아대학교 법학연구소, 2009, 291~292쪽.
144 승재현·조성제, "사형제도에 대한 비판적 고찰", 한국치안행정논집 제7권 제3호, 한국치안행정학회, 2010, 151쪽.
145 황병돈, "사형제도 폐지 논의에 대한 고찰", 홍익법학 제8권 제3호, 홍익대학교, 2007, 213쪽.

Ⅳ. 사형집행에 대한 판례의 입장

우리나라는 사형제도에 대해 이성적인 관점에서는 폐지되어야 마땅하지만 범죄로 인해 침해되는 존귀한 생명을 외면할 수 없고, 사회공공의 이익과 사회질서 유지를 위해 현실적으로 필요하다는 입장이다.[146] 또한 사형은 책임정도에 비추어 그 목적이 정당화 될 수 있는 경우에만 허용되어야 한다.[147] 사형은 죽음에 대한 인간의 본능적 공포심과 범죄에 대한 응보욕구가 서로 맞물려 고안된 필요악으로써 불가피하게 선택된 것이며, 지금도 여전히 제기능을 하고 있다는 점에서 정당화 될 수 있다.[148]

Ⅴ. 국민여론

사형제 폐지에 대해 찬성이 34.2%, 반대가 65.2%로 나타나 아직도 사형제 폐지에 대해 부정적 입장이 많음을 알 수 있다. 반대 여론에 대해 좀 더 상세하게 살펴보면 첫째, 연령별은 60대 이상이 71.0%로 가장 높고, 20대가 59.0%로 가장 낮은 것으로 나타났다. 둘째, 학력별은 중졸 이하가 71.1%로 가장 높고, 대재 이상이 61.6%로 가장 낮다. 셋째, 이념성향별은 보수가 68.6%로 가장 높고, 진보가 60.0%로 가장 낮게 나타났다.[149]

---

146 대법원, 1983. 3. 8. 선고 82도3248 판결.
147 대법원 2001. 3. 9. 선고 2000도5736 판결.
148 헌법재판소 1996. 11. 28. 선고 95헌바1 결정.
149 현대호·김명아, 2015 국민 법의식 조사 연구, 한국법제연구원, 2015, 122쪽.

표 9 | 특성별 사형제 폐지 여부

구 분		응답자 수(명)	매우 찬성	대체로 찬성	대체로 반대	매우 반대	모름/ 무응답	종 합	
								찬성	반대
전체		3,000	8.0	26.2	37.7	27.5	0.6	34.2	65.2
연령별	20대	529	10.0	30.9	33.5	25.5	0.2	40.8	59.0
	30대	560	8.8	25.3	38.8	26.5	0.7	34.1	65.2
	40대	644	10.0	29.3	37.9	22.4	0.4	39.3	60.3
	50대	594	5.8	24.3	39.3	29.9	0.6	30.2	69.2
	60대 이상	673	6.0	22.0	38.5	32.4	1.1	27.9	71.0
학력별	중졸 이하	395	5.5	21.8	34.1	37.0	1.6	27.3	71.1
	고졸	1,196	7.8	24.4	39.0	28.4	0.4	32.2	67.4
	대재 이상	1,409	9.0	28.9	37.6	24.0	0.5	37.9	61.6
이념 성향별	진보	683	9.5	30.1	35.8	24.2	0.4	39.6	60.6
	중도	1,462	7.9	25.8	39.1	26.5	0.7	33.7	65.6
	보수	855	7.1	23.7	36.9	31.7	0.6	30.8	68.6

출처: 한국법제연구원

제2절 | 낙태죄와 인권

I. 의 의

낙태란 임산부의 몸속에서 혹은 태아를 강제로 분리·배출을 통해 죽이는 반인륜적 행위를 말한다. 낙태는 다양한 이유로 행하고 있지만 불법적인 낙태와 합법적인 낙태로 구분할 수 있다. 먼저 전자는 합리적 이유가 없이 단지 태아를 낳을 수 없다는 입장에서 불법 시술을 통해 낙태하는 것을 말한다. 후자는 ① 본인이나 배우자가 우생학적(優生學的) 또는 유전학적 정신장애나 신체질환이 있는 경우, ② 본인이나 배우자가 대통령령으로 정하는 전염성 질환이 있는 경우, ③ 강간 또는 준강간(準强姦)에 의하여 임신된 경우, ④ 법률상 혼인할 수 없는 혈족 또는 인척간에 임신된 경우, ⑤ 임신의 지속이 보건의학적 이유로 모체의 건강을 심각하게 해치고 있거나 해칠 우려가 있는 경우 등 어느 하나에 해당되는 경우에만 본인과 배우자(사실상의 혼인관계에 있는 사람을 포함한다)의 동의를 받아 의사는 인공임신중절수술을 할 수 있다(모자보건법 제14조 제1항 제1~5호). 여기서 인공임신중절수술은 임신 24주일 이내인 사람만 할 수 있다(동법 시행령 제15조 제1항).

II. 낙태죄

1. 형법상 낙태죄 규정

낙태죄는 자기낙태죄와 업무상 동의낙태죄가 있다. 전자는 부녀가 약물 기타 방법으로 낙태를 하거나 부녀의 촉탁 또는 승낙을 받아 낙태하게 한 자는 1년 이하의 징역 또는 200만 원 이하의 벌금에 처한다(형법 제269조 제1항~2항). 후자는 의사, 한의사, 조산사, 약제사 또는 약종상이 부녀의 촉탁 또는 승낙을 받아 낙태하게 한 때에는 2년 이하의 징역에 처한다(동법 제270조 제1항). 또한 부녀의 촉탁 또는 승낙없이 낙태하게 한 자는 3년 이하의 징역에 처하는 부동의 낙태죄가 있다(동조 제2항).

2. 낙태죄의 보호법익

낙태죄의 보호법익은 태아의 생명·신체의 안전이 주된 보호법익이지만 부수적으로 임산부의 생명·신체의 안전도 보호법익이 된다.

3. 행위의 주체 및 객체

행위의 주체는 자기낙태에 대해서는 임산부이고, 업무상 동의 낙태는 의사, 한의사, 조산사, 약제사 또는 약종상이다. 객체는 착상된 후 살아있는 태아이다.

4. 기수시기

모체 밖으로 배출된 때이거나 모체 내에서 살해된 때 기수가 된다. 따라서 임산부가 태아를 죽이기 위해 언덕에서 굴렀는데 태아가 죽지 않은 경우 자기 낙태 미수가 된다. 하지만 낙태죄는 미수범 처벌규정이 없기 때문에 낙태가 미수에 그친 경우 임산부는 처벌되지 않는다. 낙태죄는 태아를 자연분만기에 앞서서 인위적으로 모체 밖으로 배출하거나 모체 안에서 살해함으로써 성립하고, 그 결과 태아가 사망하였는지 여부는 낙태죄의 성립에 아무런 영향이 없다.[150]

5. 낙태허용에 대한 여론

낙태허용여부에 대해 여론 전문기관인 리얼미터가 2010년 2월 5일 전국 19세 이상 남녀 1000명을 대상으로 전화 조사한 바에 따르면 불법낙태를 허용해야 한다가 33.6%, 허용해서는 안 된다가 53.1%로 나타났다. 남녀별로 살펴보면 남성의 경우 찬성이 29.7%, 반대가 59.8%로 나타났고, 여성의 경우 찬성이 37.4%, 반대가 47.6%로 나타나 남성이 불법낙태에 대해 더 부정적이다.

Ⅲ. 낙태방지를 통한 태아의 인권보호

무분별한 성관계를 통해 임신이 되면 낙태에 대수롭지 않게 생각하고 낙태가

---

150 대법원 2005. 4. 15. 선고 2003도2780 판결.

자행되고 있는 실정이다. 낙태가 불법으로 인해 통계에도 잡히지 않아 한 해 낙태가 어느 정도 이루어지고 있는지 파악할 수도 없는 실정이다.

국가통계포털 사이트에 의한 신생아 출생아수는 1970년은 1,006,645명, 1980년은 862,835명, 1990년은 649,738명, 2000년은 634,501명, 2010년은 470,171명, 2016년은 406,300명으로 1970년에 비해 2016년에는 59.6% 정도 떨어진 상황에서 앞으로 낙태는 근절되어야 마땅하다. 물론 피임이나 사후 피임 등을 하지 않아 임신이 되어 출산할 수 없는 상황으로 어쩔 수 없이 낙태가 이루어지는 경우가 허다할 것이다. 이러한 행위를 막기 위해서는 먼저 낙태시술을 하는 의사의 각성을 통해 낙태시술을 하지 않는 것이 중요하다. 이렇게 해야만 낙태를 근본적으로 방지할 수 있을 것이다. 지금도 낙태시술을 음성적으로 해주는 의사가 있기 때문에 낙태가 가능한 것이다. 이를 어렵게 한다면 사회분위기 확산으로 낙태를 상당부분 줄일 수 있을 것이다. 다음으로 피임교육을 통해 안전한 성생활이 이루어질 수 있도록 해야 한다.

낙태는 아무 죄 없는 하나의 생명을 강제적으로 빼앗는 행위로 살인행위나 다름없다. 여성의 몸에 하나의 생명이 잉태되어 세상의 빛을 보지 못한 채 죽음으로 이어지게 하는 것은 크나큰 인권침해라고 하지 않을 수 없다. 낙태로 태아가 밖으로 배출되면 온몸이 시퍼렇게 멍이 들어 있는 것을 볼 수 있다. 이는 무언가가 자궁 속으로 침입하면 직감적으로 자기를 죽이기 위해 들어왔다고 인식하고 필사적으로 살기 위해 몸부림치므로 인한 발생한 결과물이다.

제3절 ㅣ 전자감시제도와 인권

Ⅰ. 전자감시제도

1. 의 의

특정범죄를 저지른 사람의 재범방지를 위하여 형기를 마친 뒤에 보호관찰 등을 통하여 지도하고 보살피며 도움으로써 건전한 사회복귀를 촉진하고, 위치추적 전자장치를 신체에 부착하게 하는 부가적인 조치를 취함으로써 특정범죄로부터 국민을 보호함을 목적으로 한다(특정 범죄자에 대한 보호관찰 및 전자장치 부착 등에 관한 법률 제1조; 이하 전자발찌법이라 한다). 특히 전자발찌 착용자의 특정 시간대 외출을 제한하기 위한 재택감독은 컴퓨터가 대상자에게 전화를 걸어 음성분석을 통해 재택여부를 감독하고 있다. 이렇게 할 경우 대상자가 아닌 제3자가 전화를 받아 대체할 수 있는 가능성을 원천적으로 봉쇄할 수 있는 장점이 있다.

2. 대상범죄 및 적용범위

특정범죄란 성폭력범죄, 미성년자 대상 유괴범죄, 살인범죄 및 강도범죄를 말한다(전자발찌법 제2조 제1항). 만 19세 미만의 자에 대하여 부착명령을 선고한 때에는 19세에 이르기까지 이 법에 따른 전자장치를 부착할 수 없다(전자발찌법 제4조).

3. 전자장치의 구성

전자발찌의 구성은 <그림 4>와 같이 ① 발목에 부착하는 전자발찌, ② 휴대장치, ③ 재택감독장치 등으로 구성되어 있다. 외출 시에는 반드시 휴대장치를 휴대하고 외출해야 한다.

전자발찌 착용자가 휴대장치를 분실하고도 신고를 하지 않아 벌금 500만 원을 선고받은 사례도 있다.[151] 재택감독장치는 외출제한시간을 정해 놓은 경우 그

---

151 광주지방법원 2012. 1. 12. 선고 2011고단4807 판결.

시간대에는 외출을 할 수 없는데, 만약 외출할 경우에는 전자발찌에서 진동이 오게끔 되어 있고, 이를 무시하고 계속 외출을 할 경우에는 위치추적센터에서 담당자가 전자발찌 착용자의 휴대장치로 전화를 걸어 직접 통제를 하게 된다.

전자발찌 부착자가 부착기간 중 전자장치를 신체에서 임의로 분리·손상, 전파방해 또는 수신자료의 변조, 그 밖의 방법으로 그 효용을 해한 때에는 7년 이하의 징역 또는 2천만 원 이하의 벌금에 처한다(동법 제38조 제1항). 만약 전자발찌 부착자가 훼손하려고 시도하거나 훼손하면 중앙관제센터에 훼손경보가 올리게 된다.

현재 전자발찌와 휴대장치가 별도로 되어 있어 휴대장치를 분실하는 사례가 종종 발생하므로 인해 앞으로 전자발찌는 부착장치와 휴대용 위치추적장치를 하나로 묶은 '일체형'으로 할 계획이다. 전자장치의 1대당 가격은 약 200만 원 정도로 고가의 장비이다.

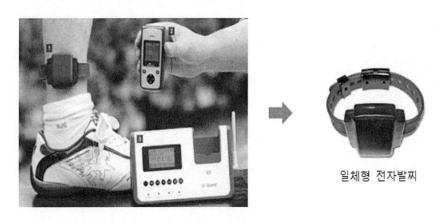

일체형 전자발찌

〈그림 4〉 전자장치 구성

4. 위치추적관제센터

2018년 1월 기준 위치추적관제센터는 서울중앙관제센터와 대전관제센터가 있다. 중앙관제센터에서는 서울, 경기, 인천, 강원, 대구, 경북을 맡고, 그 외 지역은 대전관제센터에서 하고 있다.

위치추적방식은 지상에서는 GPS(Global Positioning System)로 하고, 지하에서는 이동통신망을 이용해 추적하고 있다. 문제는 지상건물에 들어갔을 때 몇 층에 있는지 알 수가 없다는 점이다. 따라서 마음만 먹으면 언제든지 성폭력범죄를 행할 가능성을 열어놓고 있다. 이런 한계로 실제 전자발찌를 차고 60대 여성을 성폭행하려다 실패하자 살해한 사건이 발생하였다.[152] 이 사건 역시 피해자 몸에서 DNA를 확인하기 전까지 전자발찌 부착자의 성폭행 사실을 까맣게 몰랐을 정도로 전자발찌가 무용지물이 될 수 있다. 이러한 문제를 해결하기 위해서는 가지 말아야 할 금지지역을 보다 광범위하게 적용할 필요가 있다.

Ⅱ. 전자발찌 부착절차

1. 검사의 청구

검사는 성폭력범죄, 미성년 대상 유괴범죄, 살인범죄, 강도범죄를 다시 범할 가능성이 높다고 판단되는 사람에 대하여 전자장치를 부착하도록 하는 명령을 법원에 청구할 수 있다(전자발찌법 제5조). 즉 형기만료자, 가석방 출소자, 집행유예자 등에 대하여 재범위험성이 높다고 판단될 경우 전자장치를 부착할 수 있다.

검사는 부착명령을 청구하기 위하여 필요하다고 인정하는 때에는 피의자의 주거지 또는 소속 검찰청(지청을 포함한다) 소재지를 관할하는 보호관찰소(지소를 포함한다)의 장에게 범죄의 동기, 피해자와의 관계, 심리상태, 재범의 위험성 등 피의자에 관하여 필요한 사항의 조사를 요청할 수 있다(동법 제6조 제1항).

2. 법원의 관할 및 판결

부착명령 청구사건의 제1심 재판은 지방법원 합의부(지방법원지원 합의부를 포함)의 관할로 한다. 부착명령 청구사건의 판결은 특정범죄사건의 판결과 동시에 선고하여야 한다(동법 제9조 제5항). 이에 대해 판례는 평등원칙, 과잉금지의 원칙, 일사부재리의 원칙 등에 위배되지 않는다고 하고 있다.[153]

---

152 http://www.ytn.co.kr/_ln(검색일-2018. 01. 20).
153 대법원 2009. 5. 14. 선고 2009도1947 판결.

3. 전자발찌 부착기간

전자발찌 부착기간은 피고인의 형량을 기준으로 최하 1년에서 최장 30년간이다. ① 법정형 상한이 사형, 무기징역인 특정범죄는 10년 이상 30년 이하이고, ② 법정형 중 징역형의 하한이 3년 이상의 유기징역인 특정범죄는 3년 이상 20년 이하이며, ③ 법정형 중 징역형의 하한이 3년 미만의 유기징역인 특정범죄는 1년 이상 10년 이하이다. 다만 19세 미만의 사람에 대하여 특정범죄를 저지를 경우에는 부착기간의 하한을 2배로 한다(전자 발찌법 제9조 제1항).

Ⅲ. 전자발찌제도의 실효성 및 문제점

1. 실효성

전자발찌 부착상태에서도 얼마든지 범죄를 저지를 수 있고, 위치 또한 파악하기 힘든 점이다. 즉 전자발찌를 차고 가지 말아야 할 곳을 지정하고 있는데 그 범위가 너무 넓지 않다는 점이다. 미국의 경우 전자발찌를 부착하고 가지 말아야 할 곳을 너무 많이 지정해 놓음으로써 전자발찌 부착자는 사실상 다리 밑에서 텐트를 치고 살아야 할 실정이다. 이에 반해 우리나라는 전국적으로 어린이집이나 초등학교 등 66,000여 곳에 설정되어 있으며, 그 외의 지역은 어디든지 거리를 활보할 수 있을 뿐만 아니라 다른 범죄를 행할 수 있다. 만약 전자발찌 부착자가 금지구역에 들어가면 위치추적센터에 경보음이 울리고 위치추적센터에서는 즉시 대상자에게 전화하여 조치를 취한다. 이렇게 함에도 불구하고 법무부 관계자에 따르면 2017년 10월 기준 전자발찌 부착자는 약 3,000여명이고 이중 재범자는 69명이며, 전자발찌를 훼손한 사람만 18명에 달한다.

2. 문제점

1) 위치추적센터 인원부족

가장 큰 문제점으로 위치추적센터의 인원부족을 들 수 있다. 위치추적센터의 직원 1명이 관리할 수 있는 인원이 너무 많으면 24시간 완벽하게 전자발찌 부착자를 감시할 수 없다는 점이다. 법무부 관계자에 의하면 "2017년 12월 기준 보호관찰관 1명이 관리해야 할 전자발찌 부착자는 약 19.1명에 달한다"고 하고 있다.

2) 심각한 인권침해

다음으로 심각한 인권침해를 유발할 수 있다는 점이다. 즉 전자발찌를 최장 30년을 착용할 경우 착용자는 상당한 심리적 스트레스와 더불어 대중목욕탕에도 갈 수 없으며, 만약 전자발찌 착용자라는 사실이 외부에 알려지면 그 지역에서 살 수 없고 이사를 갈 수밖에 없는 실정이다. 실제 전자발찌를 착용하고 있는 성범죄자 4명 중 1명은 전자발찌를 훼손하고 싶은 충동을 느끼는 것으로 나타났다.[154] 특히 취업기회의 제한으로 출소 후 정상적인 사회복귀가 어려워 상실감이나 무력감으로 묻지마 범죄 등 다른 범죄의 원인이 될 수 있다.[155]

3) 개선목적 결여

전자발찌 부착자에 대한 감시만 할 뿐 성행 교정을 위한 노력이 부족하다. 따라서 피부착자에 따른 개별화된 치료, 교육, 상담, 원호조치 등 행동·인지 구조의 근본적인 변화를 유도하는 프로그램 개발이 필요하다.[156]

4) 이중처벌금지의 원칙 위배여부

출소 후 전자발찌 착용에 대해 이중처벌금지원칙에 위배되는지 여부를 살펴볼 필요가 있다. 그 이유는 범죄자가 정상적으로 교도소에서 형벌을 집행받고 그 기간 동안 수감생활을 하고 출소했음에도 불구하고 전짜발찌를 통해 또 다시 심리적 압박을 가하는 형태이기 때문이다. 전자발찌 착용은 보안처분으로서 형벌이 아니기 때문에 이중처벌금지원칙에 위배되지 않는다. 즉 형벌의 근거를 책임에 두는 반면, 보안처분은 장래의 재범 위험성에 두고 있어 양제재의 성격이 다르기 때문에 보안처분의 부과를 이중처벌로 보는 것은 타당하지 않다.[157]

154 고영선·김진원, 늘어나는 전자발찌 재범 막기 위해 관리 인력 증원해야 : 특정 범죄자에 대한 보호관찰 및 전자장치 부착 등에 관한 법률, 국회보(통권 576호), 국회사무처, 2014, 84쪽.
155 류병관, 앞의 책, 216쪽.
156 김범식·송광섭, "위치추적 전자감시제도의 정당성과 그 개선방안", 형사법의 신동향 제55호, 대검찰청, 2017, 232쪽.
157 김혜정. "특정 성범죄자에 대한 위치추적 전자장치 부착에 관한 법률에 관한 검토", 형사정책연구 제77호, 한국형사정책연구원, 2009, 660쪽.

5) 소급효금지의 원칙 위배여부

2008년 9월 전자발찌법이 시행되기 이전에 저지른 성범죄에 대해서도 소급적용하고 있다는 점이다. 이에 대해 헌법재판소는 이중처벌·소급금지·과잉금지의 원칙에 위배되지 않는다고 판시한 바 있다.[158]

전자발찌 부착은 형벌이 아니고 재범방지를 위한 보안처분으로 보기 때문에 가능하다고 하지만 성범죄자의 시각에서 접근했을 때, 납득하기 어려운 부분이 있다. 즉 성범죄 처벌을 통해 교도소 수감생활을 마치고 출소 후 사회생활을 잘 하고 있는데, 느닷없이 전자발찌 부착 대상자라는 통보를 받고 부착이 될 경우 가족들이나 본인 등에게 충격을 안겨줄 수 있다. 더 심각한 것은 고운 시선으로 바라보던 가족이나 지인 그리고 직장 동료 등이 전자발찌 부착사실이 알려질 경우 곱지 않은 따가운 시선에 인권침해를 당할 수 있다. 따라서 전자발찌 부착자는 재택감독이나 일거수일투족을 감시하는 형태로 어느 정도 자유제한이 따르고 있으므로 소급해서 적용시키는 형태는 배제시켜야 할 것이다. 소급해서 적용시킬 수밖에 없다면 흉악범으로 재범 가능성이 높은 사람에게만 정확한 선별을 통해 시행되어야 할 것이다. 즉 전자발찌 부착 소급적용에 따른 기본권 제한과 소급적용으로 달성하고자 하는 보호법익을 비교형량 했을 때 법익의 균형성을 충족해야 할 것이다.[159]

3. 개선방안

1) 전자발찌 개선

전자발찌 착용대상자에게 실질적인 사전 예방효과가 없는 실정이다. 즉 전자발찌를 차고 가지 말아야 할 곳의 지정이 너무 적어 전자발찌를 차고 어디든지 활보할 수 있는 실정이다. 이로 인해 마음만 먹으면 언제 어디서든지 또 다시 재범이 이루어질 수 있다. 이런 상황이라면 전자발찌에 사전 예방적 기능을 추가하여 미리 범죄를 예측하고 대응할 수 있는 시스템으로 전환하여야 할 것이다. 이

---

158 헌법재판소 2012. 12. 27 선고 2011헌바393 결정.
159 정철호·권영복, "전자감시제도의 확대와 소급형벌금지의 원칙", 위기관리 이론과 실천 제9권 제11호, 한국위기관리논집, 2013, 325쪽.

를 위해 법무부에서는 생체정보 감시센서를 부착하여 맥박, 체온 등의 실시간 정보를 위치추적관제센터에 전송하여 과거 범죄수법, 이동패턴 등을 분석하여 재범 위험성을 실시간 예측하고 대응하려고 하고 있다. 이렇게 한다면 전자발찌의 사전 범죄 예방적 기능을 수행할 수 있으므로 이 제도의 실효성을 담보할 수 있을 것이다.

2) 정신과 내면의 치유

재범방지를 가장 근본적인 해결방안은 재범나무의 뿌리를 제거하는 것일 것이다. 이를 위해서는 물리적 강제보다는 심리적 치유를 통해 해결하는 것이다. 즉 전자발찌 착용대상자에게 치료와 상담을 지속적으로 행하여 범죄욕구를 억제할 수 있는 가치관이 형성될 수 있도록 도와주는 것이다. 정신과적 상담과 치료는 대면상담과 화상상담을 병행하여 상호 보완하는 형태로 행하는 것이다. 이렇게 할 경우 피상담자가 상담장소로 이동해야 하는 불편함을 보완할 수 있다. 또한 피상담자의 시간적·장소적 한계를 극복하고 언제 어디서든지 상담에 임할 수 있다.

제4절 | 신상공개제도와 인권

Ⅰ. 신상공개제도

1. 의 의

성범죄자 신상공개제도란 성폭력범죄의 처벌 등에 관한 특례법(이하 성폭력특별법이라 한다)이나 아동·청소년의 성보호에 관한 법률(이하 아동청소년 성보호법이라 한다)에 따라 강간, 강제추행, 유사강간, 성매매 강요, 성매매알선 등으로 유죄판결이 확정되거나 법원으로부터 공개명령을 선고 받은 성범죄자의 신상정보를 등록하고 체계적으로 관리하여 범죄 예방 및 수사에 활용하고, 그 중 일부를 일반 국민 또는 지역주민에게 알리는 제도이다. 이를 통해 지역 주민들은 해당 지역에 성범죄자가 살고 있는지 여부를 확인하고 만약 살고 있다면 피해가 발생하지 않도록 아동을 단속하거나 그 지역을 가지 않도록 하여 성범죄를 미연에 방지하고 있다.

신상공개제도는 1994년 미국 뉴저지주에 살고 있던 7살 소녀 메간 칸카(Megan Kanka)가 이웃에 사는 성범죄 전과자에 의해 강간 살해된 사건을 계기로 일명 메건 법(Megan's Law)이 만들어졌다. 이 법은 옆집에 성범죄 전과자가 살고 있다는 사실을 알았다면 아이를 조심시켰을 것이고, 이로 인해 성범죄를 당하지 않았을 것이라는 전제에서 만들어진 것이다.

2. 신상공개절차

등록대상자는 판결이 확정된 날부터 30일 이내에 ① 성명, ② 주민등록번호, ③ 주소 및 실제거주지, ④ 직업 및 직장 등의 소재지, ⑤ 연락처(전화번호, 전자우편주소를 말한다), ⑥ 신체정보(키와 몸무게), ⑦ 소유차량의 등록번호를 자신의 주소지를 관할하는 경찰관서의 장에게 제출하여야 한다. 다만, 등록대상자가 교정시설 또는 치료감호시설에 수용된 경우에는 그 교정시설의 장 또는 치료감호시설의 장에게 기본신상정보를 제출함으로써 이를 갈음할 수 있다(성폭력특별법

제43조 제1항).

　법무부장관은 경찰로부터 송달받은 정보와 ① 등록대상 성범죄 경력정보, ② 성범죄 전과사실(죄명, 횟수), ③ 전자장치 부착 여부 등 등록대상자 정보를 등록하여야 한다(동법 제44조 제1항). 법무부장관은 등록대상자가 등록한 정보를 정보통신망을 이용하여 열람할 수 있도록 하여야 한다(동조 제2항).

　신상공개정보에 대한 등록정보의 공개는 여성가족부장관이 집행한다(동법 제47조 제2항). 법무부장관은 등록정보의 공개에 필요한 정보를 여성가족부장관에게 송부하여야 한다(동조 제3항). 등록대상자의 신상정보의 등록·보존 및 관리 업무에 종사하거나 종사하였던 자는 직무상 알게 된 등록정보를 누설하여서는 아니된다(동법 제48조).

3. 신상공개 등록기간

　신상공개 등록기간은 ① 신상정보 등록의 원인이 된 성범죄로 사형, 무기징역·무기금고형 또는 10년 초과의 징역·금고형을 선고받은 사람은 30년, ② 신상정보 등록의 원인이 된 성범죄로 3년 초과 10년 이하의 징역·금고형을 선고받은 사람은 20년, ③ 신상정보 등록의 원인이 된 성범죄로 3년 이하의 징역·금고형을 선고받은 사람 또는 「아동·청소년의 성보호에 관한 법률」에 따라 공개명령이 확정된 사람은 15년, ④ 신상정보 등록의 원인이 된 성범죄로 벌금형을 선고받은 사람은 10년이다(성폭력특별법 제45조 제1항 제1~4호).

4. 신상공개에 대한 열람 및 방법

1) 우리나라

　신상공개 대상자를 열람하기 위해서는 성범죄자 신상공개정보 사이트인 '알림e'를 활용하여 내가 사는 주변에 성범죄자가 살고 있는지 여부를 확인할 수 있다. 알림e 사이트에서는 지도에서 시/도를 클릭하여 확인할 수 있고, 어린이집, 유치원, 각 학교 등 반경 1km 이내에 거주하는 성범죄자를 검색할 수 있다. 검색은 컴퓨터나 스마트 폰 앱을 통해 언제 어디서든지 확인할 수 있다.

　성범죄자에 대한 신상공개 주요 내용은 성명, 나이, 키, 몸무게, 주소, 성폭력범죄사실 요지 등이다.

〈그림 5〉 신상공개 내용

2) 미국 텍사스 주

미국 대부분의 주는 우리나라와 같은 방식으로 성범죄자에 대한 신상공개를 하고 있다. 미국 텍사스 주는 〈그림 6〉과 같이 성범죄자 신상공개를 가장 강력하게 하고 있다. 이런 정도의 성범죄자 신상공개를 할 경우 우리나라에서는 그 지역에서 살 수 없는 환경에 처하게 되어 인권침해 논란에 휩싸이게 될 것이다.

〈그림 6〉 차량 및 집에 성범죄자 스티커, 펫말 부착

Ⅱ. 신상공개 정보관리

1. 신상정보 등록대상자

최근 5년간 신상공개 대상자 현황을 금태섭 의원실이 경찰청, 법무부로부터 제출받은 자료에 의하면 2013년 13,628명, 2014년 23,874명, 2015년 36,267명, 2016년 46,145명, 2017년 상반기 53,983명으로 2013년 대비 396%가 증가했다.

2. 신상정보 등록 대상자 형사입건 현황

금태섭 의원실이 경찰청, 법무부로부터 제출받은 자료에 의하면 ① 신상공개를 위한 성명, 주민등록번호, 주소, 연락처, 신체정보, 소유차량 등록번호 등 기본정보에 대한 제출 위반이 761명, ② 등록대상자는 제출한 기본신상정보가 변경된 경우에는 그 사유와 변경내용을 변경사유가 발생한 날부터 20일 이내에 제출하여야 하는데 이를 위반한 것이 1,731명, ③ 기본신상정보를 제출한 경우에는 그 다음 해부터 매년 12월 31일까지 주소지를 관할하는 경찰관서에 출석하여 경찰관서의 장으로 하여금 자신의 정면·좌측·우측 상반신 및 전신 컬러사진을 촬영하여 전자기록으로 저장·보관하도록 하여야 하는데(동법 제43조 제4항), 이러한 행위를 하지 않은 위반이 274명으로 나타나 신상정보에 대한 부실한 관리를 하고 있음을 알 수 있다.

3. 출·입국 시 신고의무

등록대상자가 6개월 이상 국외에 체류하기 위하여 출국하는 경우에는 미리 관할경찰관서의 장에게 체류국가 및 체류기간 등을 신고하여야 한다(동법 제43조). 신고한 등록대상자가 입국하였을 때에는 특별한 사정이 없으면 14일 이내에 관할경찰관서의 장에게 입국 사실을 신고하여야 한다(동조 제2항).

Ⅲ. 신상공개제도의 문제점

1. 공개방법상의 문제

공개되는 신상정보의 범위가 모든 공개대상자에게 같이 적용되고 있고, 불법의 정도에 따라 그 공개의 절차 및 방법에 차이가 없다는 점이다. 따라서 불법의 정도에 따라 그 수위를 조절하는 방향으로 나아가야 할 것이다.

2. 2차 피해자화

범죄자의 신상공개로 인해 그 범죄자의 가족은 가족이라는 이유만으로 비난받는다. 따라서 아무런 잘못도 없이 신상공개 대상자의 가족은 2차 피해자화가 되는 것이다. 이러한 2차 피해를 당하지 않도록 정부와 지방자치단체에서는 많은 노력을 기울이지 않으면 안 될 것이다. 즉 신상공개 대상자의 가족에 대해 심적 고통을 완화시키기 위한 노력의 하나로 심리상담을 필수적으로 받도록 해야 할 것이다.

3. 신상공개 주소와 실제 거주지 불일치

성범죄자에 대한 신상공개가 된 주소와 실제 거주지의 불일치로 내 이웃에 성범죄가 살고 있음에도 불구하고 이를 인지하지 못하는 결과를 낳고 있다. 이러한 현상은 주소지는 그대로 둔 채 생활근거지를 다른 곳에 둘 수 있기 때문이다. 물론 이사를 가면 주소지 변경을 신청해야 하지만 신상공개 대상자의 일부는 그렇게 하지 않고 있는 실정이다. 이를 방지하기 위해서는 신상공개 대상자를 보호관찰관이 주기적으로 방문 확인을 하면 될 것이다. 하지만 인력부족으로 사실상 이를 실현하지 못하고 있는 실정이다. 따라서 인력을 확충하여 이 제도 자체를 제대로 시행될 수 있도록 해야 할 것이다.

제5절 | 성충동약물치료와 인권

Ⅰ. 성충동약물치료법

1. 의 의

성충동 억제를 위해서는 물리적 거세와 화학적 거세가 있다. 전자는 아예 성 기능을 영구적으로 하지 못하도록 성기의 고환을 제거하는 것을 말한다. 후자는 주사기를 통해 몸속으로 약물을 주입하여 일시적으로 성충동을 억제하는 것을 말한다. 이렇게 성범죄의 재범을 방지하기 위한 정책이 점점 강화되고 있지만 그 이면에는 인권침해라는 거대한 파도가 넘실대고 있다.

성충동 억제를 통한 성범죄를 감소시키는 것도 중요하지만 이 또한 완전한 해결책이 아니므로 행동·심리치료가 병행되어야 할 것이다.[160]

2. 성충동약물치료의 목적

성폭력범죄를 저지른 성도착증 환자로서 성폭력범죄를 다시 범할 위험성이 있다고 인정되는 사람에 대하여 성충동 약물치료를 실시하여 성폭력범죄의 재범 을 방지하고 사회복귀를 촉진하는 것을 목적으로 한다(성폭력범죄자의 성충동 약물 치료에 관한 법률 제1조; 이하 성충동약물치료법이라 한다).

3. 대상자

성충동약물치료법의 대상자는 성폭력범죄를 행한 성도착증 환자로서 성폭력 범죄의 재범 위험성이 있다고 판단되는 19세 이상의 사람이다. 따라서 19세 미만 자가 성폭력범죄를 행하고 재범의 위험성이 있다고 하더라도 성충동약물치료를 행할 수 없다. 국회는 2017년 12월 1일 본회의를 열고 강간미수범도 화학적 거 세를 하는 '성폭력범죄자의 성 충동 약물치료에 관한 법률 일부 개정안'을 의결했

---

160 정우일, "성충동 약물치료에 관한 고찰", 한국범죄심리연구 제10권 제1호, 한국범죄심리학회, 2014, 170쪽.

다. 개정안은 성 충동 약물치료 대상 범죄에 강도강간미수죄를 포함하는 내용을 담고 있다. 또 아동·청소년 강간 등 상해·치상죄 및 아동·청소년 강간 등 살인·치사죄도 약물치료 대상범죄에 추가했다.[161]

4. 청구절차

1) 청 구

검사는 사람에 대하여 성폭력범죄를 저지른 성도착증 환자로서 성폭력범죄를 다시 범할 위험성이 있다고 인정되는 19세 이상의 사람에 대하여 약물치료명령(이하 치료명령이라 한다)을 법원에 청구할 수 있다(성충동약물치료법 제4조 제1항). 검사는 치료명령 청구대상자(이하 치료명령 피청구자라 한다)에 대하여 정신건강의학과 전문의의 진단이나 감정을 받은 후 치료명령을 청구하여야 한다(동조 제2항). 치료명령의 청구는 공소가 제기되거나 치료감호가 독립청구 된 성폭력범죄 사건(이하 피고사건이라 한다)의 항소심 변론종결 시까지 하여야 한다(동조 제3항). 법원은 피고사건의 심리결과 치료명령을 할 필요가 있다고 인정하는 때에는 검사에게 치료명령의 청구를 요구할 수 있다(동조 제4항).

2) 조 사

검사는 치료명령을 청구하기 위하여 필요하다고 인정하는 때에는 치료명령 피청구자의 주거지 또는 소속 검찰청(지청을 포함한다) 소재지를 관할하는 보호관찰소(지소를 포함한다)의 장에게 범죄의 동기, 피해자와의 관계, 심리상태, 재범의 위험성 등 치료명령 피청구자에 관하여 필요한 사항의 조사를 요청할 수 있다(동법 제5조 제1항).

3) 치료명령 청구사건의 관할

치료명령 청구사건의 관할은 치료명령 청구사건과 동시에 심리하는 피고사건의 관할에 따른다(동법 제6조 제1항). 따라서 피고사건을 행하는 재판부에서 치료명령을 동시에 할 수 있다. 치료명령 청구사건의 제1심 재판은 지방법원 합의부(지방법원지원 합의부를 포함한다)의 관할로 한다(동조 제2항).

---

161 http://m.post.naver.com/viewer/postView.nhn?(검색일-2017. 12. 20).

Ⅱ. 성충동약물치료에 대한 외국의 입법례

1. 폴란드

폴란드는 2009. 9. 25. 성폭력범죄자에 대한 성충동 억제약물을 투여하는 법안이 마련되었고, 이로 인해 아동 성범죄에 대한 가장 강력한 법을 가진 나라가 되었다.[162]

2. 노르웨이

노르웨이의 성범죄자에 대한 화학적 거세는 1934년 제정되었고, 1977년에 개정되었으며, 그 대상자는 비정상적인 성적 본능으로 성범죄를 야기했다면 화학적 거세를 할 수 있도록 규정하였다. 화학적 거세를 하기 위해서는 거세위원회의 조사와 승인을 받아야 한다.[163]

3. 핀란드

핀란드의 성범죄자 거세법은 1935년에 제정되어 1950년과 1970년에 개정되었다. 그 대상자는 성적 본능에 중대한 정신장애의 원인이 되거나 다른 사람에게 해악을 끼치는 원인이 되는 경우로서 거세가 그러한 본능을 억제시킬 수 있다고 판단되는 경우이다.[164]

4. 스웨덴

스웨덴의 성범죄자 거세법은 1944년에 제정되었다. 이 법의 적용대상자는 23세 이상의 성범죄자가 사회에 해악을 끼칠 우려가 있거나 지나친 성욕이 개인의 심리적인 장애를 유발하는 원인으로 인정되는 경우이다. 화학적 거세는 성범죄자의 의사에 관계없이 행해지며, 보건복지부의 승인을 받아 전문 의사가 행한다.[165]

---

162 김희균, "상습적 아동 성폭력범에 대한 화학적 거세 도입 가능성에 대한 연구", 형사법연구 제21권 제4호, 한국형사법학회, 2009, 283쪽.
163 허경미, "성범죄자에 대한 약물치료명령에 관한 연구", 교정연구 제49호, 한국교정학회, 2010, 163쪽.
164 허경미, 위의 논문, 163쪽.
165 허경미, 위의 논문, 163쪽.

Ⅲ. 성충동약물치료법의 운영상 문제점

1. 피청구자의 미동의

성충동약물치료법상 피청구자의 동의여부와 관계없이 강제적으로 치료명령을 할 수 있다. 이로 인해 성충동약물치료의 청구 및 판결에 대해 헌법상 과잉금지 원칙을 위반한다는 이유로 직권으로 위헌법률심판을 제청한 사례가 발생하였다.[166] 이에 대해 헌법재판소는 성충동 약물치료가 신체 기능의 일부를 치료기간 동안 불능화하는 조치라 하더라도 그것이 재범의 위험성을 근거로 사회방위 목적에서 부과되는 형사제재인 이상, 피치료자의 동의는 치료효과와 관련된 문제이지 동의를 요건으로 하지 않았다고 하더라도 곧바로 헌법에 위배되는 과도한 제한이 아니라고 하고 있다.[167] 이러한 논리로 접근한다면 피치료자의 치료명령의 행위는 인권침해 발생 가능성이 높다. 따라서 재범 위험성이 있는 성폭력범죄자라 하더라도 성충동약물치료를 위해서는 반드시 동의가 전제되어야만 할 것이다. 만약 피치료자가 동의를 하지 않아 성충동약물치료를 하지 못한 상황에서 재범이 발생할 경우에는 그에 상응하는 충분한 대가 즉, 형벌을 감수하도록 하면 될 것이다.

잠재적 성범죄자라는 이유만으로 신체적 기능을 본인의 의사에 반해서 훼손하면서까지 정서적 변화, 인간 개조를 이끌어 내는 것은 인간의 정체성을 위협하는 것은 아닌지 의문이 제기된다.[168]

2. 약물 부작용의 미검증

성충동약물에 대한 장기간에 걸친 부작용에 대한 검증이 이루어지지 않은 상태에서 피청구자에게 약물을 주입할 경우 사회적 문제가 대두될 수 있다. 성충동 억제약물 치료는 전립선암환자의 약물치료와 비슷하다. 즉 전립선암을 진행시키고 악화시키는 물질이 남성호르몬이기 때문에 이 남성호르몬의 생산을 못하게 하거나 작용하지 못하도록 하는 약물을 사용한다. 이것을 역으로 성범자들에게

---

166 대전지방법원 2013. 2. 8. 자 2012고합512 결정.
167 헌법재판소 2015. 12. 23. 2013헌가9 결정.
168 권순현, "성충동 약물치료에 대한 헌법적 평가", 유럽헌법연구 제24호, 유럽헌법학회, 2017, 254쪽.

사용하면 성욕을 감퇴시킬 수 있으므로 사용하는 것이다.

남성호르몬은 뇌의 시상하부에서 뇌하수체를 자극하고 뇌하수체에서는 고환으로 생산신호를 보내 남성호르몬이 생산되며, 고환에서 남성호르몬이 분배된다. 이렇게 남성호르몬 생산을 억제시키는 약물이 고세렐린으로 이 약물을 3주 정도 투여하면 남성호르몬이 급격하게 감소하여 고환을 거세하는 수준에 이르게 된다. 실제 쥐를 대상으로 실험한 결과 1시간 동안 수컷 쥐의 교미회수가 18회였는데, 성충동약물을 투여 후 1시간 동안 교미횟수는 22회로 오히려 증가하다가 5일이 지난 시점에서는 교미횟수가 5회에 불과했다.[169] 흥미로운 것은 성충동약물치료제 투여 후 1시간 정도는 교미횟수가 일시적으로 증가한다는 사실이다. 이러한 현상이 피청구자에게도 나타날 가능성이 있으므로 잘 관찰할 필요가 있다고 본다.

성충동약물투여로 나타나는 문제점으로 뼈가 약해지고, 얼굴이나 손발이 빨개지고 시도 때도 없이 식은땀이 많이 나며, 고환의 크기도 18g에서 8g 정도로 작아진다는 점이다. 여기서 약물투여를 중단하면 원상회복이 되지만 고환의 무게는 원상회복이 안 될 수도 있다. 더 큰 문제는 이러한 약물이 젊은 층에 대해서는 아직 검증이 되지 않은 상태이기 때문에 향후 어떠한 부작용이 나타날지는 아무도 모른다는 점이다.[170] 따라서 충분한 기간을 통해 검증을 행할 필요가 있다고 본다.

3. 배우자의 피해자화

성충동억제약물을 투여 받은 사람에 의하면 "전혀 성관계를 하고 싶은 욕구가 생기지 않는다"라고 하고 있다. 이러한 상황에서 피청구자의 아내는 성적욕구를 충족시킬 수 없는 한계가 발생한다. 따라서 월1회 정도는 아내의 성적욕구를 충족할 수 있도록 약물투여시기를 과학적 접근을 통해 잘 조절할 필요가 있다고 본다.

---

169 KBS2 추적60분, 화학적 거세, 욕망의 괴물 잠재울 수 있나?, 2010. 8. 4. 방송.
170 KBS2 추적60분, 화학적 거세, 욕망의 괴물 잠재울 수 있나?, 2010. 8. 4. 방송.

제6절 | 성소수자와 인권

I. 성소수자

1. 의 의

성소수자란 이성애자 이외의 성정체성으로 인한 동성애자나 성전환자 등을 말한다. 성소수자는 일종의 정신적 문제에 해당하기 때문에 다수의 이성애를 가진 사람들이 이해하고 접근하지 않으면 앞으로 영원히 보호받지 못할 수 있을 것이다.

성소수자는 생물학적 현상으로 차별을 받을 이유가 전혀 없고, 헌법상 보장된 행복추구권을 빼앗을 권리 또한 누구에게도 없다고 본다. 성소수자에게 이러한 권리를 보장해주기 위해서는 관련 법령의 개정이 시급하다고 본다. 대다수의 사람들은 이성에게 마음이 끌리게 되고, 이성을 통해 사랑하게 되면서 결국 혼인에 이르게 되며, 아이까지 출산하게 된다. 하지만 성소수자는 이러한 정상적인 생활을 할 수 없다는데 인식을 같이하고 대응방안을 강구하지 않으면 안 될 것이다.

동성애가 단순히 질병이나 정신적 장애가 아니라면 선천적인 소수의 성적 지향이라고 볼 수 있지만 이는 부모의 죄도 자신의 죄도 아닐 수 있다.[171] 따라서 이러한 개인주의적 성향의 가치를 존중해줄 필요성이 있다고 본다.

2. 성소수자의 유형

성소수자에는 여성 동성애자 레즈비언(Lesbian), 남성 동성애자 게이(Gay), 양성애자(Bisexual), 생물학적으로 타고난 성과 정신적인 성이 일치하지 않으므로 인해 고통을 겪고 있는 성 동일성 장애(Gender identity disorder)을 겪다가 결국 남성이 여성으로 혹은 여성이 남성으로 성을 전환하는 성전환자(Transsexual), 자신의 성정체성을 확정짓지 못하고 유동적인 퀴어(Queer) 등이 있다.[172] 한 동성애

---

171 허호익, "동성애에 관한 핵심 쟁점-범죄인가 질병인가 소수의 성지향인가", 장신논단 제38호, 장로회 신학대학교 기독교사상과 문화연구원, 2010, 252쪽.
172 류병관, 앞의 책, 228쪽.

자 연구에서 92%에 달하는 레즈비언과 게이들이 가족들에게 언어적 폭력과 협박에 고통을 받고 있으며, 24% 정도는 그들의 성향 때문에 신체적 공격도 받고 있다고 한다.[173] 자신이 동성애자임을 밝히는 것을 커밍아웃(coming out)이라 하며 타인에 의해 강제로 성정체성이 밝혀지는 것을 아우팅(outing)이라고 한다.

Ⅱ. 인권침해 논의

1. 동성 간의 결혼

동성 간의 결혼에 대해 뜨거운 감자로 부각되고 있는 현실에서 다수가 관심을 갖게 되었다. 하지만 현행법상으로 동성 간에 결혼을 하더라도 혼인신고가 되지 않고 있다. 즉 동성 간에 혼인을 하더라도 법률상 정상적인 부부로 인정하지 않겠다는 것이다. 동성결혼에 대해 기독교에서는 성경에 반한다는 이유로 동성 간 결혼 반대 서명운동이 활발하게 전개되고 있는 실정이다. 이에 반해 미국은 매사츄세츠주 굿리지(Goodridge) 판결을 계기로 동성혼을 인정하게 되었다. 즉 동성 간 혼인을 인정한다고 해도 사회적으로 혼인이 차지하는 근본적 가치는 침해되지 않는다고 보았다.[174]

2. 동성 간의 성행위

1) 동성 간 혼인

동성 간 혼인을 통한 성행위에 있어 여성 간의 성행위는 크게 문제될 것이 없지만 남성 동성 간 성행위를 할 경우 문제가 될 수 있다. 즉 성행위를 항문으로 할 수밖에 없는 상황에서 콘돔을 끼지 않고 항문성교를 할 경우 에이즈 감염에 노출될 가능성이 높다. 에이즈는 아직 완치가 불가능하고 한 번 걸리면 죽을 때까지 치료를 받아야만 살 수 있다. 따라서 동성애로 인해 사회적 비용이 증가

---

173 양문승, "동성결혼 출현으로 인한 차별적 피해자화 이론 가설", 피해자학연구 제12권 제1호, 한국피해자학회, 2004, 133쪽.

174 최희경, "동성애자권리(同性愛者權利)에 대한 로렌스 판결(判決)의 의미(意味)와 영향(影響)", 세계헌법연구 제17권 제2호, 국제헌법학회 한국학회, 2011, cclv~cclvi쪽.

될 수 있다는 사실을 망각해서는 안 된다.

2) 여성 트랜스젠드와 남자 간의 사랑

문제가 될 수 있는 트랜스젠드는 남성이 여성으로 성전환을 동경하여 정신적 전환은 되었지만 금전적인 문제로 유방과 머리카락 길이, 얼굴 외모 등은 변화가 이루어졌지만 성기가 전환되지 않은 여성 트랜스젠드이다. 이들은 성적 소수자로서 상당히 외롭고 위로가 필요한 사람들이다. 하지만 대다수의 남성들이 여성 트랜스젠드에게 접근하는 이유는 성적 호기심이나 변태적 성행위를 위해 접근하고 있다. 이로 인해 많은 여성 트랜스젠드들이 남자로부터 진정한 사랑을 받는 것이 아니라, 성적 강요만 받고 있고, 만약 몸이 아프다고 하면서 성행위를 거부할 경우 심한 막말과 폭행으로 이어지고 있는 실정이다.

3. 동성 간의 성적행위에 대한 처벌 규정

일반인에 대해 동성 간의 성행위가 합의하에 이루어졌다면 처벌규정이 없다. 하지만 교도소와 군대에서는 별도의 처벌규정을 마련하고 있다. 먼저 군형법 92조의6에 따르면 "계간(항문성교)이나 그 밖의 추행을 한 사람은 2년 이하의 징역에 처한다"라고 규정하고 있다. 물론 일방은 동성애자인데 타방은 동성애자가 아닌 가운데 동성애자가 다른 일방을 강제로 추행하거나 항문 성교를 행한다면 이는 당연히 처벌받아 마땅하다. 문제는 동성애자 간에 항문성교나 성기를 만지는 등의 추행행위를 한 경우 이를 처벌할 수 있는가이다. 즉 서로 합의하에 성관계가 이루어졌기 때문에 구성요건해당성이 없다고 주장할 수 있다. 하지만 군형법은 폭행이나 협박을 수반하지 않고 항문성교나 그 밖의 추행을 하더라도 처벌될 수 있는 규정이 마련되어 있기 때문에 동성 간에 합의 하에 항문성교나 추행에 대해 처벌될 수 있다. 이러한 규정을 마련한 이유는 동성애 성행위 등 객관적으로 일반인에게 혐오감을 일으키게 하고 선량한 도덕관념에 반하는 성적 만족 행위로서 군이라는 공동사회의 건전한 생활과 군기를 침해하기 때문이다.[175]

다음으로 교도소에서는 수용자 규율 및 징벌에 관한 규칙 제3조 8호에 따라 "음란행위를 하거나 다른 사람에게 성적 언동 등으로 성적 굴욕감 또는 혐오감을

---

175 대법원 2008. 5. 29. 선고 2008도2222 판결.

느끼게 하는 행위"에 대해서는 "20일 이하의 금치 또는 6월 이내의 작업장려금 삭감"이라는 징벌을 부과할 수 있다(동규칙 제4조 제2호).

위 규정을 종합적으로 검토해 보면 일반적으로 형법에서는 합의하에 성관계 가 이루어질 경우 구성요건해당성이 없고, 성적자기결정권을 침해하지 않으므로 처벌될 수 없다. 이에 반해 군형법을 적용하면 처벌될 수 있으므로 지나친 차별 이라 하지 않을 수 없다. 따라서 군 내부에서 공연성이 없고, 강제에 의하지 않 은 동성 간의 추행이나 항문성교까지 처벌하는 것은 지나친 규제라 하지 않을 수 없다.[176]

4. 동성애에 대한 혐오감

우리 사회는 동성애에 대해 곱지 않은 시선으로 바라보는 것이 현실이다. 이 에 반해 미국도 초창기에는 동성애에 대해 부정적이었지만 Romer 사건을 계기 로 다른 사람들과 동등한 법의 보호를 받을 수 있었고, Lawrence 사건을 계기로 사적인 합의에 의한 동성애행위를 금지하는 다른 주의 법들을 위헌으로 만들었 다.[177] 이성애를 추구하는 다수가 동성애를 가진 소수에 대한 혐오감을 없애기 위 해서는 동성애자들과 상호작용을 통해 낯설음을 낯익음으로 몸에 배게 하는 것 이 필요하다.[178]

영국은 초창기에는 동성 간 성행위에 대해 부정적이었지만 1967년 성폭력범 죄법(Sexual Offence Act)제정으로 동성 간(21세 이상) 합의에 의한 성관계는 비범 죄화 되었다. 미국도 마찬가지로 초창기에는 군대 내 동성애자의 군복무를 부정 하였지만 2010년 12월 22일 버락 오바마는 그의 대선공약대로 동성애자 군 복무 금지 법안 폐지에 서명함으로써 17년간 이어져오던 동성애자 군 복무금지 정책 이 폐지되었다.[179]

176 김명수, "성적 소수자의 법적 차별에 관한 고찰-군형법 제92조에 관한 헌법재판소 결정을 중심으로", 세계헌법연구 제18권 제1호, 국제헌법학회 한국학회, 2012, 85쪽.
177 박승호, "미국헌법상 동성애자의 권리 : Romer 사건과 Lawrence 사건 검토를 중심으로 ", 미국헌법연 구 제22권 제2호, 미국헌법학회, 2011, 209~227쪽.
178 김광식, "인지문화철학으로 되짚어 본 동성애 혐오", 사회와 철학 제26호, 사회와철학연구회, 2013, 275쪽.
179 신광현, 군 내 동성애자 인권침해에 관한 소고, 인하대학교 법학연구소, 2012, 167쪽.

제7절 | 성매매와 인권

Ⅰ. 의 의

성매매란 불특정인을 상대로 금품이나 그 밖의 재산상의 이익을 수수(收受)하거나 수수하기로 약속하고, ① 성교행위, ② 구강, 항문 등 신체의 일부 또는 도구를 이용한 유사 성교행위 등 어느 하나에 해당하는 행위를 하거나 그 상대방이 되는 것을 말한다(성매매알선 등 행위의 처벌에 관한 법률 제2조 제1항 제1호; 이하 성매매특별법이라 한다). 일본은 간접적인 유사성행위는 처벌하지 않고 있다.

Ⅱ. 성매매 사례

1. 성인대상 성매매 사례

A부장판사는 2016년 8월2일 오후 11시쯤 서울 역삼동의 한 오피스텔에서 성매매 여성에게 19만원을 주고 성매매하다 현장에서 체포됐다. 경찰은 지난해 2016년 11월 불구속 기소 의견으로 사건을 검찰에 송치했다. 그러나 검찰은 A부장판사가 초범이고 범죄 혐의를 자백했으며, 법원에서 감봉 3개월 징계를 받은 점 등을 고려해 사건을 재판에 넘기지 않고 기소유예 처분을 하였다.[180]

B씨는 지난해 1월 의정부시청 앞 상가밀집지역에 있는 오피스텔 방 7를 임대해 성매매를 알선한 혐의를 받고 있다. 이곳에서 일한 성매매여성은 만 21세에서 만 40세 사이의 여성 10명으로 파악됐다. 이들은 30분에 10만원, 3시간에 18만원을 받고 성매매를 한 것으로 조사됐다. 수익은 성매매 여성과 업주가 6대 4로 나눠 가졌다. 이들이 1년 3개월 동안 올린 수익은 약 1억 9천만 원에 달하는 것으로 경찰은 추산했다. 이 업소는 경찰의 함정 수사와 불시 단속 등을 피하려고 철저히 폐쇄적으로 운영해왔다. 범행수법은 인터넷 광고를 보고 전화로 예약한

---

180 http://news.khan.co.kr/kh_news/khan_art_view.htm(2018. 04. 02).

남성과 시간 약속을 정한 뒤 실장이나 종업원 등이 직접 오피스텔 방으로 안내하는 식이었다. 이 과정에서 '고객'의 신분을 확인해야 한다며 다른 성매매업소를 이용한 경험이 있다는 사실을 증명하게끔 했다.[181]

2. 아동·청소년 성매수 사례

아동·청소년을 대상으로 하는 성매수는 대다수가 채팅 사이트나 랜덤 채팅을 통해 이루어지고 있다. 여성가족부 자료에 의하면 조건만남 청소년 10명 중 7명은 모바일 채팅앱이나 채팅사이트로 만났다고 하고 있다. 실제 채팅 어플에서 15세 중학생이 되어 성매수 문자를 발송한 결과 수많은 남성들이 해당 사이트에 접근하여 만나자고 하고 있는 실정이다. 또한 한 채팅방에 익명으로 접속해 대화를 시도하자 곧바로 성매매 제의가 들어왔다. '주인님'이라는 가명의 한 남성은 "진지하게 망가질 자신이 있냐", "내가 시키는 대로 해야 한다"고 말했다. 익명으로 대화할 수 있는 채팅앱들이 성매매 창구로 전락하고 있다는 사실을 단적으로 보여주고 있는 것이다. 대다수의 익명 채팅앱이 별도의 인증 절차 없이 누구나 이용할 수 있어 미성년자의 성매매를 방조한다는 지적이 나오는 것도 이 때문이다.[182]

여성가족부 '2016년 성매매 실태조사'에 따르면 성매매를 조장하는 모바일앱 317개 가운데 본인인증이나 기기인증 등을 요구하지 않는 앱은 278개(87.7%)에 달했다.

실제 모바일 앱스토어에 채팅앱을 검색하면 대다수의 앱이 본인인증을 요구하지 않고 있으며, 카카오톡도 오픈채팅방 접속 시 인증 절차를 요구하지 않고 있다.

Ⅲ. 성매매 처벌규정

1. 성인대상 성매매 처벌규정

성매매를 한 사람은 1년 이하의 징역이나 300만 원 이하의 벌금·구류 또는

---

181 http://www.yonhapnews.co.kr/bulletin(검색일-2018. 04. 02).
182 http://www.segye.com/newsView(검색일-2018. 06. 25).

과료(科料)에 처한다(성매매특별법 제21조 제1항). 따라서 성을 매수한 사람과 성을 판매한 사람 모두 처벌되는 양벌규정이다. 이에 대해 이모씨(23세)로부터 13만 원을 받고 성매매 범죄사실로 기소된 자가 성매매특별법 위 벌칙조항에 대하여 2012년 7월 7일 위헌법률심판을 제청하였는데, 헌법재판소는 개인의 성적자기결정권, 사생활의 비밀과 자유, 성판매자의 직업선택의 자유와 평등권 등을 침해하지 않는다고 판시하였다.[183]

2. 아동·청소년의 성매매 처벌규정

1) 아동·청소년의 성매매

아동·청소년의 성을 사는 행위를 한 자는 1년 이상 10년 이하의 징역 또는 2천만 원 이상 5천만 원 이하의 벌금에 처한다(아동·청소년의 성보호에 관한 법률 제13조 제1항: 이하 청소년 성보호법이라 한다). 아동·청소년의 성을 사기 위하여 아동·청소년을 유인하거나 성을 팔도록 권유한 자는 1년 이하의 징역 또는 1천만 원 이하의 벌금에 처한다(동법 제2항).

2) 아동·청소년의 성매수 장소제공 및 알선 행위

첫째, 영업으로 아동·청소년의 성매수를 할 수 있도록 장소제공, 알선, 정보통신망에서 정보제공, 성매매의 범죄에 사용되는 사실을 알면서 자금·토지 또는 건물을 제공, 성매매 업소에 아동·청소년을 고용하도록 한 자 등 어느 하나에 해당하는 자는 7년 이상의 유기징역에 처한다(동법 제15조 제1항).

둘째, ① 영업으로 아동·청소년의 성을 사는 행위를 하도록 유인·권유 또는 강요한 자, ② 아동·청소년의 성을 사는 행위의 장소를 제공한 자, ③ 아동·청소년의 성을 사는 행위를 알선하거나 정보통신망에서 알선정보를 제공한 자, ④ 영업으로 제2호 또는 제3호의 행위를 약속한 자 등 어느 하나에 해당하는 자는 7년 이하의 징역 또는 5천만 원 이하의 벌금에 처한다(동조 제2항).

셋째, 아동·청소년의 성을 사는 행위를 하도록 유인·권유 또는 강요한 자는 5년 이하의 징역 또는 3천만 원 이하의 벌금에 처한다(동조 제3항).

183 헌법재판소 2016. 3. 31. 2013헌가2 결정.

Ⅵ. 성매매 종사자 처벌에 대한 여론

성매매종사자를 처벌하는 것에 대해 남녀 찬·반 의견을 살펴보면 먼저 남성은 찬성이 52.4%, 반대가 45.3%로 나타났고, 여성은 찬성이 66.5%, 반대가 31.5%로 나타나 남성보다 여성이 14.1% 더 찬성하는 것으로 나타났다.[184] 이러한 통계는 성을 파는 사람은 대다수가 여성이고, '성의 상품화'를 하는 것에 여성이 더 부정적인 시각을 갖고 있는 것으로 풀이된다.

표 10 | 성매매 종사자 처벌 여부

구 분		응답자 수(명)	매우 찬성	대체로 찬성	대체로 반대	매우 반대	모름/무 응답	종 합 찬성	종 합 반대
전체		3,000	19.9	39.6	30.7	7.7	2.2	59.5	38.4
성별	남 자	1,489	14.3	38.1	35.6	9.7	2.4	52.4	45.3
	여 자	1,511	25.4	41.1	25.8	5.7	1.9	66.5	31.5

출처: 한국법제연구원

Ⅴ. 성매매특별법의 부작용

1. 성매매 여성의 원정 성매매

성매매특별법의 시행으로 성매매 여성의 직업전환을 위한 다양한 정책을 펼쳤지만 실효성을 거두지 못했다. 그 이유는 쉽게 많은 돈을 벌다가 고된 노동과 저임금에 시달리는 직업으로 전환되는 것을 꺼려하기 때문이다. 이에 대한 부작용으로 해외 원정 성매매로 이어지는 결과를 초래하였다.

외교부로부터 강창일 의원에게 제출한 자료를 살펴보면 성매매로 적발 건수가 2013년 1월부터 2017년 7월 31일까지 총 121명으로 집계됐다. 국가별로는 중국 36건, 일본 28건, 필리핀 21건, 미국 18건, 대만 16건, 호주 2건 순이다. 적발유

184 현대호·김명아, 앞의 책, 147쪽.

형은 성매매 알선 및 풍속영업위반이 21건, 성매매가 100건이다.

표 11	원정 성매매 적발 건수											
연 도		2013		2014		2015		2016		2017. 7		합 계	
적발건수	남	여	남	여	남	여	남	여	남	여	남	여
	5	13	5	33	27	27	4	1	1	5	42	79
계	18		38		54		5		6		121	

출처: 외교부가 강창일 의원에게 제출한 자료

2. 풍선효과

성매매특별법의 시행으로 성매매가 감소되는 것이 아니라, 오히려 풍선효과처럼 가정집이나 원룸, 조건만남, 키스방 등을 통해 은밀하게 이루어지고 있는 실정이다. 특히 스마트폰 앱을 통해 회원제로 운영되거나 조건만남 등을 통해 청소년 성매매가 급증하고 있다. 이렇게 은밀하게 성매매가 이루어질 경우 성매매 여성은 성병검사로부터 자유롭기 때문에 성병감염의 확산이 우려될 수 있다. 특히 성매수를 한 남성이 성매매 여성을 통해 에이즈에 한 번 감염되면 완치가 불가능하고 많은 치료비가 수반되어 경제적 어려움에 시달리게 될 뿐만 아니라, 아내로부터 정신적·육체적인 외면을 당할 수 있다.

3. 아동·청소년의 성매매 진정 가해자인가?

아동·청소년이 성매매를 할 경우 소년보호처분을 받게 된다. 보호처분은 형사처분은 아니지만 범죄기록이 남겨 되며, 공판정을 갈 때 수갑을 차고 가야 하기 때문에 상당한 모멸감을 느끼게 된다. 피의자 신분인 성매매 아동·청소년은 법률상 국선변호인 지원을 받을 수도 없다. 아동·청소년은 정신적 미성숙 단계에서 다양한 이유로 가출할 경우 숙식이 해결되지 않으면 자연스럽게 금전적 유혹에 쉽게 빠져들게 마련일 것이다. 아동·청소년에게 접근해 숙식제공을 빌미로 한 성인 남성에게 성폭행을 여러 차례 당하더라도 아동·청소년은 자신도 처벌받을 수 있다는 생각에 쉽게 성폭행 사실을 수사기관에 신고하지 못하고 있는 실정이다. 이런 상황에서 아동·청소년의 성매매 행위를 범죄의 가해자로 처벌하는 것은 상당한 모순이라고 하지 아니할 수 없다. 그렇다고 아동·청소년을 성매매의 피해자로 규정하면 강제적인 보호처분을 할 수 없으므로 교화의 기회를 놓치게 할 수 있다. 따라서 아동·청소년이 왜 성매매 유혹에 넘어갈 수밖에 없는지에 대한 선결과제를 먼저 해결하는 것이 바람직한 방향이라 여겨진다.

제8절 | 연명의료결정법과 인권

I. 의 의

연명의료란 임종과정에 있는 환자의 생명 연장을 위한 의학적 시술인 심폐소생술, 인공호흡기, 항암제 투여, 혈액투석 등의 방법으로 무의미하게 연장해 가는 것을 말한다. 따라서 해당 환자가 회생가능성이 없고, 치료에도 불구하고 회복되지 않으며, 급속도로 증상이 악화되어 임종이 임박한 경우로 의학적 판단을 기초로 한다. 연명의료 중단 결정은 인격으로서의 존엄을 유지하며 죽음을 맞거나 맞도록 하는 것에서 비롯된다. 즉 회복 불가능한 사망단계에 처했을 때, 연명치료를 하는 것이 무의미하다고 판단될 경우 자연스런 죽음을 맞이하게 하는 것을 말한다. 이는 환자의 자기결정권이나 가족의 처분권이 의사(醫師)의 환자 생명 유지권보다 더 중요하다는 입장에서 고려된 것이다.

연명의료 중단 결정을 위한 법률로 호스피스·완화의료 및 임종과정에 있는 환자의 연명의료결정에 관한 법률(이하 연명의료결정법이라 한다)이 제정되었고, 연명의료결정에 대해서는 2018년 2월 4일부터 시행되었다.

II. 연명의료중단의 결정방법

1. 연명의료계획서가 있는 경우

연명의료결정법에 따라 연명의료 중단 결정은 의료기관에서 작성된 연명의료계획서가 있는 경우에는 이를 환자의 의사로 본다(연명치료결정법 제17조 제1항 제1호). 연명의료계획서란 말기환자 또는 임종과정에 있는 환자 등 의학적으로 임종이 예측되는 환자가 담당 의사와 연명의료 및 호스피스에 관한 사항을 연명의료계획서를 통해 작성하는 것을 말한다. 즉 자신의 연명의료 상황을 담당 의사로부터 충분히 들은 후 연명의료 계획에 관한 사항을 서면으로 남긴 문서를 말한다.

연명의료계획서을 작성할 때 구체적인 사안에 대해서는 담당 의사와 의료기관에 설치된 의료기관윤리위원회에 상담을 요청할 수 있다. 해당 환자가 미성년자인 경우에는 환자와 법정대리인이 함께 설명을 듣고 연명의료계획서를 작성할 수 있다. 연명의료계획서는 담당 의사가 작성하는데, 작성하기 전에 환자에게 ① 환자의 질병상태와 치료방법에 관한 사항, ② 연명의료의 시행방법 및 연명의료 중단 결정에 관한 사항, ③ 호스피스 선택 및 이용에 관한 사항, ④ 연명의료계획서의 작성·등록·보관 및 통보에 관한 사항, ⑤ 연명의료계획서의 변경·철회 및 그에 따른 조치에 관한 사항, ⑥ 의료기관윤리위원회의 이용에 관한 사항 등을 충분히 설명하여야 하고, 환자는 이를 듣고 연명의료계획서에 서명날인을 하면 완료된다(동법 제12조 제2항 제1~6호).

2. 연명의료계획서를 작성할 수 없는 경우

19세 이상의 환자가 의사를 표현할 수 없는 의학적 상태인 경우에는 환자의 연명의료중단 등 결정에 관한 의사로 보기에 충분한 기간 동안 일관하여 표시된 연명의료중단 등에 관한 의사에 대하여 환자가족 2명 이상의 일치하는 진술(환자가족이 1명인 경우에는 그 1명의 진술을 말한다)이 있으면 담당의사와 해당 분야의 전문의 1명의 확인을 거쳐 이를 환자의 의사로 보고 결정할 수 있다(동법 제17조 제1항 제3호). 여기서 환자의 가족은 19세 이상으로 배우자, 직계비속 및 직계존속이다. 해당 가족이 없을 경우 형제자매가 되고, 환자의 가족이 1인일 경우 1인의 진술로도 가능하다(동조 제1항 제3호). 만약 환자의 의사를 전혀 확인할 수 없다면 환자 가족 전원 합의를 통해 할 수 있고, 환자 가족이 의식불명이거나 행방불명일 경우에는 가족의 동의 없이 할 수 있다.

3. 연명의료의향서

1) 연명의료의향서

연명의료의향서란 19세 이상인 사람이 자신의 연명의료중단 등 결정 및 호스피스에 관한 의사를 직접 문서(전자문서를 포함한다)로 작성한 것을 말한다(동법 제2조 제9호). 연명의료의향서를 건강할 때 작성해 두면 훗날 연명의료 중단여부를 결정할 시기가 도래했을 때, 본인의 무의미한 고통을 줄일 수 있음은 물론 가정과 사회의 경제적 부담을 최소할 수 있을 것이다.

2) 연명의료의향서 등록기관

보건복지부장관은 대통령령으로 정하는 시설·인력 등 요건을 갖춘 ①「지역보건법」제2조에 따른 지역보건의료기관, ② 의료기관, ③ 사전연명의료의향서에 관한 사업을 수행하는 비영리법인 또는 비영리단체, ④ 공공기관 중에서 사전연명의료의향서 등록기관을 지정할 수 있다(동법 제11조 제1항 제1~4호).

Ⅲ. 연명의료결정의 이행

연명의료계획서, 사전연명의료의향서 또는 환자가족의 진술을 통하여 환자의 의사(意思)로 보는 의사(醫師)가 연명의료중단 등 결정을 행할 것이고, 임종과정에 있는 환자의 의사에도 반하지 아니하는 경우이거나, 환자의 의사를 확인할 수 없는 경우 일정한 요건을 갖춘 경우 담당의사는 해당 환자에 대하여 즉시 연명의료 중단 결정을 이행하여야 한다(동법 제19조 제1항). 연명의료 중단 결정 이행 시 통증 완화를 위한 의료행위와 영양분 공급, 물 공급, 산소의 단순 공급은 시행하지 아니하거나 중단되어서는 아니 된다(동조 제2항). 담당 의사가 연명의료 중단 결정의 이행을 거부할 때에는 해당 의료기관의 장은 윤리위원회의 심의를 거쳐 담당 의사를 교체하여야 한다(동조 제3항).

Ⅳ. 연명의료 중단에 대한 판례의 입장

환자에 대해 연명치료를 중단해 줄 것을 환자의 가족이 소송을 제기한 결과 1심 재판부는 치료가 계속 되더라도 회복 가능성이 없고, 환자가 사전에 한 의사표시, 성격, 가치관, 종교관, 가족과의 친밀도, 생활태도, 나이, 기대생존기간, 환자의 상태 등을 고려하여 치료중단 의사가 추정되는 경우에 자연스런 죽음을 맞

이하는 것이 인간의 존엄과 가치에 부합하여 죽음을 맞이할 이익이 생명을 유지할 이익보다 더 크다고 하면서 합헌 판결을 내린 바 있다.[185] 이후 대법원도 무의미한 연명치료에 대해 중단하여도 무방하다고 판시하고 있다.[186]

V. 연명의료결정법 시행을 위한 문제점

1. 처벌규정

안락사에 대해 적정한 절차를 통해 시행되었음에도 불구하고 사후에 잘못된 의사의 판단으로 시행되었다고 확인될 경우 의사에 대하여 3년 이하의 징역 3천만 원 이하의 벌금에 처하는 규정이 있다(연명의료법 제39조). 이로 인해 의료계에서는 반발하고 있다. 즉 처벌될 것이 두려워 연명의료 중단 결정을 쉽게 결정하지 못할 가능성과 환자의 가족으로부터 소송에 휘말릴 가능성을 배제할 수 없기 때문이다. 따라서 이러한 처벌규정에서 의사가 자유로울 수 있도록 해야 한다. 한 서울대 의대 교수는 "까다로운 요건을 충족하지 못하면 최대 3년의 유기징역에 처해질 수 있으므로 방어적으로 나올 수 있다"면서 "연명의료 중단 요건을 완화하고 모든 의료기관이 연명의료 결정에 참여할 수 있도록 해야 한다"고 요구하고 있다.

2. 연명의료 중단에 대한 요건 엄격

연명의료결정법 시행에 따라 모든 의료기관이 연명의료행위를 중단할 수 있는 것이 아니다. 그 이유는 연명의료결정법에 제14조 제1항에 따라 의료기관윤리위원회(이하 위원회라 한다)를 설치한 의료기관에 대해서만 연명의료 중단 결정을 할 수 있기 때문이다. 이러한 행위는 절차와 요건을 엄격하게 준수하여 연명의료 중단 결정을 할 수 있다는 점에서 높이 평가할만하다. 문제는 이러한 윤리위가 없는 병원이 너무 많다는 데 있다.

---

185 서울서부지법 2008. 11. 28. 선고 2008가합6977 판결.
186 대법원 2009. 5. 21. 선고 2009다17417 판결.

보건복지부가 2018. 01. 29. 윤리위 등록 신청을 받은 결과 2018. 2. 4. 기준 등록을 마친 곳은 전체 병원급 이상 의료기관 3,324곳 가운데 59개(1.8%) 기관에 그쳤다. 상급 종합병원은 42곳 중 23곳(54.8%)이 등록을 마쳤지만 종합병원 10%, 병원 0.1%, 요양병원 0.3% 등으로 규모가 작을수록 설치율이 낮았다. 이러한 결과를 놓고 볼 때, 중소병원이나 요양병원 등은 안락사 사각지대가 될 수 있음을 보여주고 있다. 이를 방지하기 위해 연명의료결정법 제14조 6항에 따라 대형병원이나 국·공립병원 등이 공용윤리위원회를 만들어 중소병원에 위탁할 수 있도록 하겠다는 것이 보건복지의 입장이다. 이렇게 한다면 이들 병원으로부터 멀리 떨어져 있다면 실제 심사를 하기보다는 서류만 보고 처리할 가능성이 매우 높다고 볼 수 있다.

Ⅵ. 연명의료결정법에 대한 국민여론

연명의료결정법(존엄사)에 허용여부에 대해 찬성이 75.9%, 반대가 22.3%로 나타났다. 특성별로 찬성 입장을 살펴보면 첫째 연령별은 40대가 80.2%로 가장 높고, 50대가 가장 낮은 것으로 나타났다. 둘째, 학력별은 대재 이상이 78.4%로 가장 높고, 중졸 이하가 73.7%로 가장 낮다. 셋째, 계층수준별은 하층이 77.8%로 가장 높고, 상층이 65.7%로 가장 낮은 것으로 나타났다. 특이한 점은 상층이 안락사에 더 부정적인 부분이다. 즉 치료비를 충당할 수 있다면 안락사에 대한 고민을 덜 하고 있다는 것으로 풀이된다.

표 12 | 연명의료결정법(존엄사) 허용 여부

구 분		응답자 수(명)	매우 찬성	대체로 찬성	대체로 반대	매우 반대	모름/ 무응답	종 합 찬성	종 합 반대
전체		3,000	16.0	59.9	18.6	3.7	1.8	75.9	22.3
연령별	20대	529	12.5	63.1	18.9	3.4	2.1	75.6	22.3
	30대	560	10.3	67.3	18.4	2.5	1.5	77.6	20.9

구 분		응답자 수(명)	매우 찬성	대체로 찬성	대체로 반대	매우 반대	모름/ 무응답	종 합	
								찬성	반대
연령별	40대	644	19.2	61.1	15.5	3.2	1.1	80.2	18.6
	50대	594	16.4	56.2	20.4	4.6	2.3	72.6	25.1
	60대 이상	673	20.4	53.4	19.7	4.5	2.0	73.8	24.2
학력별	중졸 이하	395	23.7	50.0	17.3	5.7	3.3	73.7	23.0
	고 졸	1,196	15.1	58.8	20.7	3.6	1.8	73.9	24.3
	대재 이상	1,409	14.7	63.7	17.1	3.2	1.4	78.4	20.3
계층 수준별	하 층	1,352	17.9	59.9	16.9	3.7	1.6	77.8	20.6
	중간층	1,527	14.7	60.4	19.8	3.3	1.7	75.1	23.1
	상 층	122	12.3	53.4	22.0	7.3	5.1	65.7	29.3

출처 : 한국법제연구원

제9절 | 양심적 병역거부

I. 의 의

양심적 병역거부란 종교적 신념이나 양심상의 이유로 병역과 총을 잡는 행위를 거부하는 것을 말한다. 이는 특정 종교에서 많이 나타나고 있지만 불교, 기독교 등 다양하게 나타나고 있는 실정이다. 현 양심적 병역을 거부한다고 하더라도 병역법 위반이 되어 처벌이 된다. 처벌은 곧 전과자로 낙인이 되기 때문에 사회생활을 하는 데 많은 어려움이 초래되고 있다. 따라서 헌법 제19조 "모든 국민은 양심의 자유를 가진다"라는 넓은 의미에서 양심적 병역거부를 인정할 필요성을 갖는다.

II. 양심적 병역거부에 대한 찬·반론

1. 긍정론

2015년 유엔 자유권 규약위원회는 대한민국의 양심적 병역거부자를 조속히 석방하고 관련 전과기록을 말소하며, 양심적 병역거부자들이 인정할 수 있는 민간대체복무제를 만들도록 촉구한바 있다. 박주민 의원이 양심적 병역거부자에 대한 대체복무법안을 발의하였지만 국회에서 계류 중에 있다. 그 내용을 살펴보면 그 대체복무기간은 현역의 1.5배이고, 이 기간 동안 자유롭게 출퇴근하는 것이 아니라 합숙을 해야 하며, 하는 일은 사회복지 관련 분야나 안전에 관련 된 것이다.[187]

2. 부정론

유동열 자유민주연구원장에 의하면 "군대를 가지 않는 것이 어떻게 양심적이

---

187 MBC 스페셜, 36,700년의 눈물, 2018. 01. 18. 방송.

며, 특정종교 신자임이 밝혀지면 병역거부를 인정해 주는데, 상당수는 병역기피 목적으로 특정종교를 채택할 가능성이 높다"라고 하면서 양심적 병역거부에 대해 반대 입장을 밝히고 있다.[188]

배진구 한국기독교총연합회 사무총장에 의하면 "우리나라 현실은 북한과 대치하고 있는 상황에서 가장 중요한 역할을 담당하고 있는 것이 군이라고 하면서 병역을 거부한다면 대한민국을 떠나야 한다"라고 주장하고 있다.[189]

이용석 재향군인회 안보국장에 따르면 "양심적 병역거부가 현역에 복무하고 있는 장병들의 입장에서는 매우 씁쓸하고 당황스러운 이야기가 된다"라고 주장하고 있다.[190]

Ⅲ. 양심적 병역거부자에 대한 처벌규정

1. 처벌규정

현역입영 또는 소집 통지서(모집에 의한 입영 통지서를 포함한다)를 받은 사람이 정당한 사유 없이 입영일이나 소집일부터 소집일부터 ① 현역입영은 3일, ② 사회복무요원 소집은 3일, ③ 군사교육소집은 3일, ④ 병력동원소집 및 전시근로소집은 2일 등의 기간이 지나도 입영하지 아니하거나 소집에 응하지 아니한 경우에는 3년 이하의 징역에 처한다(병역법 제88조 제1항).

1950년 이래 양심적 병역거부로 수감된 인원이 19,270여명에 달한다. 군사정권에서 문민정부로 바뀌었지만 피고인 18명이 총을 드는 것을 거부한 죄(항명죄)로 1심에서 징역 3년을 선고받고, 2001년 10월 15일 항소심재판을 받았다.[191]

2. 병역거부자 인권침해 사례

병역거부자들의 증언에 의하면 논산훈련소 독거특창[192]에 끌려가 수감생활동

---

188 http://www.yonhapnewstv.co.kr(검색일-2018. 01. 21).
189 MBC 스페셜, 36,700년의 눈물, 2018. 01. 18. 방송.
190 MBC 스페셜, 36,700년의 눈물, 2018. 01. 18. 방송.
191 MBC PD수첩, 양심적 병역거부, 2001. 10. 23. 방송.

안 원산폭격,[193] 한 평도 안 되는 방에서 서있게 하면서 잠을 제우지 않았다고 한다. 또한 1976년 39사단 헌병중대에 끌려간 이충길씨는 "배나 엉덩이 쪽에 심한 구타를 당하여 사망을 당했다"고 그 당시 목격자가 진술했다. 이춘길씨의 사망원인은 구타에 따른 비장파열로 나타났다. 2006년부터 3년 동안 진행된 군의문사 진상규명위원회의 이민우 조사관에 의하면 병역거부로 영창시설에 끌려와 사망한 여호와의 증인을 믿는 사람만 5명에 이른다고 한다.[194]

Ⅳ. 양심적 병역거부에 대한 여론

국가인권위원회 국민인권의식조사에 따르면 양심적 병역거부에 대해 찬성비율이 2005년에는 10.2%에 불과하였는데, 2011년은 33.3%, 2016년에는 46.1%로 증가하였다.

국제앰네스티 한국지부가 2016년 4월 19일~21일까지 성인남녀 1,004명을 대상으로 전화설문조사 결과 양심적 병역거부를 ① 이해할 수 없다가 72%, ② 이해할 수 있다 23%, ③ 모름 5% 순으로 나타났다. 하지만 대체복무제 도입에는 ① 찬성한다가 70%, ② 반대한다 22%, ③ 모름 8% 순으로 나타났다.

Ⅴ. 양심적 병역거부에 대한 판례

양심적 병역거부를 한 피고인의 양심의 자유, 종교의 자유, 인간으로서의 존엄과 가치 및 행복추구권이 부당하게 침해되었다는 피고인의 주장을 받아들일 수 없다고 판시하고 있다.[195]

---

192 독거특창이란 혼자 기거((奇居)하는 특별한 영창을 말하는 것으로 병역을 거부하는 여호와의 증인을 위한 맞춤형 영창시설이다.
193 울퉁불퉁한 세면바닥에 머리를 박는 것을 말하며, 더 나아가 머리를 박은 상태에서 회전시키는 형태를 말한다.
194 MBC 스페셜, 36,700년의 눈물, 2018. 01. 18. 방송.
195 서울중앙지방법원 2007. 09. 05. 선고 2007노2254 판결.

양심적 병역거부권이 시민적 및 정치적 권리에 관한 국제규약(International Covenant on Civil and Political Rights, 1990. 7. 10. 대한민국에 대하여 발효된 조약 제1007호) 제18조 제1항에 의하여 보장되고 있으므로, 종교적 양심에 기한 병역의무의 거부는 병역법 제88조 제1항의 '정당한 사유'에 해당한다는 것이다. 이를 근거로 양심적 병역거부권이 보장되어야 한다는 점을 전제로 한 상고이유의 주장은 받아들이기 어렵다고 판시하고 있다.[196]

지방병무청장이 사법시험에 합격하고 사법연수원을 수료한 후 공익법무관으로 편입된 갑에게 공익법무관 교육소집 입영통지를 하였으나, 갑이 종교적 신념과 양심상 군사훈련을 받을 수 없다면서 교육소집 입영을 거부한 사안에서, 공익법무관 교육소집 입영처분이 위법하다고 주장하면서 취소를 구하는 갑의 청구를 기각하였다.[197]

여호와의 증인 신도인 피고인이 현역병 입영통지서를 수령하였음에도 종교적 신념에 반한다는 이유로 입영일부터 3일이 경과한 날까지 입영하지 아니하여 병역법 위반으로 기소된 사안에서, 병역법 제88조 제1항의 '정당한 사유'에 양심적 병역거부가 포함된다는 이유로 피고인에게 무죄를 선고하였다.[198] 양심적 병역거부에 대한 무죄판결은 2015년에는 6건, 2016년 7건이었는데, 2017년은 36건으로 급증했다.[199] 이처럼 판결에서도 양심적 병역거부자에 대해 병역법위반이 아니라는 쪽으로 나아가고 있다.

헌법재판소는 양심의 자유로부터 대체복무를 요구할 권리가 도출되는지에 대해 부정적이다.[200] 또한 남북한 대치상황에서 안보상황, 대체복무제 도입 시 발생할 병력자원의 손실 문제, 병역거부가 진정한 양심에 의한 것인지 여부에 대한 심사의 곤란성, 사회적 여론이 비판적인 상태에서 대체복무제를 도입할 경우 사회 통합을 저해하여 국가 전체의 역량에 심각한 손상을 가할 우려가 있는 점 등을 고려하여 양심적 병역거부자에 대하여 대체복무제를 도입하지 않은 채, 형사처벌 규정만을 두고 있다고 하더라도 이 사건 법률조항이 최소침해의 원칙에 반

---

196 대법원 2007. 12. 27. 선고 2007도7941 판결.
197 부산지방법원 2011. 9. 30. 선고 2011구합2140 판결.
198 광주지방법원 2016. 10. 18. 선고 2015노1181 판결.
199 http://www.asiae.co.kr/news/view(검색일-2018. 01. 20).
200 헌법재판소 2004. 08. 26. 2002헌가1 결정.

한다고 할 수 없다. 병역의무의 공평한 부담의 관점에서 볼 때 타인과 사회공동체 전반에 미치는 파급효과가 대단히 크고, 이 사건 법률조항이 법익균형성을 상실하였다고 볼 수는 없으므로 양심의 자유를 침해하지 아니한다. 양심적 병역거부자를 형사처벌한다고 하더라도 국제법 존중의 원칙을 선언하고 있는 헌법 제6조 제1항에 위반된다고 할 수 없다. 양심이 종교적 양심이든, 비종교적 양심이든 가리지 않고 일률적으로 규제하는 것일 뿐, 양심이나 종교를 사유로 차별을 가하는 것도 아니므로 평등원칙에도 반하지 아니한다.[201]

2018년 6월 28일 헌재 결정에 따르면 재판관 4(합헌)대 4(일부 위헌)대 1(각하) 의견으로 양심적 병역거부자를 형사처벌하는 병역법 조항에 대해 합헌 결정을 내렸다. 다만 양심적 병역거부자에 대한 대체복무제를 규정하지 않은 병역법 제5조 제1항에 "양심적 병역거부자에 대한 대체복무제를 규정하지 아니한 병역종류조항은 과잉금지원칙에 위배해 양심적 병역거부자의 양심의 자유를 침해한다"며 6대 3으로 헌법불합치를 결정했다.[202] 따라서 대체복무법의 제정이 필요한 시점이다.

VI. 양심적 병역거부자 인권침해 방지

1. 대체복무제 실시

대체복무는 군대에 버금가는 가급적 힘들고 어려운 곳에서 복무를 해야 현역과 비교했을 때 형평성에 반하지 않을 것이다. 예컨대 중증장애인 돌보기, 농촌 일손 돕기, 노인요양원 보조, 노인 돌보기 등의 일을 하도록 하는 것이다. 그 기간도 군복무기간의 1.5~2배 더 길게 하고, 임금도 무급으로 하면 될 것이다.[203] 만약 양심적 병역거부를 통해 대체복무가 주어졌음에도 불구하고 이를 거부할 경우에는 병역법 제88조 제1항의 위반으로 처벌하고, 대체복무 중 주어진 업무를

---

201 헌법재판소 2011. 08. 30. 2008헌가22 결정.
202 http://news.koreanbar.or.kr/news/articleView.html?idxno=18406(검색일-2018.07.02.).
203 이에 대해 국회 국방위원회 소속 이철희 의원인 2017년 5월에 발의했던 개정안은 "사회복지, 보건의료, 재난복구·구호 등 신체적·정신적 난이도가 높은 업무로 지정하고, 복무기간은 현역 육군병사의 2배로 해야 한다"는 것이 주요 골자이다. 이렇게 해야만 복무기피 목적으로 악용할 소지는 없다고 본다.

소홀히 할 경우에는 일정한 제재를 가하거나 아예 대체복무를 취소하는 제도를 마련하면 될 것이다.

2018년 1월 12일 국가인권위원회 보도자료에 의하면 "대체복무제도는 대체복무자의 양심을 침해하지 않는 범위에서 군 관할권이 아닌 민간 업무로 구성되어야 하며, 그 업무는 국제인권기준에 부합해야 한다"고 하고 있다.

대만의 경우 2000년대부터 양심적 병역거부자에 대해 병역법에 따라 대체복무제를 실시하고 있다. 대만도 양심적 병역거부에 대해 찬·반 여론이 평평하게 줄다리기를 하다가 사회적 합의를 이끌어 내었고, 형평성과 악용방지를 위해 현역에 비해 1.5배 더 길게 대체복무를 하고, 소방, 노인, 장애인 시설 등에서 합숙 근무를 하고 있다.

2. 엄격한 심사

종교적 신념으로 양심적 병역거부를 할 경우에는 재판 전에 엄격한 절차와 방식을 통해 진정한 양심적 병역거부가 맞는지를 확인한 후 맞다고 판단될 경우에는 대체복무제를 실시하는 것이다. 여기서 일정한 절차와 방식을 준수하기 위해서는 심사위원회를 만들어 철저한 조사와 심의를 거친 후 이를 토대로 재판부에서 판단할 수 있도록 해야 한다.

대만의 경우 3단계에 걸쳐 적정성 여부를 판단하고 있다. 처음으로 각 구의 소재지 사무실에서 심사하고, 다음으로 지방자치현에서 심사를 하며, 마지막으로 내정부 산하 위원회에서 심사하고 있다. 양심적 병역거부자의 신청자격은 반드시 2년 이상의 종교 신앙기간이 있어야 하고 증명서도 발급되어야 한다. 대체복무 신청자에 대해 내정부 기관에서 심사하고, 의심자로 분류되면 1년간 추적관리를 하며, 만약 대체복무 신청이 허위사실로 밝혀질 경우 2년 이하의 징역에 처한다. 이 제도 시행 후 17년간 한 건도 위반사례가 발생하지 않았다. 대체복무자의 일과는 오전 6시 기상해서 오후 9시 점호까지 치매요양원에서 물리치료나 어르신을 모시고 산책도 하고, 목욕이나 환자들의 식사 등 업무 전반에 걸쳐 도우고 있으며, 주말에는 응급상황에 대비해 당직도 서고 있다. 대만의 경우 대체복무기간은 업무강도가 높다는 이유로 현역기간과 동일하게 적용하고 있다.[204]

---

204 MBC 스페셜, 36,700년의 눈물, 2018. 01. 18. 방송.

참고문헌

<단행본>

고영선·김진원, 늘어나는 전자발찌 재범 막기 위해 관리 인력 증원해야: 특정 범죄자에 대한 보호관찰 및 전자장치 부착 등에 관한 법률, 국회보(통권 576호), 국회사무처, 2014.

Michael Freeman/김철효 역, 인권 : 이론과 실천, 2006.

박찬운, 인권법, 한울, 2008.

배종대, 형사정책, 홍문사, 2016.

류병관, 범죄와 인권, 탑북스, 2017.

신광현, 군 내 동성애자 인권침해에 관한 소고, 인하대학교 법학연구소, 2012.

염규홍, 인권교육 길잡이, 사람생각, 1999.

이창호·박상식, 범죄와 인권, 경상대학교출판부, 2012.

최우정, 인권과 형사사법절차, 준커뮤니케이션즈, 2004.

천정환·이동임, 법학개론, 진영사, 2013.

천정환·이동임, 교정학개론, 진영사, 2014.

하창우, 2016년 인권보고서, 인권보고서 제31집, 대한변호사협회, 2017.

한상범, 헌법이야기, 현암사, 1999.

George B. Vold, Thomas J. Bernard, Jeffrey B. Snipes, Theoretical Criminology, Chapter Ten, Oxford University Press, 2002.

<논문>

권순현, "성충동 약물치료에 대한 헌법적 평가", 유럽헌법연구 제24호, 유럽헌법학회, 2017.

김광식, "인지문화철학으로 되짚어 본 동성애 혐오", 사회와 철학 제26호, 사회와철학연구회, 2013.

김명수, "성적 소수자의 법적 차별에 관한 고찰-군형법 제92조에 관한 헌법재판소 결정을 중심으로", 세계헌법연구 제18권 제1호, 국제헌법학회 한국학회, 2012.

김범식·송광섭, "위치추적 전자감시제도의 정당성과 그 개선방안", 형사법의 신동향 제55

호, 대검찰청, 2017.

김혜정, "특정 성범죄자에 대한 위치추적 전자장치 부착에 관한 법률에 관한 검토", 형사정
　　　책연구 제77호, 한국형사정책연구원, 2009.

김희균, "상습적 아동 성폭력범에 대한 화학적 거세 도입 가능성에 대한 연구", 형사법연구
　　　제21권 제4호, 한국형사법학회, 2009.

류병관, "미국형사절차상 동성애 피해자 보호에 관한 논의", 비교형사법연구 제18권 제1호,
　　　비교형사법학회, 2016.

박승호, "미국헌법상 동성애자의 권리 : Romer 사건과 Lawrence 사건 검토를 중심으로 ",
　　　미국헌법연구 제22권 제2호, 미국헌법학회, 2011.

박영숙, "사형제도 존폐론에 관한 연구", 교정복지연구 제12호, 한국교정복지학회, 2008.

신원하, "사형제도는 폐지되어야 하는가? : 사형제도에 대한 신학윤리적 검토", 고신신학 제
　　　3호, 고신대학교 고신신학연구회, 2002.

승재현·조성제, "사형제도에 대한 비판적 고찰", 한국치안행정논집 제7권 제3호, 한국치안
　　　행정학회, 2010.

양문승, "동성결혼 출현으로 인한 차별적 피해자화 이론 가설", 피해자학연구 제12권 제1호,
　　　한국피해자학회, 2004.

이동임, "GPS를 이용한 귀휴제도 활성화 방안 연구", 형사정책연구 제26권 제3호, 2015.

_____, "시민로스쿨을 통한 배심원 교육의 필요성에 관한 연구", 법학론집 제23권 제3호,
　　　조선대학교 법학연구소, 2016.

이상규, "사형제도에 대한 교회사적 고찰 : 기독교회는 사형제도를 어떻게 인식해 왔을까?",
　　　고신신학 제8호, 고신대학교 고신신학연구회, 2006.

정우일, "성충동 약물치료에 관한 고찰", 한국범죄심리연구 제10권 제1호, 한국범죄심리학
　　　회, 2014.

정철호·권영복, "전자감시제도의 확대와 소급형벌금지의 원칙", 위기관리 이론과 실천 제9
　　　권 제11호, 한국위기관리논집, 2013.

최희경, "동성애자권리(同性愛者權利)에 대한 로렌스 판결(判決)의 의미(意味)와 영향(影
　　　響)", 세계헌법연구 제17권 제2호, 국제헌법학회 한국학회, 2011.

황병돈, "사형제도 폐지 논의에 대한 고찰", 홍익법학 제8권 제3호, 홍익대학교, 2007.

황일호, "성충동 약물치료의 재범억지 효과성에 관한 연구", 교정연구 제56호, 한국교정학
　　　회, 2012.

허경미, "성범죄자에 대한 약물치료명령에 관한 연구", 교정연구 제49호, 한국교정학회, 2010.

허일태, "사형제도의 세계적 추세와 위헌성", 동아법학 제45호, 동아대학교 법학연구소, 2009.

허호익, "동성애에 관한 핵심 쟁점-범죄인가 질병인가 소수의 성지향인가", 장신논단 제38호, 장로회신학대학교 기독교사상과 문화연구원, 2010.

Gauthier, L., Stollak, G., Messe, L., & Arnoff, J., Recall of childhood neglect and physical abuse as differential predictor of current psychological functioning, Child Abuse and Neglect, 20-7, 1996.

緒方 康介, 虐待被害児におけるトラウマ症状：児童相談所で実施されたTSCC-Aを用いた分析, 犯罪学雑誌 第80巻 第1号, 日本犯罪学会, 2014.

友田 明美, 児童虐待が脳に及ぼす影響：脳科学と子どもの発達, 行動, 脳と発達 43(5), 熊本大学大学院生命科学研究部小児発達学, 2011.

會田 理沙·大河原 美以, 児童虐待の背景にある被害的認知と世代間連鎖：実母からの負情動·身体感覚否定経験が子育て困難に及ぼす影響, Educational sciences 65(1), Bulletin of Tokyo Gakugei University, 2014.

찾아보기

(ㄱ)

가석방 ··· 167, 168

각하 ··· 104, 105

간접정범 ·· 61

강요된 행위 ·· 50

강요된 행위 ·· 49

강제수사 ····························· 77, 78, 92, 95, 96

강제수사 법정주의 ·· 78

강제채뇨 ·· 92, 93

강제채혈 ·· 92, 93

객관적 처벌조건 ·· 39

거짓말탐지기 ·· 97, 98

검사 ······························· 65, 69, 80, 124

검사동일체의 원칙 ·· 124

검찰항고 ·· 174, 175

계좌추적 ·· 96

계호 ··· 155

고등법원 ························· 118, 119, 133, 174

고발 ················· 71, 73, 105, 165, 166, 178

고소 ················· 70, 71, 72, 105, 166, 178

고소의 객관적 불가분의 원칙 ························· 72

고소의 주관적 불가분의 원칙 ························· 72

고소의 취소 ·· 71

고소의 포기 ·· 72

공동정범 ·· 58, 59, 60

공소권 없음 ··· 104, 105

공소시효 ··································· 35, 103, 110, 111, 112, 130

공소제기 ···················· 5, 41, 42, 56, 65, 66, 101, 102, 103, 104,
　　　　　　　　　　105, 106, 112, 123, 125, 126, 175

공소취소 ·· 104, 240

공익의 대표자 ··· 107, 124, 125

과료 ······························· 30, 52, 78, 80, 102, 140, 167, 218

관할의 이전 ·· 123

관할의 지정 ·· 123

교사범 ··· 60, 240

교정장비 ·· 155

구성요건해당성 ···································· 37, 214, 215

구속 ················ 5, 24, 66, 67, 68, 76, 78, 81, 83, 84, 85, 86, 87, 88,
　　　　　　91, 97, 102, 103, 110, 120, 125, 130, 134, 137, 175, 216

구조금의 소멸시효 ··· 180

국가소추주의 ··· 106

국민참여재판제도 ··· 134

국제인권규약 ··· 16, 17

국제형사재판소 ··· 17

권리장전 ··· 15

권리청원 ··· 15

금고 ························· 20, 30, 51, 52, 54, 55, 56, 57, 67, 81,
　　　　　　111, 121, 129, 135, 145, 167, 168, 203

기소독점주의 ·································· 106, 107, 125

기소유예 ···················· 42, 104, 105, 110, 139, 216

기소중지 ·································· 104, 106

기소편의주의 ···································· 110, 125, 175

기회제공형 함정수사 ······························· 79

긴급체포 ············· 43, 45, 75, 78, 81, 84, 87, 91, 93

긴급피난 ·································· 43, 44, 105

(ㄴ)

낙인이론 ··· 28

낙태죄 ·· 192, 193

(ㄷ)

단독범 ··· 58

단독제 ··· 119, 124

대법원 ····························· 66, 117, 119, 120, 133

동성애 ····································· 212, 213, 215

(ㅁ)

명예회복 ···································· 138, 142, 143

명확성의 원칙 ····································· 31

모두절차 ······································· 94, 132

몰수 ······························· 17, 30, 53, 102, 140

미국독립선언 ····································· 16

미수 ·· 58, 193

(ㅂ)

반의사불벌죄 ······························· 40, 41, 105

방조범 ··· 60, 62

배상명령제도 ···································· 171

배심원 ····························· 130, 134, 135, 136, 137

벌금 ··· 30, 52

범의유발형 함정수사 ································· 79

범죄피해자구조금 ······························· 178, 180

범죄피해자보호법 ································· 176

범죄피해자보호위원회 ·························· 177

범죄피해자지원센터 ························· 181, 182

법관의 기피 ··· 128

법관의 제척 ··· 127

법관의 회피 ··· 129

변사자 검시 ··· 73

변호인 ·················· 5, 14, 24, 66, 67, 68, 74, 81, 83, 84, 87, 94,
　　　　　　　128, 129, 135, 136, 151, 152, 154, 220

보안장비 ··· 155, 156

보호장비 ··· 155, 156

보호주의 ··· 32, 34

불가침성 ··· 15

불기소처분 ·················· 42, 104, 139, 140, 143, 144, 174

불심검문 ··· 74

불이익변경금지의 원칙 ···················· 103, 133

비밀녹음 ··· 95

비친고죄 ··· 42, 105

(ㅅ)

사선변호인 ································· 66, 68, 129

사실심리절차 ······································· 132

사인소추제도 ······································· 175

사진촬영 ··· 94

사형제도 ································· 187, 188, 190

사회통제이론 ··· 28

상소제도 ·· 133

선고유예 ··· 50, 54, 55, 143

성매매 ························· 202, 216, 217, 218, 219, 220, 221

성명모용 ··· 126

성문법주의 ·· 31

성소수자 ··· 212

성충동약물치료 ······························· 207, 208, 209, 210

세계인권선언 ······································· 16, 17, 131

세계주의 ··· 35

소급효금지의 원칙 ··· 200

속인주의 ··· 32, 33

속지주의 ··· 32, 33

손해배상청구소송 ································· 166

수명법관 ····································· 120, 125, 128

수사상 감정유치 ····························· 97

수사상 검증 ····································· 92

수사상 증거보전 ····························· 94

수사의 객체 ································· 66

수사의 주체 ····························· 65, 125

수사자료표 ····························· 143, 144, 145

수임판사 ····································· 120

수탁판사 ····························· 120, 125, 128

수형인명부 ····························· 126, 143, 144

수형인명표 ····························· 143, 144

슈퍼에고 ····································· 29

시 · 군 법원 ····························· 118

신상공개제도 ····························· 202, 206

실효 ·· 32, 54, 56, 144, 145, 168

심급관할 ··· 120

심신상실자 ··· 49, 105

(ㅇ)

아노미이론 ··· 29

압수물의 제한 ··· 89

압수수색 ··· 90, 91

약식명령 ································· 101, 102, 103

양심적 병역거부 ·············· 228, 229, 230, 231, 232

에고 ··· 29

연명의료결정법 ························· 222, 225, 226

연명의료계획서 ························· 222, 223, 224

연명의료의향서 ····························· 223, 224

연하물의 강제배출 ··································· 93

예비음모죄 ······························· 59, 61, 96

외부교통권 ··························· 23, 151, 152

위법성 ··· 37, 38

위법성 조각사유 ····································· 104

위법성조각사유 ······································· 43

위장출석 ··· 126

위치추적관제센터 ··························· 196, 201

유엔인권고등판무관실 ······························· 18

유추해석의 금지의 원칙 ····························· 31

이드 ··· 29

인권 ································· 13, 15, 18, 23

임의수사 ······················· 75, 77, 97, 98, 125

(ㅈ)

자격정지 · 자격상실 ……………………………………………… 52

자구행위 …………………………………………… 43, 45, 105

자수·자복 …………………………………………………… 73

재정관할 …………………………………………………… 123

재판의 집행권 ……………………………………………… 125

적정성의 원칙 ……………………………………………… 31

전과기록 말소 ……………………………………… 143, 145

전자감시제도 ……………………………………………… 195

전자발찌 ……………………… 195, 196, 197, 198, 199, 200, 201

정당방위 …………………………………………… 43, 104

정당행위 …………………………………………… 43, 45

젠더인권 …………………………………………… 158, 160

죄형법정주의 ……………………………………………… 31

주관적 처벌조건 …………………………………………… 40

즉결심판 ……………………… 107, 108, 109, 121, 126

지방법원 ……………………… 101, 107, 118, 119, 121

진정 ……………………………………… 14, 22, 76, 164

집행유예 ……………………………………… 50, 54, 55, 56

징벌 …………………………………………… 153, 154

징역 …………………………… 30, 51, 54, 67, 81, 111, 129, 145, 167,
192, 196, 198, 203, 214, 218, 225, 229

(ㅊ)

차별적 접촉이론 …………………………………………… 28

참고인 ……………………………………………………… 77

책임성 …………………………………………………… 37, 38

책임조각사유 …………………………………………… 49, 104

천부성 ·· 15

청원 ·· 161, 162, 164

체포 ···························· 24, 46, 68, 75, 78, 79, 80, 81, 83, 84, 91

체포 시 미란다 원칙 고지 ·· 83

체포·구속적부심사제도 ·· 86

체포영장에 의한 체포 ·· 80

취소 ······························· 55, 56, 71, 73, 104, 144, 168

치외법권 ··· 36

친고죄 ······························ 40, 41, 42, 71, 72, 104

(ㅋ)

퀴어 ··· 212

(ㅌ)

토지관할 ·· 122

(ㅍ)

판결선고절차 ··· 132

평결 ·· 134, 136, 137

평의 ·· 134, 136, 137

풍선효과 ·· 220

프랑스 혁명 ··· 16

(ㅎ)

함정수사 ·· 79

합동범 ·· 59, 60

합리적 차별 ·· 160

합의제 ·· 119

항구성 ·· 15

행정심판청구 ·· 163

현행범 체포 ··································· 46, 82, 83, 90

혐의없음 ·· 104

형사보상 ······························· 138, 139, 140, 141

저자소개

이동임

국립 경상대학교 법과대학 법학과 졸업
국립 경상대학교 대학원 석 · 박사 졸업
한국교정복지학회 이사
    전) 창원대학교 연구교수
    전) 창신대학교 경찰행정학과 교수
    현) 선거연수원 초빙교수

千定煥

성균관대학교 경제학과 졸업
국립 경상대학교 대학원 법학 석사, 박사 졸업
고려대학교 대학원 사회복지학 박사 졸업
    현) 한국교정복지학회 부회장
      동서대학교 경찰행정학과 교수

범죄와 인권

초판발행   2018년 8월 30일

지은이   이동임 · 천정환
펴낸이   안종만

편 집   안희준
기획/마케팅   박세기
표지디자인   김연서
제 작   우인도 · 고철민

펴낸곳   ㈜ **박영사**
            서울특별시 종로구 새문안로3길 36, 1601
            등록 1959. 3. 11. 제300－1959－1호(倫)
전 화   02)733－6771
f a x   02)736－4818
e-mail   pys@pybook.co.kr
homepage   www.pybook.co.kr
ISBN   979－11－303－0636－0 93350

정 가   18,000원